지구인 다섯 가족의
좌충우돌 사랑 이야기

이 도서의 국립중앙도서관 출판시도서목록(CIP)은 서지정보유통지원시스템 홈페이지(http://
seoji.nl.go.kr)와 국가자료공동목록시스템(http://www.nl.go.kr/kolisnet)에서 이용하실 수 있
습니다(CIP제어번호 : CIP2013026703).

지구인 다섯 가족의
좌충우돌 사랑 이야기

일상 속의 다문화

오경석 엮음, 이선옥·이정민·정혜실·진성원·여광균 지음

차 례 _

모든 삶은 특별하다,
더구나 사랑은

한국에서 다문화 가족이라는 용어는 조금 독특하게, 경우에 따라서는 당사자들을 불편하게 만드는 방식으로 사용되곤 한다. 누구는 '그냥' 가족이지만 누구는 '다문화' 가족이다. 당신은 다문화 가족인가? 다문화 가족이 아니라면 단일문화 가족인가? 당신은 '그냥' 가족이다. 하지만 '그들'의 경우는 달라진다. 그들은 단일문화 가족인가? 단일문화 가족이 아니라면 '그냥' 가족인가? 아니 그들은 '그냥' 가족일 수 없다. 굳이 다문화 가족이 '되어야만' 한다.

'그냥 가족'과 '굳이 다문화 가족', 이런 비대칭적인 이분법에 의한 구분짓기는 제아무리 이타적 행위니 적극적 조치(affirmative action)니 하는 고상한 용어로 정당화된다 한들, 아주 자명한 부작용을 낳게 마련이다. 다문화는 전적으로 우리가 아닌 '그들', 곧 내가 아닌 남의 이야기로 제한된다. 우리와는 관계없는 특별한 사람들만의 독특한 이야기가 다문화로 굳어진다. 그 과정에서 특별한 사람들의 동질성은 과장되고 실체화된다. 우리는 그것을 고정관념 또는 편견이라고 부른다. '그들'은 문제가 많을 것이다, 고쳐줘야 한다, 가르쳐야 한다, 도와줘야 한다, 기타 등등.

완고하고 그릇된 일반화와 구분짓기에 근거한 이런 '뒷담화' 다문화가 치명적인 것은 다문화 가족과 그냥 가족 사이에 강력한 칸막이를 세울 뿐만 아니라, 다문화 가족 안에도 말 그대로 하늘의 별과 바다의 모래알 수만큼이나 다양한 삶과 사랑의 방식이 있을 수 있다는 사실을 회피하거나 부정하기 때문이다. 장애인 화장실을 따로 만들어놓고 남녀를 구분하지 않는 것과 비슷하다. 이런 식의 '다문화'는 다름을 인정하지만, 기이한 방식으로 인정한다. 우리는 관대하다. 그들은?

내가 일하는 경기도외국인인권지원센터 사무실에 다문화 가족 지원 활동가들이 모였던 적이 있다. '짧은 공부 긴 수다'라는 이름의 프로그램이 진행되는 자리에 다문화가 우리 자신의 이야기가 되어야 한다는 문제의식을 공유하는 사람들이 모였다. 한 활동가가 물었다.

"우리 센터에 상담 온 일본인 언니가 있었어요. 남편이 괜찮은 사람인데, 술만 마시면 주사가 심해지고, 때때로 폭력을 휘두르기도 했어요. 그래서 그 언니가 고민이 많았는데, 그날도 남편 문제로 상담을 했거든요. 듣다보니 남편이 너무한 거예요. 그래서 화가 나서 물었어요. '그런데 왜 계속 같이 사세요?'라고요. 그분이 뭐라고 대답했는지 아세요?"

모인 사람들은 고민하다 한마디씩 의견을 말했다. '아직 국적을 취득하지 못해서', '아이 때문에', '사회적 편견 때문에', '혼자 살 엄두가 나지 않아서'. 활동가는 고개를 가로저었다. 아무도 그 언니의 '진심'을 읽지 못했던 것이다. 활동가가 말을 이었다.

"그 언니 대답에 저도 한순간 먹먹해졌어요. 전혀 예상 밖의 답변이었거든요. 그 언니가 한 말은 딱 한마디였어요."

"남편을 사랑하니까요."

아마 당신이나 나도 마찬가지일 것이다. 아내 혹은 남편, 아니면 애인이 주사가 심하고, 때론 하지 말아야 할 폭력을 휘두를 수도 있다. 달래도 보고, 윽박질러도 보고, 애원해보아도 나아질 기미가 보이지 않는다. 그런데도 나는 그/그녀 곁을 떠나지 못한다. 왜일까? 아마 우리 혹은 우리의 범주에 포함되는 익숙한 사람의 상황이었다면, "사랑하니까" 또는 "아직도, 여전히, 너를 사랑하니까"라는 이유를 맞히는 일은 그리 어렵지 않았을 것이다.

그런데 우리 중 아무도 정답을 맞히지 못했다. 너무나 익숙하고 역설적인 사랑의 공식을 '그 언니'에게만은 적용할 생각을 하지 못했던 것이다. '그 언니' 때문에 우리 모두 마음 아파했고, 무엇이든 해주고 싶은 마음에 가슴이 울컥울컥했지만, 우리가 알고 있는 빤한 사랑의 지평 위에 '그 언니'는 없었던 셈이다. '그들이 사랑을? (그들 '따위'가) 사랑은 무슨.' 아마 이것이 우리가 숨기고 싶었던 속마음이었는지도 모른다.

그들을 사랑의 주체로 보지 못하는 것은 사랑의 일반적인 속성을 조금만 관찰해보면 더욱 기이하고 억지스럽다. 사람은 무엇으로 사는가? 사랑이다. 톨스토이는 말했다. "사람은 사랑으로 산다." 어디 톨스토이뿐인가. 영화, 드라마, 대중가요 할 것 없이 사랑은 여전히 인류의 가장 보편적인 삶의 테마다. 그중에서도 사람들이 경배하고 우러러보는 사랑이 있으니 바로 경계를 뛰어넘는 사랑이다. 나이와 신분, 언어와 종교, 계층과 진영, 심지어 삶과 죽음, 종의 경계까지를 넘나드는 사랑. 우리는 그런 사랑에 감동하고, 한 번쯤은 그런 사랑을 꿈꾸기도 한다.

그러한 사랑이 우리의 가슴을 뭉클하고 쩌릿하게 흔드는 까닭은 '조건 없는 사랑'이기 때문이다. 어떤 논리로도 설명하기는 어렵지만, 그 어떤 차이도 사랑의 장애물이 될 수 없는, 말 그대로 사랑 자체가 목적인 지고지순한 사랑인 탓이다. 아이러니하게도 다문화 가족이야말로 숭고한 사랑의 아이템 서너 개쯤은 기본으로 갖추고 있는 커플들이다. 나이 차이가 많이 난다. 말이 안 통한다. 출신 민족도 다르다. 배우자가 장애가 있는 경우도 적지 않다. 만난 지 며칠 혹은 몇 주 만에 결혼하기도 한다. 재혼 삼혼도 드물지 않다. 그들이 넘나든 경계는 한두 가지가 아니다. 그런데 그들의 사랑은 경배의 대상이 아니라 걱정과 염려의 대상이다. 의심되거나 부정된다. 사랑의 영역에서 그들은 완벽히 열외다.

그냥 가족과 다문화 가족은 그처럼 명확하게 구분될 수 있는가? 그들의 다름을 바라보는 방식이 굳이 예외적인 관대함의 주체로서의 우리와 예외적인 사랑의 객체로서의 그들이라는 계서적인 이분법의 형식을 취해야만 하는 것일까? 다문화 가족이 살아가는 방식은 우리가 '기대하는' 것과 같이 동일한 것일까?

이 책은 이런 질문에 '노, 노, 노, 네버'라고 생각하는 사람들이 모여 만들었다. 이 책의 주인공들이자 지은이들의 생각은 이렇다. 모든 삶은 특별하다. 하물며 사랑은 더할 나위가 없을 것이다. 당신의 삶이 예외일 수 없듯이 한국의 다문화 가족의 사랑과 삶도 당연히 예외가 될 수 없다. 모든 삶과 사랑은 특별하다는 면에서 공통적이다. 평등하다.

우리는 이 책을 통해 '내가 빠진 뒷담화 다문화'가 아니라, '나의 이야기로서의 레알 다문화'를 보여주고 싶었다. 그래서 과감하게 우리 자신의 이야기를 해보기로 했다.

이 책의 주인공들이자 지은이들은 말 그대로 '다'문화적인 삶을 살고 있다. 가족의 구성이 다채롭고, 태어난 곳과 사는 곳도 다르다. 음식·종교·의상·언어·젠더·육아 등 삶의 요소마다 공통적으로 의존할 수 있는 단일한 전통도 없다.

그렇지만 지은이들은 자신들을 다문화 가족이라기보다 '지구 가족'이라고 부르기로 했다. 한 커플을 제외하면 모두 한국에 거주하지 않는다는 것이 첫 번째 이유이고, 이들의 삶이 (한국식 다문화 용법으로부터 과잉 계몽된) 우리가 기대하고 믿는 방식으로 이루어지지는 않는다는 점이 두 번째 이유다. 이 책의 주인공들은 어떻게 사는가? 어떻게 사랑하는가?

광균(여광균)은 뉴욕 롱아일랜드에 산다. 광균과 앤(Ann)은 태평양 한가운데에 있는 하와이에서 만나 사랑에 빠졌고 가족이 되었다. 광균네는 언제나 시 끌벅적하다. 세 개의 언어, 세 개의 문화를 가진 3대가 모여 살기 때문이다. 그의 장인·장모는 여전히 정열적으로 일하는 타이완 출신 이민자이다. 타이완계 미국인 아내 앤은 NGO 활동가이다. 그들의 두 자녀는 스스로를 'Korean, Taiwanese, and American(한국인, 타이완인, 그리고 미국인)'이라고 생각한다. 이들 가족에게는 없는 게 많다.

광균은 수년간 중국에서 연구활동을 한 인류학자이지만 아직 학위가 없다. 그는 집도 없고, 결혼반지도 없고, 트렌디한 옷도 없다. 미국, 타이완, 한국 중 한 곳에 깔끔하게 소속되는 단일문화도 없다. 지시하는 대로 따라가기만 하면 되는 미래를 향한 내비게이션도 없다. 그래도 행복하다. 매일 아침 온 가족이 눈을 맞추고, 사랑의 주파수를 재조준한다. 이들에게는 그 누구도 흉내 낼 수 없는 이 가족만의 스타일이 있다. 광균네의 일상은 매 순간 자신들만의 스타일을 만들어내는 창조의 연속이다.

1년에 200일은 된장찌개를 섭취해야 하는 토종 한국 여자 '된장녀' 정민(이정민)과 남인도 첸나이에서 나고 자라 '마살라(Masala) 가득한 음식'과 '요구르트밥' 없이는 못 사는 토종 인도 남자 프렘(Prem), 욱하는 성격의 다혈질 여자와 항상 느긋한 (그래서 처가에서도 방귀 따위는 아무런 부담 없이 뿡뿡 뀔 수 있는) 성격의 남자, '극'진보적인 연애관을 가진 여자와 '극'보수적이 연애관을 가진 남자, 가사노동의 절대 남녀평등을 외치는 여자와 절대 남녀불평등을 고수하는 남자, 늘 솟아오르는 감성을 감당 못하는 여자와 통계와 수리의 질서정연함 속에서 평안을 느끼는 남자. 공통점이라고는 눈을 씻고 찾아보려야 찾아볼 수 없는 둘이 만났다. 심각한 정체성의 혼란과 기싸움 끝에 둘은 서로에게 묻는다. 도대체 우리는 왜 사랑하게 된 거니?

이들은 지금 한국도 인도도 아닌 인도네시아에 산다. 된장라이스와 카레찌개가 그들의 주식이 되었다. 하드코어 플라토닉으로 사랑의 코드는 절충되었다. 환장할 정도로 서로의 문화를 탐닉한다. 그들은 그렇게 서로의 운명이 되어가고 있다. 새로운 부부 생활의 전설이 되어가고 있다.

옥(이선옥)은 한국의 이주노동 운동 공간에서 활동하던 캐나다인 인문학도 로버트(Robert)와 결혼해 현재 밴쿠버에서 산다. 아빠를 닮아 금발이지만 눈동자 색과 얼굴은 엄마를 꼭 빼닮은 예쁜 딸이 하나 있다. 옥은 타향살이가 만만치 않다는 것을 온몸으로 느끼고 있는 워킹맘이다. 옥의 집은 말 그대로 온갖 '잡다한' 것이 섞여 있는 '다'문화 가정이다. 한국과 캐나다는 물론이요, 시부모의 출신국인 독일과 네덜란드, 거기에 베트남을 비롯한 동남아 문화까지 섞여 있다.

아침은 독일식 오트밀과 빵, 점심은 중국식 국수와 인도 향신료를 넣어 볶은 김치, 저녁은 김치, 깍두기, 고사리나물을 곁들인 스테이크, 이것이 옥네 식단이다. 규범적인 단일문화 가족의 구성에서 벗어나 있다는 점에서 옥네 가족은 적지 않은 편견에 시달린다. 그러나 사람들의 생각과 달리 '서양 남성' 로버트는 '착한 남편'이고, '동양 여성' 옥은 '사나운 아내'이며, 딸 알렉산드라 하늘은 언어 발달에 문제가 있을 것이라는 주변의 염려를 보기 좋게 깨뜨려버린 그 누구보다도 '수다쟁이'인 아가이다. 편견, 그깟 것 개나 줘버려!

진(진성원)은 아프리카 난민캠프에서 필드워크를 해 미국에서 학위를 받은 인류학자이자, 동네 슈퍼마켓 생선 코너에서 아르바이트를 하는 파트타임 이주노동자이며, 여행가이자 번역가이다. 그의 아내 쇼우코(祥子)는 이공계 출신으로 일본 굴지의 통신회사에 다니는 커리어 우먼이자, 가정의 경제권을 쥐고 있는 자기주장이 강한 일본 여성이다. 이제 생후 5개월이 된 이중국적의 딸 유희는 '한국인도 일본인도 아닌 지구인'이다. 역마살이 다분한 한국인 남자와 안정 지향적인 일본인 아내, 일본인보다 더 일본인처럼 생긴 한국인 남편과 외국인처럼 보여 검문에 걸리기 일쑤인 일본인 아내, '품격 있는' 이유식을 만들 열정에 부풀어 있는 남자와 살림에 젬병인 여자. 도무지 어울릴 것 같지 않은 이 둘이 태평양을 가로지르는 10년 롱디(long distance) 연애의 종지부를 찍고 토끼장 같은 집에서 한가족으로 살아간다.

기댈 수 있는 공통의 전통이 없다는 것이 때로는 국가대항전 급의 격렬한 부부 싸움의 원인이 되기도 한다. 하지만 문화 차이로 인한 긴장감을 살짝 내려놓는 순간, 그것은 풍요로움의 원천으로 탈바꿈한다. 한국식 인스턴트 요리는 쇼우코에게 언제나 감동을 불러일으키는 특선요리가 된다. 요즘 진은 아내가 돌아오는 시간에 맞추어서 프라이팬을 이리저리 돌리며 저녁식사를 준비하는 재미에 푹 빠져 있다.

정(정혜실)과 자비드(Javed)의 첫 만남은 운명이자 우연이었고, 우연이자 운명이었다. 서로에 대한 완전한 무지가 완전한 사랑의 조건이었다. 그때는 그랬다. 자비드의 나라 파키스탄이 어디에 붙어 있는지도 몰랐지만 두려움 따윈 없었다. '이 남자라면 내일 죽어도 괜찮아', 그랬으니까. 둘은 뜨겁게 사랑했고 결혼했다. 18년이 흐른 지금, 상황은 약간 달라졌다. 정은 자비드의 아내에서 페미니스트 활동가로 '개종'했다. 자비드는 아내와 아이들을 거느리는 전통적인 가부장의 권위를 내려놓고 가정을 유지하는 것으로 목표를 하향조정해야 했다.

그 결과 등골 빼주는 남편 자비드의 등골은 오늘도 쉴 틈이 없고, 돈만 쓰는 NGO 활동가 정의 자유 영역은 하루하루 확장 중이다. 엄마와 아빠의 오래된 분쟁으로 반사 이익을 톡톡히 보고 있는 '운 좋은' 아이들은 미래의 모델이자 프로게이머를 꿈꾸며 잘 자라고 있다. 18년의 '사랑과 전쟁', 그 전리품은 다음과 같다. 정은 이제 파키스탄 공용어 중 하나인 우르두 어를 배운다. 남편에게 한 걸음 다가가고 싶어서이다. 정에게는 계몽의 대상이었던 파키스탄식 가부장 남편 자비드는 어느 틈에 파키스탄 공동체 안에서는 너무나 리버럴(liberal)해서 위협적인 존재가 되어버렸다.

이 책은 이들 지구인 다섯 가족의 이야기이다. 인도네시아에 사는 한국인-인도인 커플, 미국에 사는 한국인-타이완계 미국인 커플, 일본에 사는 한국인-일본인 커플, 캐나다에 사는 한국인-캐나다인 커플, 한국에 사는 한국인-파키스탄인 커플이 주인공이다. 이들의 연애, 사랑, 결혼, 가족 되기, 출산, 육아, 가사 분담, 시월드와 처월드, 싸움과 화해의 기술 등 지지고 볶는 일상의 이야기가 이 책에서 펼쳐진다.

뜨겁고 뜨악하며, 낯설지만 따뜻하고, 특별하지만 특별할 것 없는 삶과 사랑, 어찌 보면 그것은 비단 이들 가족만의 이야기는 아닐 것이다. 태어나고, 살고, 사랑하고, 다투고, 화해하고, 죽거나 다시 태어나는 것, 굳이 아서 밀러(Arthur Miller)를 인용할 것도 없이 이는 모든 인간의 공통적인 삶의 테마일 것이다. 물론 테마가 같다는 것이 플롯이 동일하다는 것이 아님은 자명하다. 이 책에 등장하는 지구인 다섯 가족도 마찬가지다. '너는 내 운명'에서 '그땐 네가 내 운명인 줄 알았지'에 이르기까지, 아무 공통점이 없는 두 사람이 만나 어찌어찌 사랑하고, 가족이 되어 살아가는 과정이 감동의 연속일 수만은 없다. 실제로 지은이들 중 일부는 이 책을 쓰는 일 자체를 아주 힘겨워했다. 그러나 어쩌겠는가. 삶과 사랑이 강요하는 눈물과 좌절, 그 또한 인생의 익숙한 레퍼토리 아닌가.

이 책의 주인공들이 증언하는 '레알' 다문화의 현장, 그곳에 문화 차이 혹은 문화 공존과 같은 거대 담론이 끼어들 여유는 별로 없다. 다섯 가족의 일상이 보여주는 공통적인 특징은 문화 차이가 이들 삶의 여러 조건 중에 하나일 뿐 결코 본질적인 조건은 아니라는 점이다. 하나 마나 한 이야기지만 구체적인 삶은, 더구나 사랑하는 사람들의 일상은 '문명의 충돌'처럼 거창하게 진행되지 않는다. 그렇게 진행될 수도 없다. 이들의 일상은 한국 문화, 미국 문화, 캐나다 문화, 파키스탄 문화, 일본 문화, 인도 문화가 '평화롭게 공존하거나 충돌'하는 공간이 아니다.

이들도 부부 싸움을 한다. 싸움이 격렬해져 가출을 불사하고, 이혼을 선언할 정도에 이르기도 한다. 그러나 이 모든 것이 '문화 차이' 때문은 결코 아닌 것이다. 이들 커플에게 더욱 중요한 것은 '성격의 차이'요, '취향의 차이'다. 물론 이 차이를 조정하는 방식은 모두 제각각이다. 그래서 이들의 일상은 질서와 조화의 공간이라기보다는 혼합과 생성의 공간에 가깝다. 이들이 살고 사랑하기 위해서 필요한 것은 만국기가 흩날리는 가운데 국가별 부스가 나란히 설치되는 칸막이 다문화의 구현이 아니다.

무엇을 먹을까, 무엇을 입을까, 기념일은 이렇게 챙길까, 아이에게는 어떤 언어를 먼저 가르칠까와 같은 소소한 일상적 선택을 '그냥 하던 대로' 할 수 없다는 점에서 이들 가족은 특별하다. 이때 절실한 것은 그들만의 스타일이다. 일명 '짬뽕' 스타일. 이들 가정에서 뒤죽박죽 짬뽕은 이제 창조적 삶의 새로운 키워드로 등극한다.

지구인 가족의 삶과 사랑에서 '무지'는 매우 유익한 역할을 한다. '가족의 해체를 막기 위해서 서로의 문화를 잘 이해해야 한다'는 선생님의 말씀은 반만 맞고 반은 틀리다. 서로에 대해 잘 알지 못한다는 사실이 때로는 신뢰와 관용을 증폭시킬 수도 있기 때문이다. 실제로 한국의 다문화 가족들의 가족 구성원에 대한 신뢰도와 만족도는 소통의 문제와 문화적 차이에도 '불구하고' 한국인 가족 평균에 비해 높다. 모르는 것이 많을수록, 곧 호기심과 궁금증의 가짓수가 많은 만큼 경이로운 순간과 감동적인 장면을 만날 개연성도 높아진다. 상대와 자신을 동일시할 수 없다는 것은 억압의 원인이 되기도 하지만 평등한 관계의 근거가 될 수도 있다. 철학자 존 롤스(John Rawls)가 정의의 조건으로 '무지의 장막'을 괜히 거론했겠는가. '공통적인 것'은 우리 사이에서 평등하게 창조되어야 한다.

하나의 문화권에 전적으로 귀속될 수 없는 사람들, 곧 주류 사회 사람들에게 익숙한 가족의 구성과 문화 경관에서 비껴나 있는 사람들은 차별과 편견에 노출되기 쉽다. 그렇지만 동시에 그들만의 '짬뽕 스타일'은 주류 문화의 고정관념과 편견의 아집과 허구성을 보기 좋게 반박하는 당당하고 유쾌한 비판의 무기가 될 수도 있다. 어디에도 소속될 수 없다는 데에서 파생되는 불안과 불편함만큼, 그 어떤 규범이나 권위에도 절대적으로 종속되지 않을 수 있다는 자유와 자율의 여지도 커진다. 그래서 이들의 불편함은 절박한 위기와는 관계가 없다.

이들의 삶에서 사랑은 당연히 빼놓을 수 없다. 아니 핵심이다. 생각해보라. 왜 경계를 넘는 사랑이 숭고하겠는가? 비슷한 점이 적을수록, 차이가 많을수록 사랑의 구심력은 강해진다. 게다가 그/그녀는 본질적으로 나의 전적인 '타자'다. 내가 그/그녀에게 다다가는 데는 문화적·언어적 한계가 존재한다. 다가갈 수 없는 그/그녀에 대한 사랑, 그것은 거의 절대의 사랑이다. 그래서 사랑은 상대방을 알아가는 과정이 아니라 나를 알아가는 과정이며, 상대방을 변화시키는 과정이 아니라 내가 변해가는 과정이다. 원래부터 한 덩어리였던 너와 내가 강화(the one)되는 과정이 아니라 '우리'라는 '공통적인 무엇(the common)'이 부단히 생성되는 과정이다. 사랑을 통해 미국 사람, 인도 사람, 일본 사람, 파키스탄 사람 혹은 캐나다 사람이었던 이들은 앤, 프렘, 쇼우코, 자비드 그리고 로버트라는 이 지구상의 단 한 사람으로 변신한다.

우리는 이 책을 통해서 이렇게 말하고 싶다.

"사는 건 다 그래, 거기서 거기야. 그게 그냥 사랑이야. 그렇지만 사람들이 기대하는 것하고는 조금 달라. 그래서 살짝 불편할 때도 있어. 그렇지만 뭐 어때? 우리가 사람들이 하는 대로, 하라는 대로 살 필요는 없잖아. 우리는 우리 식으로 잘 살고 있어. 사람들에게 각자 자신들만의 스타일이 있듯이. 모두 모두 파이팅!"

우리가 생각하기엔 지구 가족이나 다문화 가족이나 단일문화 가족이나 이런 점에서는 공통적이다. 차이가 있을 수 없다. 우리는 우리가 하고 싶은 사랑을 했다. 우리가 원하는 삶을 선택했다. 당신이 그랬듯이.

　이 책은 프롤로그와 서로 연관된 여섯 가지 주제로 구분된 여섯 개의 장 그리고 에필로그로 구성된다. 본문에 해당하는 여섯 개의 장에서는 레알 다문화의 현장에서 지은이들이 몸소 경험한 에피소드들이 가족 소개, 연애와 사랑, 상견례와 결혼식, 가족 되기, 지구인의 탄생(자녀 이야기), 싸움의 기술 등의 주제로 묶여 소개된다. 각 장의 끝에는 '여섯 번째 지구인의 생각'이라는 짧은 에세이를 배치했다. 독자들은 이 에세이를 통해 지은이의 경험들을 준거로 한국의 다문화 현상을 가볍게 성찰해보는 기회를 가질 수 있을 것이다.

　이 작은 책이 만들어지는 데에는 적지 않은 분들의 애정과 정성 어린 관심이 큰 도움이 되었다. 한국문화예술교육진흥원의 황지영 팀장과 김유정 선생은 우리 자신의 삶에 그다지 큰 감흥을 못 느끼고 있던 우리에게 과감히 우리의 이야기를 할 수 있는 기회를 제공해주었다. 다문화어린이도서관 '모두' 문종석 관장, 한국출판마케팅연구소 한기호 소장, 아시아인권문화연대 이완 대표, 문화체육관광부 최재환 사무관, 한국출판문화산업진흥원 김학수 차장은 이 책이 지향해야 할 방향과 내용, 그리고 활용 방안에 이르기까지 우정 어린 충고를 아끼지 않았다. 정말 큰 힘이 되었다. 이후출판사의 신원제 선생은 우리의 거친 생각이 한 권의 책으로 모양을 갖추기 위해 필요한 여러 가지 중요한 과제를 꼼꼼히 짚어주었다. 경기도외국인인권지원센터 풍(이경숙), 수(현은희), 지(박선희), 샘(홍규호) 네 사람은 이 책과 관련된 나의 호들갑과 수다를 늘 넉넉히 받아주면서, 자신들의 경험도 살짝살짝 나누어주었다. 센터의 '짧은 공부 긴 수다'에 모여 자신의 사랑과 정체성 그리고 '외(네팔 어로 소용돌이라는 뜻, 곧 방황)'에 이르기까지 진술하고 아름다운 이야기를 마구마구 나누어준 안산외국인주민센터 이자영, 박은주 팀장, 위스타트글로벌아동센터 강은이 센터장, 화성외국인복지센터 김멜리티나 관장, 음정히 작가, 김혜연 박사, 안산다문화가족지원센터 문숙현 국장에게도 고맙다는 인사를 전한다. 이들과의 따뜻하고 유쾌한 대화는 이 책을 기획하는 데에 소중하고 중요한 자양분이 되었다. 올봄 고려대학교 사회학과 '마이너리티' 강좌에 참여한 32명의 학생들에게도 큰 빚을 졌다. 그들과의 토론 과정에서 '다문화'가 얼마나 자연스러운 그러나 얼마나 부당하게 억압당하는 우리네의 보편적인 삶의 기술인가를 새삼 확인할 수 있었기 때문이다. 그대들은 내 생애 최고의 학생들이었다고 다시 한 번 고백하고 싶다. 이 책의 기획서를 흔쾌히 수용하고 마감을 훨씬 넘길 때까지 원고의 수합을 끈기 있게 기다려주었을 뿐만 아니라, 격려와 지지를 아끼지 않고 완벽한 편집과 디자인으로 예쁘고 사랑스러운 책을 완성시켜준 도서출판 한울의 이원기 실장과 서성진 편집자, 정선민 디자이너에게는 적절한 감사의 말을 찾기 어렵다.

하지만 뭐니 뭐니 해도 이 책의 주인공은 전 지구에 흩어져 살고 있는 다섯 명의 공동 지은이와 그들의 '지구인' 가족이다. 내 친구들인 선옥, 정민, 혜실, 성원, 광균 그리고 그들의 전부인 로버트, 알렉산드라 하늘, 쇼우코, 유희, 앤, 이자벨예림, 아담인준, 자비드, 사라, 요셉, 프렘, 이들이 없었다면 이들의 사랑이 없었다면, 이 책은 불가능했을 것이다. 마음 깊은 우정과 감사의 인사를 전한다. 언젠가 태평양 한가운데 어느 어름에서 모두가 모이는 날이 빨리 오기를 바라고 고대할 뿐이다. 원고를 정리하느라 몇 번의 주말, 몇 주의 저녁을 포기해야만 했는데도 언제나 나를 웃게 해준 사랑하는 아내 민과 아들 준, '민 앤 준' 두 사람은 언제나 내 삶의 첫 번째 지은이들이다. 아내와 아들에게 고맙고 사랑한다고 꼭 말하고 싶다.

2013년 12월
당신의 특별한 삶과 사랑을 존경하는 지은이들을 대신해서
엮은이 오경석

01

나의 가족을 소개합니다

그들은 "우리는 다르지만, 특별하게 다를 것은 없다"라고 말한다. 누군가를 만나고, 이해할 수도 저항할 수도 없는 사랑에 빠져들고, 어느 틈에 남들이 생각하는 결정적인 차이에도 불구하고 차츰 비슷해져가고 있는 모습, 이것은 모든 사람의 비슷한 인생 행로가 아니냐고 반문한다. 우리는 다문화 가족이지만, 당신들이 생각하는 다문화 가족은 아니라고, 우리는 그냥 가족이지만 당신들이 생각하는 그냥 가족 역시 아니라고. 우리는 우리일 뿐이라고 말이다.

_이정민

된장라이스
카레찌개

"오늘 저녁엔 부대찌개에 막걸리 먹고 싶다."

"진작 말하지. 벌써 삼바(Sambar)*랑 포테이토 카레** 해놨어."

한국에서 3년을 살았던 인도인 남편이 제일 좋아하는 음식은 부대찌개이다. 다진 양념이 없으면 칼국수는 입에도 안 대고, 고기를 구워 먹을 때 꼭 쌈장을 찾아대는 남편이니 입맛만큼은 한국인이라 할 수밖에.

몇 년 전만 해도 인도 요리라면 난(naan)과 카레밖에 몰랐던 한국인 아내인 나는, 남편을 만난 이후에 생전 듣도 보도 못한 이름의 남인도 요리에 푹 빠져버린 상태이다.

인도인 남편은 한국 음식을 그리워하고, 한국인 아내인 나는 새로운 인도 요리를 시도해보겠다며 매일 티격태격한다. 우리의 충돌은 이렇게 사소한 저녁 메뉴에서 시작된다.

몽타주는 살짝 '동남아인스럽지'만, 100% 순수 한국 혈통을 자랑하는 전형적인 대가족에서 살아온 나다. 1남 1녀의 막내로 태어난 나는 30년을 넘게 할머니와 함께 살았다. 하루가 멀다 하고 고추장, 된장, 간장, 김치, 물김치를 직접 담그는 할머니의 모습을 보며 자란, 청국장 냄새가 온몸에 밴 토

종 한국 여자이다.

스무 살에 처음 혼자 배낭여행을 떠나, 그때가지 경험하지 못했던 다른 환경을 접하고, 다른 사람들을 만나면서 나 자신에 대한 고민을 시작했다. 내가 좋아하는 것과 원하는 것이 무엇인지를 깨닫고 실천하면서부터 말 잘 듣는 모범생 이미지는 박살나고 있었다. 하고 싶은 건 하고야 마는 고집쟁이 딸로 10여 년을 아슬아슬하게 버티다가, "인도 남자와 결혼하겠습니다" 라는 말 한마디로 집안을 초토화시켰던 나, 된장녀.

인도 사람치고는 아주 많이 까만 피부색을 가진 남편은 남인도 출신으로, "나는 힌두(Hindu) 브라만(Brahman)의 후예이다"라고 자랑스럽게 외치는 사람이다. 바나나 잎에 담긴 밥과 반찬, 국물까지 손으로 싹싹 해치울 수 있는 마법의 손을 가졌고, 가슴도 모자라 배까지 정열적인 털로 뒤덮인 남자다움의 '끝판 왕'을 대변하는 그이다. 20년을 넘게 인도에서 가장 보수적이라고 할 수 있는 지역인 남인도 타밀나두 주 첸나이에서 2남 중 장남으로 자랐다. 20대 초반에 뭄바이로 직장을 옮겨 여자들이 술 마시고 담배를 피우면서 몸에 달라붙는 옷을 입고 클럽에 가는 모습을 목도하고 문화충격을 받았다고 하니……. 그전까지는 여자와 데이트를 하는 것은 상상할 수 없었고, 손 한번 잡아보는 것조차 '죄'라고 생각했던 순도 100% '순수남'이었다. 그러다 뜬금없이 한국지사로 3년간 발령을 받은 것이 '문제'가 되었다. 한국에 살면서 베지테리언(vegetarian)의 정체성을 저버리고 고기를 물고 뜯게 되었고, 데이트라는 것도 해보며 살짝 '순도'를 떨어뜨린 채 인생의 제2막을 열었다는 정통 힌두 브라만인 카레 씨는 이제 내 남편이 되었다.

우리 부부를 향한 남들의 시선은 이렇다.

"정말 힘들겠다. 아니, 같은 한국 남자랑 살아도 환장하는데. 말도 달라, 음식도 달라, 문화도 달라, 어떻게 살아?"

사실이다. 환장할 일이 무지하게 많다. 그러나 우리의 환장할 현실은 남들의 상상을 보기 좋게 비껴간다.

카레 씨가 말한다.

"나 오늘 한국 영화 볼래. 킴키톡(김기덕) 영화 새로 나왔다며."

"(TV를 보며) 우와, 효리다! 역시 최고 핫(hot)한 여자는 효리야."

이에 질세라 내가 소리친다.

"차이(chai)! 차이!"[마살라 차이(masala chai)를 직접 만들어 티타임을 갖자고 부르는 소리]

"당신 퇴근하고 하루에 한 시간씩 타밀(Tamil) 어 좀 가르쳐줘. 도대체 타밀 어 배우는 책을 구할 수가 없네."

지겹도록 마셨던 차이보다 고소한 율무차와 달달하고 시원한 식혜를 더 좋아하고, 모국어인 타밀 어를 남에게 체계적으로 가르쳐본 적이 없어 어디서부터 어떻게 시작해야 할지 진땀 빼는 인도인 남편과, 쉽게 구할 수 있는 한국 영화보다는 난생처음 접해보는 타밀 영화에 더 열광하고, 아내인 나 말고 다른 여자에게 찬사를 보내는 남편에게 질투심을 느끼는 한국인 아내. 서로의 문화를 더 좋아하고, 더 그리워하고, 더 옆에 끼고 싶어 하는 토종 된장과 토종 카레 커플의 힘겨운 기싸움. 이것이 지금 우리의 환장할 현실이다.

어제는 새끼손가락을 걸고 도장까지 찍어가며 굳센 약속을 했다.

"나 내년에는 한 달만이라도 첸나이(시댁)에 가서 엄마, 아빠랑 놀다 올게. 당신한테 타밀 어 배우다간 한평생 인사 한 마디밖에 못하겠어."

"그럼 난 당신이 첸나이에 가 있는 동안, 한국에 가서 엄마랑 놀다 올래. 한국에 가서 뱃살 지방 제거도 하고, 얼굴 미백도 좀 해야겠어."

현재 인도도 한국도 아닌 제3의 나라 인도네시아에서, 된장으로 카레라이스를 만들어 먹고 싶어 하고, 카레로 찌개를 끓여 먹고 싶어 하며 정체성의 혼란을 겪고 있는 된장과 카레의 좌충우돌 사랑 이야기는 오늘도 계속된다.

 _이선옥

착한 남편,
사나운 아내,
수다쟁이 아기

로버트 한국 여자 등쳐 먹고 도망가는 것은 아닐지 걱정하셨던 부모님의 우려와는 달리 정말 가정적이고 헌신적인 캐나다인 남편.

선옥 '결혼'이민여성, 특히 동양 여성에 대한 캐나다 사람들의 고정관념인 '착하고 유순하고 가정적이며 여성스러운' 모습과는 사뭇 거리가 먼 사나운 아내.

알렉산드라 하늘 엄마인 내가 영어권 출신이 아니어서 언어 발달이 느릴 것이라는 주변의 편견을 깨고 엄청나게 수다쟁이인 아기.

우리 가족이다. 겉으로 봐도 '다'문화 가정이겠거니 짐작이 되겠지만, 속을 들여다보면 더 복잡하다. 로버트는 캐나다에서 태어나고 자랐지만, 로버트의 아버지는 독일에서, 어머니는 네덜란드에서 이민을 오셨다.

그래서 우리 집은 한국, 캐나다, 독일, 네덜란드 등 온갖 잡다한 문화가 섞여 있다. 그야말로 '다'문화 속에 살고 있는 것이다. 나는 한국에서 나고 자랐지만 현재는 5년차 캐나다 밴쿠버 주민이다. 캐나다행은 정말 우연이었다. 한국에 온 캐나다 시골 남자 로버트를 만나 사랑에 빠지면서 전격적으

로 결정된 일이었으니까. 로버트와 함께 소꿉장난 같은 조촐한 결혼식을 올린 후, 밴쿠버에 작은 신혼집을 마련하면서 나의 캐나다 생활은 시작되었다.

상황이 이러하니, 식구들 입맛을 맞추는 것도 보통 일이 아니다. 아침은 독일식 오트밀과 빵을 먹고, 점심은 중국식 국수에 김치와 인도 향신료를 넣어 볶아 먹는다. 저녁은 스테이크에 김치, 깍두기, 고사리나물을 곁들여 먹으니 '퓨전'도 이런 퓨전이 없다. 식탁만 이종결합일쏘냐? 아니다. 집에서는 영어와 한국어를 50 대 50으로 사용하고, 간혹 시댁 식구들이 쓰는 간단한 생활 독일어와 네덜란드 단어를 섞어 쓴다.

명절을 지내는 방식은 한국식도, 캐나다식도 아니다. 미국과 캐나다의 최대 명절인 크리스마스와 추수감사절에는 한국에서 설과 추석에 시댁이나 친정에서 보내듯 보통 일가친척이 한자리에 모이는 경우가 많다. 하지만 우리 집은 캐나다식으로 크리스마스를 보내지 않는다. 일반적으로 캐나다 가정에서는 크리스마스 가족 행사를 크리스마스 당일에 지내는데, 우리 집은 로버트 부모님의 독일-네덜란드 전통을 따라 크리스마스이브에 함께 보낸다. 그리고 크리스마스트리에는 전구가 아니라 초를 켜서 올려두고, 독일 전통 민요를 부른다.

캐나다에 살아도 우리는 음력설, 추석, 정월대보름을 꼬박꼬박 챙긴다. 캐나다 친구들을 초대해 한국 명절 음식을 함께 나누어 먹는 재미가 쏠쏠하다. 특히 정월대보름에는 오곡밥과 나물까지 해서 직접 담근 김치와 먹으니 한국에서보다 더 대보름다운 대보름을 보내는 듯하다. 한국 음식 마니아인 친구들은 한국 가정식을 먹을 기회는 좀처럼 없다면서, 우리 집에서 한국 음식을 먹을 건수가 없는지 호시탐탐 기회를 노린다.

4개 국어가 집 안을 채우고, 도통 정체 모를 음식 세팅으로 식탁이 어지러워도 우리는 행복하다고 느낀다. 남편과 내가 아직은 학생이라 경제적으로 넉넉하지 않지만, 없으면 없는 대로, 필요한 물건은 쓰던 것을 물려받아 사용하면서 부족하지 않게 살고 있다. 남들은 '구질구질하다'고 생각할지 모르지만, 우리는 이것이 검소한 삶이라고 생각한다. 남편과 나는 가능하면 돈벌이도 반반, 가사일도 반반, 육아도 반반씩 나누어 하면서(물론 정확하게 이등분이 되는 것은 아니다) 평등한 부부관계를 만들려고 노력한다.

그러나 여기 캐나다에서 모든 사람이 우리 가정을 행복한 가정으로 보는 것은 아니다. 남편과 아이가 금발이라 그런 것인지, 로버트가 하늘이를 데리고 외출하면 사람들은 아이를 백인으로 취급한다. 이 말은 곧 로버트에게 육아에 대해 잔소리하는 사람이 별로 없다는 뜻이다. 그러나 흑발인 내가 아이를 데리고 나가면, 가끔씩 흑발의 한국 엄마가 금발의 아이를 제대로 키우고 있는지 걱정이 생기나보다. 나는 곧장 육아에 대해서 이러쿵저러쿵 잔소리를 듣곤 한다. 길을 지나던 할머니가 불쑥 쓴소리를 하기도 하고, 슈퍼마켓, 버스, 동네 수영장 등 장소를 가리지 않고 사람들은 내게 한마디씩 던진다. 주로 백인 중년의 어른들이다. 동양 여성에 대해 꼬집어 말하지는 않지만 어떤 고정관념이 있는 것 같았다.

한번은 캐나다인의 동양 여성에 대한 고정관념이 무엇인지 한 백인 여학생에게 직접 들을 기회가 있었다. 그녀는 자신의 사촌이 "동양 여성은 유순하고, 가정적이고, 여성스러워 아내로서 주부로서 적합하다"고 생각해, 동양계 여성과 국제결혼을 하기 위해 알아보고 있다고 말했다.

백인 아저씨나 아주머니들이 나에게 잔소리를 하는 것은, 내가 주부로서는 적합하지만 도덕적 가치가 다르고 문화적으로 세련되지 못하기 때문에 가정교육 담당자로서 적합하지 않다고 생각해서인 것일까?

그렇게 따지면, 나는 전혀 '동양 여성스럽지' 않다. 가정적이긴 하지만, 유순하지도 여성스럽지도 않다. 여고시절에는 하루가 멀다 하고 자율학습 땡땡이를 쳤고, 땡땡이치고 오락실에서 놀다가 걸리기 일쑤였다. 군것질을 하러 학교 담을 넘다가 교복 치마가 찢어지는 일은 일상이었다. 치마를 스테이플러로 대충 집어서 입는 센스는 필수! 남자 선배나 연상의 남자 친구에게 "오빠~"라고 부르는 것이 닭살 돋고 싫어서 "형"이라고 부르던 사람이다. 남편은 오히려 나의 장난기 많고 터프한 면에 반해서 결혼했다고 한다.

가끔 남편의 친구들이 한잔하자며 로버트를 부를 때가 있다. 로버트가 "오늘은 아이를 봐야 하는 날이라 못 나간다"고 하면 바로 놀림감이 된다.

"헤이, 로버트. 오늘 저녁은 집에서 애 보는 거야? 부인은 놀러 나가고? 한

국에 예쁘고, 순하고, 참한 신부감 찾으러 간 줄 알았더니, 고르고 골라서
결국 목소리만 큰 자유 부인을 얻어왔군. 한국 간 보람이 없네."

로버트는 안다. 동양 여성이 여성스럽고 유순하다는 고정관념이 그저 허
구적인 이미지에 지나지 않는다는 것을. 심지어 결혼 전 코맹맹이 소리를
내며 가냘픈 척 내숭을 떨던 아가씨들이 결혼 후에는 터프한 본색을 드러
낸다는 것도. 한국에서는 오히려 남자들이 설 자리가 없다는 둥 여자들이
살기 좋은 세상이라는 둥 여자들이 드세졌다는 소리가 나오는데, 캐나다
에는 아직도 한국 여자에 대한 고릿적 고정관념이 남아 있으니 나름 흥미
롭기도 하다.

그렇다면 한국에서 로버트가 부딪혔던 고정관념은 어떤 것이 있을까? 로
버트는 한국에서 3년 반 정도 살면서 과천에서 홈스테이를 했기 때문에, 주
로 사당에서 버스를 탈 일이 많았다. 한번은 사당에서 함께 어묵을 사 먹
고 집으로 가는 버스를 기다리고 있었는데, 로버트가 갑자기 굳은 얼굴로
내 팔을 툭툭 치며, "선옥, 이제부터는 무조건 한국말만 해"라고 속삭이는
것이 아닌가? 영문을 몰라 멍하게 쳐다보니, "저쪽에 술 먹은 아저씨가 무
서운 얼굴로 우리 쪽으로 오잖아. 그러니까 한국말로 얘기해야 해"라고 나
직히 말한다. 무슨 소리인지 당최 감이 안 잡혔지만, 일단 한국말로 대화를
시작했다. 그랬더니 화난 얼굴로 한 대 칠 것처럼 우리를 향해 돌진하던 '
진격의 취한 아저씨'가 한국말로 대화하는 것을 듣고는 발길을 돌리는 것
이 아닌가?

로버트가 말하길, "한국 여자랑 같이 다니면 술 취한 아저씨들이 와서 시
비 걸거든. 왜 한국 여자랑 같이 다니느냐고. 애인인지 직장동료인지는 중
요하지 않아. 게다가 영어로 대화하고 있으면 이 아저씨들이 더 화를 내. 그

런데 한국말로 얘기하고 있으면 화를 안 내거든. 한번은 사당에서 술에 취해서 얼굴이 벌건 아저씨가 어느 나라 사람이냐고, 미국인이냐고, 시비를 걸어서 독일 사람이라고 한국어로 말했더니, 그냥 가더라."

아마도 한국 '어르신'들은 미국인이나 캐나다인, 특히 남자들이 한국 문화를 배우는 데 진지하지 않고, 오만한 데다 한국 여자를 등쳐 먹고 도망갈 것처럼 생각하는 듯하다. 사실 그런 이유로 나의 부모님 역시 처음에는 로버트와의 결혼을 반대했었다.

그런데 재미있는 것은, 술 취한 중년 아저씨들은 로버트가 영어를 하는 게 못마땅한 모양이지만, 어린아이를 둔 열혈 학부모나 젊은 대학생들은 지하철에서 로버트와 영어 한마디라도 더 해보려고 안간힘을 쓴다는 것이다. 옆에 앉은 나는 그게 참 민망하다. 로버트는 영어강사로 한국에 온 게 아닌데, 사람들은 로버트가 영어 학원 강사라고 생각한다. 한번은 길거리에서 초등학생쯤으로 보이는 꼬마가 소리쳤다.

"아, 저기 영어 선생님 지나간다. 미국 사람이에요?"

로버트는 한국말로 대꾸한다.

"난 영어 선생님이 아니야. 그리고 미국 사람도 아니야."

"거짓말~ 영어 선생님이잖아요."

"아니라니까."

"외국 사람은 영어 선생님이에요."

세상에는 미국인 말고도 다양한 외국인이 있으며, 미국인이나 캐나다인이 전부 백인이 아니라는 것, 그리고 한국에 있는 백인이 모두 영어 학원 강사가 아니라는 사실을 어린아이가 이해하기를 바랄 수는 없다. 로버트도 안다. 자신이 한국에서 아무리 오래 살아도 외국인으로, 이방인으로 취급

될 것이라는 것을.

우리 하늘이는 말을 빨리 시작했다. 물론 아직 어려서 말을 배우는 중이지만, 한국어를 먼저 배웠고 곧바로 영어도 말하기 시작했다. 하늘이가 하는 말을 들으면 가끔 어이가 없어서 웃음이 난다. 두 돌이 막 지났을 때, 감기에 걸려 입맛이 없는지 목이 아픈지 밥을 못 먹기에 걱정이 되어 아이스크림을 줬다. 아이스크림이 마음에 드는지, 잘 먹고 있는지 궁금해서 옆에서 계속 물어보았다.

"하늘아, 어때? 마음에 들어?"

"응, 맛있어."

"혼자 먹을 수 있겠어? 엄마가 도와줄까?"

그랬더니, 이 녀석, 내가 귀찮았나보다. 하는 말이 아주 가관이었다.

"어머니! 공부해!"

또 한번은 로버트가 피곤하다며 소파에 누워 있었는데, 이 녀석이 쪼르르 달려가 로버트에게 이렇게 말하는 것이 아닌가.

"Papa, get up. Do laundry(아빠, 일어나서 빨래해)."

시어머니가 따로 없다. 이렇게 말을 잘하는 아이인데, 사람들은 하늘이가 말을 잘 못하는 줄 안다. 말하는 것을 한번 들어보지도 않고 못할 것이라고 단정 짓는다. 엄마인 내가 한국 사람이기 때문이다. 아이가 한국말을 하는 것을 들어도 자신들은 이해할 수 없으니, 말을 하고 있다고 생각지도 않는다. 아이가 영어를 해야 그제야 '아, 아이가 말을 할 줄 아는구나' 하는 식이다.

우리 가족은 한국인만으로 또는 캐나다인(백인)만으로 구성되어 있지 않다는 점에서 두 사회 모두가 익숙해하는 '표준 혹은 정상 가정'의 범주에서 벗어나 있다. 우리 가족에 대한 선입견과 편견은 양쪽 사회 모두에 존재한다. 그럴 수밖에 없다. 우린 캐나다식도 아니고 한국식도 아닌, 우리만의 방식으로 살아가기 때문이다. 그런 편견들은 신경 쓰이고 불편하다. 그러나 그뿐이다. 우린 우리식대로 재미있게 씩씩하게 잘 살고 있으니까.

_ 정혜실

등골 빼주는 남편,
자유 부인,
운 좋은 아이들

　우리 집의 돈줄 역할을 하는 남편은 주말도 휴일도 없이 일하는 파키스탄 남자이다. 파키스탄에서는 상상도 할 수 없는 한국의 일중독 시스템에 빠져버린 남편은 집보다는 자신이 운영하는 사업장에서 더 많은 시간을 보낸다. 말 그대로 등골 빠지게 벌어다 주는 돈을 야무지게 쓰는 아내와 딸 그리고 아들에게 생색이라도 한번 내보려고 시도하지만, 도무지 먹히지 않아 남편은 늘 좌절한다.

　그의 유일한 낙은 출장을 핑계로 다니는 여행을 통해 모 항공사를 충성스럽게 이용하면서 항공 마일리지를 축적하는 것이다. 언제나 사전논의가 아닌 통보식 해외출장을 보란 듯이 다녀오는 그는 항공 마일리지가 쌓여 다이아몬드 등급이 되었을 때 참 많이도 좋아했다. 이유는 간단하다. 자신의 돈벌이가 식구들에게 가장의 권위를 과시할 수 있는 수단이 되지 못하는 데 비해, 항공사에서는 VIP룸에 들어갈 수 있는 특권을 누리게 해줌으로써 자신이 Very Important Person임을 보증해주기 때문이다. 물론 이건 나의 어이없는 추측일 뿐이다. 아빠와 단둘이 중국에 다녀온 아들은 VIP룸이 아주 좋다며 그럴 만하다고 했다. 어쨌든 '열심히 일한 당신 떠나라'라는 광고

문구처럼, 떠나는 것을 해방구 삼아 일에 중독된 남편 덕분에 나머지 식구들은 하고 싶은 일을 하며 살고 있다.

이런 남자에게 '자유 부인'이 있었으니 바로 나다! 남편 내조는 안 하고 어디를 그렇게 싸돌아다니느냐고 시어머니께 욕먹을 며느리이지만, 다행히 시댁이 멀리 있다. 게다가 내가 우르두(Urdu) 어를 하지 못해 의사소통이 쉽지 않으니 시댁의 감시와 잔소리로부터 자유로울 수 있는 행운까지!

사정이 이러하니, 난 마음만 먹으면 연수나 조사를 핑계로 지방이든 해외든 집을 떠났다가 돌아오는 역마살이 단단히 낀 삶을 살고 있다. 대체로 내가 활동하는 NGO나 연구 조사 작업 때문일 경우가 많은데, 남편은 나의 이러한 방랑 기질과 잦은 외출에 반항을 포기했다. 내가 몇 시에 들어오든, 며칠 만에 들어오든 상관없이 아주 편하게 쿨쿨 자는 사람이 되어버렸다. 나를 믿어도 너무 믿는다고 할까? '흥, 나의 뚱뚱한 몸매와 무릎이 지끈거리는 관절 때문에 내가 더 이상 여자로 보이지 않는 모양인데, 왜 이러서? 나도 아직 매력 있는 여자라고!' 그저 혼자만의 생각이지만, 생각만큼은 자신 있게 하는 요즘이다.

자유와 방치 사이에서 무럭무럭 자란 아이들은 운이 억세게 좋은 축에 속한다. 딸은 훌륭한 부모의 조합(?) 덕택에 타고난 외모와 나름의 노력으로 가뿐히 원하는 학교의 패션모델과에 당당히 입학했고, 평소 가고 싶어 했던 모델 에이전시에도 합격하여 이제 막 모델의 세계에 걸음마를 뗀 10대 소녀이다. 중학교 졸업 기념 학급 여행 때는 내게 잠 못 이루는 밤을 선사했던 센스 만점의 딸이기도 하다. 펜션 예약부터 먹을거리 장만과 교통수단 준비까지 딸이 기획을 총괄했는데, 그 여행의 보호자로 나를 낙점한 것이 아닌가! 밤새 이어진 10대들의 수다와 계속된 놀이로 나는 그날 밤 한숨도 잠을 이룰 수가 없었다.

박지성과 같은 축구선수가 되겠다고 호언하며 나를 한껏 꿈에 부풀게 했던 아들은, 중학교 2학년 때 갑자기 축구를 그만두고 공부를 시작했다. 하지만 공부라는 게 하루아침에 될 일인가? 평준화가 되지 않은 지역에 살았던 터라 엄마로서는 암담한 심정이었다. 소위 명문이라 불리는 고등학교에 진학하는 일은 요원했으니 말이다. 그러나 억세게 운 좋은 아들 녀석은 경기도가 고교평준화가 되면서 추첨으로 원하는 학교에 입학했다. 이제 대학 입시 준비를 착실히 할 줄로 알았는데, 사람 일은 한 치 앞을 알 수 없다 했던가! 아들은 아버지의 뛰어난 수학 능력을 유전 받아 온라인게임 리그 오브 레전드(League Of Legend, 일명 LOL)에 올인 하더니, 다이아몬드 1단계를 찍은 후 프로게이머에 도전하겠다고 선언했다. 프로게이머가 되고 싶다는 아들의 말에 인터넷을 샅샅이 뒤져서 관련 기사와 자료를 전부 검색했다. 불안이 가시지 않은 나는 지인들에게 전화를 걸어 자초지종을 말하고 걱정을 털어놓았다. 그럴 때마다 나의 자매와 친구들은 "그래도 어차피 하라고 할 거잖아!"라며 타박했다. 결국 아이가 원하는 대로 지켜보는 '쿨'한 엄마가 아니냐는 것이다. 그리 '쿨'한 성격은 아니지만, 아이들의 선택을 '존중'해주려 노력하며 사는 것일 뿐인데 말이다.

우리 가족이 한자리에 모이는 시간은 많지 않다. 평일에는 밤 10시나 되어야 얼굴을 볼 수 있고, 주말에는 뿔뿔이 흩어져 산다. 각자의 일에 너무 분주한 우리는 가족이라는 이름으로 금전적으로는 무지 가깝게, 그러나 각자의 인생으로 보면 아주 독립적으로 살아가고 있다.

_ 여광균

가난해도 행복해,
사랑해

우리 가족은 뉴욕 시 외곽에 있는 롱아일랜드에 산다. 나는 한국에서 군 복무를 마치고 대학을 졸업한 후 미국에 왔다. 아내는 뉴욕 브루클린에서 태어나 롱아일랜드에서 자랐다. 각기 한국과 미국에서 나서 자란 우리 두 사람은 태평양 한가운데에 있는 하와이에서 만나 사랑에 빠졌다. 지금은 초등학교에 다니는 딸과 아들을 둔 결혼 10년차 부부다. 그런데 10년차 부부라면 남들은 대부분 가지고 있을 법한 것 중에 우리에겐 없는 것이 많다.

그중에 하나가 결혼반지다. 아내도 나도 아직 결혼반지가 없다. 안 끼고 다니는 것이 아니라 아예 장만하지 않았다. 결혼반지가 없으니 그보다 값비싼 예물로 주고받는 약혼반지는 당연히 없다. 둘이 함께 몸에 지니고 있는 것은 8만 원 선의 시계뿐이다. 수년 전 내가 한국에 갔다 돌아오면서 공항 면세점에서 구입해 아내에게 선물했다. 가볍고 종잇장처럼 얇은 시계라 몸에 이것저것 달고 다니는 것을 싫어하는 아내가 무척 좋아했다. 그러더니 결혼 10년차가 된 작년에 아내가 내게 똑같은 시계를 선물했다. 그래서 우리는 결혼반지 대신 똑같은 시계를 차고 다닌다.

우리 부부는 신혼여행도 제대로 다녀오지 않았다. 한국에서 전통혼례를 마치고, 나와 아내는 현지 조사를 위해 바로 베이징으로 가야 했다. 다른 커플들은 기대하며 오랫동안 계획을 세우고, 예산을 짜고, 차근차근 돈을 모아 떠났을 신혼여행인데, 우리는 어디로 가야 할지 의논도 진지하게 해보지 않았다. 결혼식이 끝나고는 너무 힘들고 기운이 빠져 가족들과 좀 떨어져 있고 싶은 마음뿐이었다. 한밤에 무작정 차를 몰아서 가까운 인천 영종도로 갔다. 제일 먼저 눈에 들어온 여관에서 하룻밤을 조용히 자고 나왔다. 그리고 베이징으로 떠났다.

결혼 10년차, 함께 벌이를 하며 살아온 시간치고는 짧지 않지만 아직 '내 집 마련'도 하지 못한 상태이다. 지금은 장인, 장모님과 함께 산다. 처가살이다. 아내나 나나 처가살이가 불편하기는 마찬가지다. 가끔이지만 아내는 자신을 아직도 어린아이처럼 취급하는 장모님과 감정싸움을 하기도 한다. 특히, 고등학교를 졸업하면 부모 집을 떠나는 게 당연한 미국식 사고방식을 잘 아는 아내가 여전히 부모와 산다는 것은 자존심이 상하는 일이기도 하다. 한국에 사는 나의 부모님과 동생네도 나의 '처가살이'를 안쓰럽게 생각한다. 탁 까놓고 말은 못하지만.

헤아려보니 없는 것이 많기도 하다. 여기에 하나 덧붙이면 우리는 옷에도 별로 관심이 없다. 옷을 아예 사지 않는 것은 아니다. 그저 철 따라, 유행 따라 옷을 바꿔야 한다고 생각하지 않을 뿐이다. 나와 아내, 그리고 작은 아들은 그냥 편안하고 깨끗한 옷이면 만족이다. 내 경우에는 출근용 옷 몇 벌과 공적인 자리에서 입어야 하는 양복 한두 벌이 전부다. 하지만 이제 아홉 살인 딸아이는 패션에 막 눈을 떠 관심이 많다. 색깔을 맞춰 옷을 입는가 하면, 스스로 장식을 달거나 만들기도 한다. 하지만 유행을 따르거나 광고에 나오는 비싼 옷을 따라 입으려 하지는 않는다. 본인 나름대로 창조적으로 멋을 내는 것이다.

계절이 바뀌어 옷을 정리하다보면 아내와 나는 종종 딜레마에 빠진다. 대학 시절에 입던 티셔츠나 바지를 올해도 입을지 고민하기 때문이다.

"앤, 이거 이제 버릴까? 15년도 더 된 거 같아."

"왜? 아직 입을 만한데. 그리고 나 이 티셔츠 헐렁하고 부드러워서 편해."

결국 많은 옷이 16년의 세월을 채우기 위해 다시 정리함으로 돌아간다.

우리 생활에 없는 게 많은 가장 큰 이유는 물론 돈이 없어서이다. 아내는 한국식으로 표현하면 시민단체에서 그랜트 라이터(grant writer)로 일한다. 뉴욕 시와 근교의 재정난을 겪고 있는 학교, 노숙자 보호소, 또는 한부모 가정 자녀들이 사회적 보호를 받을 수 있게 시나 주 정부, 사기업 등에 재정 지원을 요청하고 관리하는 일이다. 난 대학교에서 강의를 하다가, 지금은 교육·문화컨설팅을 준비 중이다.

적은 수입에 비싼 뉴욕 생활비와 아이들 교육비를 감당하는 것이 만만치 않다. 가끔씩 아내와 나는 비어 있는 통장 잔고를 보며 밤늦게까지 걱정을 하곤 한다. 내일 당장 먹을 것이 없어 걱정하는 것은 아니지만 앞으로 닥칠 미래에 대한 고민이 조금씩 쌓여간다.

"애들 대학 갈 때, 그 비싼 학비를 전부 대줄 수 있을까?"

"나중에 우리 은퇴하고 늙어서 먹고는 살 수 있을까?"

어떤 날은 엑셀 문서를 만들어 숫자를 바꿔가며 고민을 하기도 한다.

그러나 가난은 우릴 불안하게 만들긴 하지만, 불행하게 만들진 않는다. 서로 수만 킬로미터나 떨어진 곳에서 태어나 전혀 다른 문화에서 살다가 만난 우리지만, 삶에 대한 공통적인 태도가 있기 때문이다. 우리 부부는 삶에서 진짜 중요한 것과 별로 중요하지 않은 것, 그리고 전혀 중요하지 않은 것

을 보는 시각이 비슷하다. 삶에서 진짜 중요한 것들은 눈에 보이는 것보다는 안 보이는 것이 더 많고, 기다려서 얻는 것보다는 당장 실행하며 느껴야 하는 것이 더 많다고 생각한다.

내 아내는 생일 챙기기 귀신이다. 일가친척은 물론이고, 친한 친구들의 생일도 모조리 챙긴다. 거기에 양쪽 집안의 조카들(갓난아기 조카도 포함된다), 우리 아이들의 친한 친구들, 예전에 살던 동네 이웃 아줌마까지 챙긴다. 대단한 선물을 하거나, 생일상을 차려주는 것은 아니다. 사정이 허락하면 작은 선물을 장만해서 직접 쓴 생일카드와 함께 보내거나, 그렇지 못한 날에는 제 날짜, 제 시간에 맞춰 이메일이나 문자로 축하 메시지라도 정성스럽게 써 보낸다. 말이 안 통하는 시부모님께도 주저 없이 먼저 전화한다. 그리고

"생일 축하해요!", "사랑해요!", "보고 싶어요!"를 힘차게 외친다. 마치 자기 생일을 맞은 것처럼 진심으로 행복해하면서.

우리는 매일 밤 무슨 일이 있어도 아이들이 잠자리에 들기 전 시간을 함께 보내려고 노력한다. 내가 외국에 나가 있을 때나 아내가 출장을 가면, 시간에 맞춰 영상통화라도 한다. 아이들에게 책을 읽어주거나 함께 뜨개질을 하고, 뒤엉켜서 레슬링을 하며 놀기도 한다. 금요일과 토요일 저녁에는 다 같이 영화를 본다. 초대형 평면 TV나 서라운드 사운드 시스템이 갖춰진 홈시어터는 없다. 구입한 지 10년 가까이 되었지만 여전히 멀쩡하게 작동하는 프로젝터를 노트북에 연결하고 한쪽 벽에 쏴주면 우리 방은 그럴싸한 영화관이 된다. 컴퓨터에 연결된 작은 스피커에서 나오는 음향이 영화의 감동을 그대로 전달해주지는 못하지만, 네 식구가 침대에 나란히 누워 보는 재미는 최고다. 작년에는 아이들이 좋아하는 〈스타워즈 4, 5 ,6〉과 〈해리포터〉 등이 주요 레퍼토리였다. 올해는 아이들이 예능 프로그램 〈런닝맨〉에 푹 빠져서 주로 한국 예능 프로그램을 함께 본다. 그리고 아이들이 잠자리에 들기 전에는 꼭 안고 뽀뽀를 해주며 "사랑해", "I love you"라고 말해준다. 이렇게 사소하지만 지금 당장 하지 못하면 사라지는 것들을 우리는 중요하다고 생각한다.

우리 부부는 가끔씩이라도 둘만의 시간을 가지려고 노력한다. 비싼 레스토랑은 아니지만, 저렴하고 맛있는 식당은 기어이 찾아서라도 간다. 사정이 여의치 못하면, 간단한 샌드위치나 햄버거를 사 들고 가까운 공원에 나가 산책을 한다. 우리가 사는 롱아일랜드는 섬이라서 조금만 나가면 바다를 볼 수가 있다. 우린 둘 다 바다를 좋아한다. 끝없이 펼쳐진 수평선과 쌉싸름한 바다 냄새를 좋아한다. 천천히 철썩이는 파도는 뉴욕이라는 대도시의 바쁨과 혼잡스러움을 씻어주는 듯하다. 아이들이 생긴 후에 둘만의 시간은 많이 줄어들었다. 그래도 일부러 기회를 만들어서라도 함께 시간을 보내려 한다.

올해 내 생일에는 둘이 샌드위치를 사서 근처 바닷가 공원으로 나가 점심 데이트를 했다. 나무 밑에 앉아서 바다를 바라보며 샌드위치를 나눠 먹었다. 그리고 공원 주위를 산책했다. 아내가 일을 하다 점심시간을 쪼개 나온 것이어서, 함께한 시간은 한 시간도 채 안 되었지만, 그 어떤 생일보다도 기억에 남는 시간이었다. 이 멋진 생일에 들어간 비용은? 단돈 2만 원.

우리는 이러한 것이 삶에서 중요한 것이라 믿으며 하루하루를 살고 있다. 우리 아이들에게도 가르쳐주면서 말이다. 오늘 아침에도 어김없이 아이들이 침실 문을 박차고 들어온다. 잠에서 막 깬 부스스한 얼굴로 아내와 내가 누워 있는 침대로 올라온다. 우리 둘 사이를 비집고 들어와서, 큰딸아이는 엄마 옆에, 작은 아들은 내 옆에 자리를 잡는다. 창밖으로는 동이 터오고, 책상 위 라디오 시계는 일어날 시간이 다 되었음을 알려준다.

아내나 나나 속으로 최면을 건다. '10분만 더.'

그리고 우리 품으로 파고 들어오는 아이들을 꼭 안아준다.

"사랑해", "I love you."

"아빠, 사랑해. 엄마 사랑해요", "I love you."

아이들도 우리 볼에 입을 맞추며 잠이 덜 깬 목소리로 한마디씩 한다. 결혼반지, 커다란 집, 가득 찬 통장 잔고보다 '삶'이 느껴지는 순간이다. 아내와 마주 보며 아이들을 사이에 두고 눈을 맞춘다. 그리고 우리의 주파수도 맞춘다.

"우린 가난하지, 그래도 행복하다."

_ 진성원

아내는 일보닌,
남편은 한구긴,
딸내미는 지구인

"신분증 좀 보여주세요."

아내가 또 불심검문을 당했다. 이번이 두 번째다. 처음에 아내가 불심검문에 걸렸을 때는 그냥 우연인가 싶었는데, 반복해서 걸리니까 일본 경찰이 보기에 아내에게 무언가 '수상쩍은' 면이 있어 보이나 싶기도 하다. 우리가 전에 살던 지역은 아시아 출신의 외국인 노동자가 많이 사는 곳이었다. 당시 아내는 잠금장치가 망가진 자전거를 타고 다녔다. 그리고 아내의 외모는 살짝 외국인같이 보이기도 한다. 정작 외국인인 나는 불심검문을 당한 적이 없는데, 토종 일본인인 아내는 자주 검문에 걸리곤 한다.

이제 아내는 불심검문을 걱정하지 않아도 된다. 우리가 외국인이 살지 않는 동네로 이사를 왔기 때문이다. 도쿄의 중심 신주쿠에서 전철로 15분 정도 떨어진 주택가이다. 집은 말 그대로 '토끼장'같이 작은 집이다. 동네 모든 집의 초인종 소리가 다 똑같아서 초인종 소리가 울리면 옆집인지 앞집인지 우리 집인지 알 수 없을 정도로 작은 집들이 다닥다닥 붙어 있다. 화장실은 '거실'이라는 공간에서 정확히 70cm 떨어져 있다. 이 토끼장 같은 집이 우리 세 식구의 보금자리다.

일본인 엄마와 한국인 아빠, '한구긴도 일보닌도 아닌' 딸 유희, 우리 세 식구는 요즘 대부분의 시간을 함께 보낸다. 아내는 육아를 위해 10여 년간 다니던 직장에서 1년 산후휴가를 얻었다. 나 역시 가족과 시간을 조금이라도 더 보내기 위해 파트타임으로 일을 한다. 동네 슈퍼마켓의 생선 코너에서 다섯 시간 정도 일하고, 오후 1시에 퇴근해 곧장 집으로 돌아온다.

우리 부부와 갓난쟁이 딸아이, 셋이 함께하는 매일은 새로운 발견이고 새로운 감동이다.

아침에 눈을 뜨면 아이는 항상 환한 웃음으로 나를 맞아준다. 모유 수유를 하는 아내를 보는 것은 참 즐거운 일이다. 아르바이트를 끝내고 집에 돌아오면 아내와 아기가 초롱초롱한 눈망울로 나를 맞이한다. 아내가 점심을 준비하는 동안 나는 아이와 논다. 점심을 먹고 아내와 아기띠를 이용해 앞으로 안은 아이와 함께 자전거로 혹은 걸어서 주변의 공원이나 슈퍼마켓으로 나들이를 나간다.

평범하고 단순하지만 신비롭고 특별한 하루하루를 살 수 있는 것은 역마살이 다분한 한국인 남자와 그와는 전혀 다른 유형의 일본인 여자가 만나 부부가 되었기 때문이다. 나는 도무지 결혼과는 동떨어진 '문과적인' 삶을, 그리고 방랑자적인 인생을 살았다. 나와 달리 아내는 현실적이며 '이과적인' 사고방식을 가진 정주 지향의 여성이었다. 역마살이 낀 남자인 내가 어딘가 정착해 안식을 얻고 싶다고 생각할 즈음, 아내가 나타났다. 마침 일상이 따분했던 아내에게 '유니크(unique)'하고 엉뚱한 내가 출현했던 것이다. 어울릴 것 같지 않았던 우리는 몇 가지 사건을 거쳐 한 가정을 이루었다.

아내와 나는 16년 전, 홋카이도의 조그마한 마을에서 열린 한일합동 학술 행사에서 만났다. 그때 아내는 도쿄에 있는 대학교에 갓 입학한 신입생이

었고, 나는 미국으로 유학을 떠나는 장도에 오를 예정이었다. 그날 행사는 인류학자들과 학생들이 모여 유골을 발굴하는 것이었는데, 아내와 나는 각기 다른 팀에서 땅을 파다 친해졌다. 어느 날, 하루를 마무리하는 저녁 토론회를 마치고 자유시간이 주어졌다. 우리는 어쩐 일인지 의기투합해 발굴 현장 메밀밭을 함께 걸었다. 그때 무슨 이야기를 나눴는지 지금은 생각도 나지 않는다. 아무튼 우리가 숙소로 돌아왔을 때는 어느덧 동이 트고 있었다.

운명의 장난인지 내가 미국으로 떠난 후에도 그 풋풋한 신입생과의 인연은 계속되었다. 당시 지구상에 처음 소개된 인터넷이 큰 역할을 했다. 정보통신의 신기술 덕분에 우리는 태평양을 가로질러 소식을 주고받을 수 있었다. 인터넷이나 핸드폰 메시지를 사용하기 어려울 때는 손편지를 주고받았다. 내가 아프리카에 있을 때, 나는 아내에게 편지 혹은 엽서를 써서 이국적인 우표를 붙여 보내곤 했다.

나는 아내를 그저 나이 어린 인생 후배로 생각했는데, 아내는 나와 조금 달랐나보다. 수천 통의 메일과 편지가 오고 간 후에, 어느 날 아내가 당시 내가 살던 플로리다로 날아왔다. 나는 아내 몰래 월마트에서 산 10달러짜리 실반지를 선물했고, 우리의 본격적인 연애가 시작되었다.

몇 년의 연애 끝에 우린 결혼을 약속했다. 누가 먼저 프러포즈를 했는지는 아직도 논란이 분분하다. 아내도 내게 프러포즈를 했고, 나도 아내에게 프러포즈를 했기 때문이다. 아내는 어느 날 불쑥 "나랑 결혼해줄래?"라며 어눌한 한국말로 내게 프러포즈를 했다. 그렇지만 아내는 여자가 남자에게 먼저 프러포즈를 했다는 점을 내켜하지 않았다. 그래서 나는 좀 더 스펙터클하게 아내에게 프러포즈를 했다. 아프리카 탄자니아의 잔지바르 섬에서 장엄한 저녁노을을 배경으로 나는 아내에게 결혼을 청했다.

결혼을 할 당시 우리 부부는 동거할 계획이 없었다. 아내의 직장은 일본에 있었고, 오랜 외국 생활을 해왔던 나는 한국에서 하고 싶은 일이 많았기 때문이다. 나는 원거리 연애로 다져진 내공으로 기러기 가족보다 한층 업그레이드된 '독수리 가족'을 생각하고 있었다. 우리 연애에 미국과 일본은 물론이요, 아프리카를 포함한 전 세계가 동원되었는데, 한국과 일본을 오가며 결혼생활을 하는 것쯤은 식은 죽 먹기일 것이라고 예상했다. 또한 적지 않은 나이에 또 다른 외국 생활을 시작해야 한다는 것은 외국 생활에 이골이 난 내게도 부담이 아닐 수 없었다.

2년 전, 일본에 대지진이 일어났을 때 나의 이런 계획은 백지화되었다. 가족의 중요성이 새삼스럽게 확인되었기 때문이다. 당시 아내가 갑작스럽게 암 진단을 받아 수술을 앞두고 있었고, 나는 아내 곁에 있기 위해 일본에 머물고 있었다. 입원실에서 아내를 위로하고 있던 봄날의 오후, 갑자기 5층 짜리 병원 건물이 요란스럽게 흔들리기 시작했다. 아내가 입원한 병실과 집을 오가며 날마다 텔레비전 속보로 지진의 영향으로 폭발 위기에 처한 원전 소식을 확인하는 것은 정말 힘들었다. 다행히 아내의 수술은 성공적이었고, 우리는 원전에서 멀리 떨어진 규슈까지 피난을 가야만 했다. 이런 상황에 아내를 일본에 혼자 남겨둘 수는 없는 일이었다.

일본에 우리 가족의 작은 보금자리를 튼 것이 엊그제 같은데, 어느덧 2년이 다 되어간다. 일본은 지금까지 내가 경험했던 외국과는 또 다른 곳이다. 언어도, 문화도, 공간 구조도, 다른 점이 한두 가지가 아니다. 그러나 그간의 외국 생활과 가장 큰 차이점은 사랑하는 아내와 딸 유희가 함께라는 점이다. 적지 않은 나이에 다시 외국 생활을 하는 것에 대한 나의 부담은 기우였음이 빠른 속도로 확인되고 있다. 자동차 대신 자전거에 시장바구니를 달고 쇼핑하고, 아기띠에 딸을 둘러매고 동네를 산책하고, 아내가 돌아오는 시간에 맞춰 프라이팬을 돌리며 저녁식사를 준비하는 재미, 난 그 재미에 이미 푹 빠져 있다.

당신은 어떤 가족이세요?

한국에서 다문화 가족이라는 용어는 매우 독특하게 사용된다. 다문화라는 용어의 기술적·법적 그리고 사회적 함의가 모두 제각각인 탓이다.

다문화 가족은 다문화와 가족이 합해져 만들어진 말이다. 다문화가 '다양한 문화'의 줄임말이니, 기술적인 의미에서 다문화 가족이란 다양한 문화를 가진 가족이라는 뜻이 된다. 이 경우에 문화, 곧 신앙, 예술, 신념, 취향, 도덕적 규범 등 포괄적인 삶의 양식에서 가족 구성원의 생각이 완전히 일치하지 않는 모든 가족은 다문화 가족이다. 한마디로 복제인간 1, 2, 3호 식으로 구성된 가족이 아니라면 지구상의 거의 모든 가족은 다문화 가족이란 이야기다.

그런데 다문화 가족의 법적인 개념은 문화와는 전혀 상관이 없다. 「다문화 가족지원법」 제2조 제1호에서는 다문화 가족을 "결혼 이민자 혹은 귀화 허가자와 출생 시부터 대한민국 국적을 취득한 자로 이루어진 가족"으로 규정한다. 가족 가운데 외국 출신 이민자가 포함되어 있느냐의 여부가 다문화 가족임을 판단하는 절대적 기준이 되는 셈이다. 다른 나라 출신의 이민자가 가족 구성원으로 포함되어 있지 않다면, 제아무리 고양된 문화다양성을 영위하는 가정이라 할지라도 다문화 가족 범주에서 제외된다.

　기술적인 의미와 법적인 함의의 차이는 다문화에 대한 이중적인 사회적 태도를 만들어낸다. 이를테면 이런 식이다.

"당신은 이주민 가족이세요?"

"아니죠."

"아, 그럼, 단일문화 가족이시네요?"

"에? 흠, 그건 좀……."

　'이주민=다문화 가족, 선주민=비다문화 가족, 그러나 비다문화 가족≠단일문화 가족'이라는 무언의 사회적 합의를 통해 다문화에 대한 모순된 태도가 확산된다. 우리 가족은 외국인이 포함되어 있지 않다는 점에서 다문화 가족이 아니다. 그러나 가족 구성원들이 다양한 문화를 자유롭게 향유하고 있다는 점에서 단일문화 가족도 아니다. 다문화 가족도 아니고 단일문화 가족도 아닌 우리는 '그냥' 가족이다. 이런 식으로 한국 사회에는 두 가지 유형의 가족이 존재한다.

　'우리'를 뜻하는 그냥 가족과 '그들'을 지칭하는 다문화 가족.

　이 경우 다문화 가족은 '다양성'과 '문화'라는 수식어와는 전혀 관계가 없다. '비정상' 혹은 표준의 범주에서 벗어난 특별한 가족을 주류 사회로부터 구분(분리)하는 용어일 뿐이다. 그래서 이주민들 역시 두 가지 모순되는 사회적 정체성을 강요받는다.

"당신은 이주민 가족이세요?"

"네."

"아, 그럼, (다양한 문화를 향유하고 생산한다는 점에서) 다문화 가족이시네요?"

"에? 흠, 그건 좀……."

　이러한 비대칭적이고, 억지스럽고 불편한 이분법은 양 집단 모두를 과잉 동질화하고, 두 집단 간의 차이를 절대시하는 고정관념과 편견을 확산시킨다.

　'갈등, 혼란, 소통의 문제, 고립, 서투름과 미숙함, 불안, 순응, 해체', 한국에서 만들어지고 있는 다문화 가족 담론이 가장 선호하는 열쇳말이다. 특정한 다른 나라 출신의 이민자가 포함된 가정으로 제한되는 한국의 다문화 가족은 그 호명에 걸맞지 않게 보호와 지도가 필요한 문화적 문맹 집단에 불과하다.

"지금 한국 사람들은 이렇게 생각할 수도 있어요. 많은 이주민 지원 활동가들도 그렇게 생각하더라고요. '이주민들을 위해서 우리가 대신한다.' 그런데 그런 마음을 가지면 안 될 것 같고요. 이주민 스스로가 할 수 있는 기회가 만들어져야 할 것 같아요."

이주민 친구들에게 가장 많이 들었던 말이다. 다문화 가족에 대한 비현실적인 타자화는 '우리'로 통칭되는 주류 사회의 구성원들에게도 심각한 자기모순으로 경험된다. 다문화의 기준이 이주의 경험으로만 제한된다면, 다문화 사회의 주역은 이주민이나 귀화자 자신이어야만 한다. 그러한 경험에서 가능한 한 가장 멀리 그리고 완벽하게 격리되어 있을수록 이상적인 그냥 가족에 가까워진다. 동시에 다문화 사회의 주역에서도 멀어진다.

수십 번 국경을 넘나들었지만 여전히 자신의 전통문화를 굳건히 고수하는 사람이 있는 반면, 나고 자란 고장을 한 번도 떠나본 적이 없지만 아침저녁으로 새로운 라이프스타일을 실험하는 사람도 있다. 출신국의 차이와는 관계없는 다른 이유로 몇 년째 각방을 쓰고 있는 부부도 있을 수 있으며, 언어·종교·태어난 곳·자란 곳·사랑의 방식·식성 등 그 어느 것에서도 공통점이라고는 찾아보기 어려운 남녀가 만나 이 지구상의 단 하나뿐인 서로의 운명이 되어 사랑의 불길을 날로 더해가는 커플이 있을 수도 있다(이 책에 나오는 된장녀와 카레 씨의 이야기다).

이주가 특별한 경험임은 분명하다. 그러나 그것이 꼭 국경을 넘는 행위로 제한될 필요는 없다. 국경을 넘어 지구 반대편으로 이동하는 경험보다 시골에서 도시로 이동하는 몇 시간이 "훨씬 더 공허하고 어둡고 무서운" 일이 될 수도 있는 것이다. 게다가 이주를 '뿌리 뽑힘(dis-embedness)'과 '다시 심겨짐(re-embedness)'이라는 탈근대의 보편적 경험으로 확장시킨다면, 특정한 사람만을 굳이 이주민으로 호명할 이유 역시 사라진다. 우리 모두는 '너나없는 이방인'이다. 우리 모두 하루에도 수십 가지의 경계를 넘나든다. 그렇지 않은가?

이것은 다문화가 이주의 경험만으로 제한될 수 없으며, 또한 이주 경험이 문화 다양성이라는 가치와 기계적인 정(正)의 관계로 고착될 수도 없음을 뜻한다. 누군가는 잦은 공간적인 이동에도 보수적인 문화관을 견지할 수 있을 것이다. 하지만 다른 누군가는 정주 상태임에도 정신적 유목을 탐닉하고 있을 수도 있다. 전통문화를 숭상하지 않는 선주민이 얼마든지 있을 수 있으며, 지역 문화 전통에 능통한 이방인도 얼마든지 존재할 수 있는 것이다.

담론이나 정책의 주제가 아니라, 삶의 기술이자 도구로서 일상공간에서 펼쳐지는 '레알' 다문화는 공간적인 이주의 경험이나 출신국의 차이로 환원될 수 없는 독특하고, 복잡하고, 역동적이며 동시에 보편적인 과정임을 이 책의 주인공들은 잘 보여준다.

이 책의 주인공들은 자신들이 어느 쪽 사회의 정상가족 범주에도 포함되기 어려운 독특한 삶을 살고 있음을 인정한다. 그러나 그들의 남다른 일상이 우리가 아는 것처럼, 우리가 기대하는 것처럼 진행되지 않는다는 것 역시 분명히 보여준다.

"남들이 생각하는 것과는 무지하게 다른 우리의 환장할 현실", 그것이 바로 그들의 일상이다. 그들의 환장할 현실은 한국의 다문화주의가 기대하듯이 국가문화의 차이로 손쉽게 수렴될 수 없을 정도로 복잡하다. 문화 차이는 그들이 조정해야 하는 수많은 차이 중의 한 가지일 뿐이다.

그들은 싸우고 갈등한다. 그러나 우리가 생각하는 이유와는 다른 이유로 싸운다. 그들도 정체성의 혼란을 느낀다. 그러나 혼란의 원천은 생뚱맞고 우스우며, 살짝 뭉클하기까지 하다. 그들은 주류 사회의 오해와 편견에 시달린다. 그러나 그러한 편견에 가위눌리는 대신, 만만치 않은 반격을 시도한다. 그들은 외국 생활을 한다. 그러나 그들은 외국이라는 공간을 '태어나지 않은 곳'이 아니라, 사랑이 없는 곳이라고 생각한다. 사랑만 있다면, 전 세계의 모든 곳은 나의 집과도 같다고 여긴다. 그래서 그들은 "우리는 다르지만, 특별하게 다를 것은 없다"라고 말한다.

누군가를 만나고, 이해할 수도 저항할 수도 없는 사랑에 빠져들고, 어느 틈에 남들이 생각하는 결정적인 차이에도 불구하고 차츰 비슷해져가고 있는 모습, 이것은 모든 사람의 비슷한 인생 행로가 아니냐고 반문한다. 우리는 다문화 가족이지만, 당신들이 생각하는 다문화 가족은 아니라고, 우리는 그냥 가족이지만 당신들이 생각하는 그냥 가족 역시 아니라고. 우리는 우리일 뿐이라고 말이다.

굳이 칭하자면 지구인 가족. 음, 그렇다면 당신은, 당신은 어때요, 당신은 어떤 가족이세요?

_ 오경석

02

연애와
사랑

이 책의 주인공들은 '차이의 부자'들이다. 그들의 '그냥 미친' 사랑을 광기로부터 구제해준 것은 바로 '차이'이다. 언어, 인종, 종교, 국적 등 일일이 열거하기 어려운 차이들이 있었기 때문에 그들은 눈에 콩깍지가 씌었어도 상대와 자신을 동일시할 수 없었다. 그렇게 그들은 자신과 공통점이 전혀 없는 그/그녀에 빠졌다는 의도치 않은 이유로 합류적 사랑의 개척자가 되어가는 것이다. 그래서 그들의 사랑은 생각보다 안전하다. 그들의 사랑은 늘 새롭다. 그 차이로 인해 그들은 서로에게 늘 새로울 수 있다.

_ 이정민

메신저로 받은
눈물의 e-프러포즈

한국에서의 1년간의 짧은 연애와 2년의 롱디(long distance의 줄임말) 연애. 손잡기까지 걸린 시간은 무려 1년. '빨리빨리'의 한국 대표주자인 나로서는 복장 터졌던 연애기간이었다. 이별과 재회를 반복하면서 수많은 우여곡절을 겪었고, 바늘로 찔러도 피 한 방울 안 나올 것 같던 된장녀와 카레 씨의 눈물 없이는 볼 수 없는 고난의 연애였다. 언어, 문화, 종교, 성격까지 너무나 다르게 살아온 우리의 러브스토리는 그야말로 영화였다. 우리는 아직도 가끔 서로에게 묻는다.

"도대체 우린 어쩌다 사랑하게 된 거니?"

사실 남편과의 첫 만남은 그다지 극적이지도 운명적이지도 않았다. 평범한 '친구 소개' 자리에서 만났으니 말이다. 카레 씨가 한국지사로 옮긴 지 2년 정도 되었을 때, 우연히 모임에서 서로의 옆자리에 앉은 우리는 농담 반 진담 반 내기를 하나 걸며 첫 만남을 시작했다.

우리는 한 달에 한두 번 정도 만나 소심한 데이트를 즐겼다. 남산 산책도 가고, 영화도 보고, 분위기 좋은 재즈 바도 가며 달달한 분위기는 연출했는데, 여기서 문제가 생겼다. 과연 우리는 친구인가, 연인인가?

그 당시 내 나이는 서른이었다. 솔직히 까놓고 말해서 연애는 해볼 만큼 해봤다. 보통 남녀가 호감이 있으면 자연스러운 스킨십은 당연지사가 아닌가? 그런데 이 남자, 한 달이 지나고 일사분기, 반년이 지나도 손 한 번을 안 잡았다. 그렇다고 애정 표현도 없다. 야한 농담만큼은 서슴없이 하면서 나를 돌부처 대하듯 했던 것이다.

'아니, 이 사람 정말 뭐야? 나한테 매력을 못 느끼나?'

나중에 알았지만, 인도에서는, 특히 보수적인 남인도 지역에서는 결혼 전 연애가 도덕적이지 못한 나쁜 '짓'이라고 한다. 남편이 말하길, 지나가는 여자 옷깃만 스쳐도, 아니 바람에 화장품 냄새만 날려도 천국을 수천 번은 갔다 온 것 같았다고 한다. 반면, 연애에서만큼은 '극'진보였던 내게 연인과 친구 사이를 구분하는 기준은 '스킨십'이었는데, 우리는 분명한 연인 사이였음에도 손 한 번 잡지 못한 '멘탈 러브'를 했던 것이다. 사랑의 완성은 '정신과 육체의 하모니'임을 입에 침이 마르도록 설교해오던 내가, 나이 서른에 하드코어 플라토닉 사랑을 하게 될 줄이야! 그렇다고 내가 먼저 들이대자니 인도에서 곱게 자란 순수한 영혼인 카레 씨가 그동안 꿈꿔 온 핑크빛 사랑의 환상이 나 때문에 깨지는 것은 아닐까 조심스러웠다. '내 인생의 첫 키스'를 꿈꾸며 짜릿한 상상을 했던 그때 그 시절을 떠올리며 참았던 것 같다. 이제는 말할 수 있다. "여보, 난 당신을 지켜주고 싶었어!"

한국에서 굼벵이 연애를 한 지 1년. 사실 나는 카레 씨를 만나기 훨씬 전부터 미국 유학을 준비 중이었고, 이미 입학증을 받아놓은 상태였다. 하지만 결혼해서 아이를 낳고 한국에서 평범하게 살기를 바라셨던 부모님의 반대에 부딪혀 입학을 2년째 연기하던 중에 카레 씨를 만나 짜릿한(?) 데이트

를 즐겼던 것이다. 유학을 가겠다는 딸이 불안하셨던 부모님께선 인맥을 총
동원하여 수많은 선 자리를 마련해주셨고, 이에 지친 나는 카레 씨를 소개
시키기로 마음을 굳혔다. 무작정 소개시켜드리면 너무 놀라실 것 같아 부
모님께 공짜 음악회 티켓이 네 장이 생긴 틈을 타, 두 장을 획득, 자연스럽
게 만남을 유도했고, 외국인 친구라고 소개시켰다. 그러나 우리의 이상한
낌새를 눈치채신 부모님께서는 당장에 나의 유학을 허락하셨다. 아마 우리
가 흐지부지 헤어지기를 기대, 아니 믿으셨던 것 같다.

　급작스럽게 유학이 결정되고, 난 본의 아니게 카레 씨에게 일방적으로 이
별을 통보했다. 화가 난 카레 씨는 나를 달래도 보고, 내게 짜증도 내보고,
나중에는 본인이 회사를 쉴 테니 차라리 같이 여행을 다니자고 꼬드기기
도 했다. 하지만 내 결심은 확고했다. 유학을 위해 그동안 미친 듯이 일을
하며 돈을 모았는데, 그 돈으로 여행을 할 수는 없었다. 장난기 가득한 연
애만 해오던 우리에게, 이 시기는 각자의 삶에 대해 진지하게 마음을 열고
이야기를 나누었던 중요한 시간이었다. 내가 살아온 이야기, 유학을 가려는
이유, 나의 꿈 등을 솔직하게 털어놓았고, 나의 진정성을 알아준 카레 씨는
나의 인생을 존중하며 그대로 받아들여 주었다. 이때였다. 카레 씨에 대한
진짜 사랑이 시작된 것은. 날 진심으로 이해하려 했고, 내가 행복해하는 모
습을 보고 싶어 했다. 스킨십도 없었고, 사랑한다는 말도 안 했지만, 내가
유학을 떠날 때 카레 씨가 내게 적어준 글귀는 평생 잊히지 않을 나의 소중
한 보물로 가슴에 남았다.

"내가 바라는 건, 오직 네가 행복해지는 것뿐."

　이렇게 우리의 롱디 연애가 시작되었다. 내가 미국으로 떠난 지 한 달 후,
남편은 3년간의 한국 생활을 마치고 한국을 영영 떠났다. 그리고 6개월의

안식 휴가를 받아 인도에 있는 부모님 댁으로 거처를 옮겼다. 10년 동안 회사에 몸 바쳐 일했지만 본인 인생은 없었다며 6개월 동안 세계여행을 계획하고 얻은 안식 휴가였는데, 모든 계획을 접고 인도로 간 것이다. 이유인즉, 부모님과 좀 더 시간을 보내며 나와의 관계를 설득시키고자 했던 것이다. 카레 씨의 부모님께서는 '인맥 총동원'과는 레벨이 다른 '신문 광고'로 5년간 카레 씨의 배우자감을 찾고 계신 상황이었다.

미신과 주술을 잘 믿는 인도에서는 배우자감을 찾기 전에 미리 점을 치고, 그에 맞는 배우자를 모집하는 공고를 신문에 내는 것이 흔한 풍조이다. 카스트(caste) 제도*가 법적으로는 없어졌다고 하지만, 여전히 배우자를 선택할 때에는 카스트가 1순위 조건이다. 종교는 물론, 같은 고향 사람을 선호한다. 지역마다 언어가 달라 방언을 합쳐 700여 개의 언어를 사용하는 인도에서는 가족끼리 무리 없이 의사소통을 할 수 있는 배우자를 원하기 때문이다. 특히 남인도, 북인도 사이의 결혼은 금기시될 정도이다. 남북 간의 지역감정**이 그만큼이나 심하다. 더욱 놀라운 것은 혈연 간의 결혼이 오히려 권장된다는 것이다. 카레 씨 역시 사촌동생과의 혼담이 오간 적이 있었다고 말해 나는 경악을 금치 못했다.

그러한 집안의 장남이 크리스천인 한국 여자와 결혼하겠다고 선언하면, 부모님께서는 뒷목을 잡고 쓰러지실 것이 뻔했다. 카레 씨는 일단 부모님과 많은 시간을 함께 보내며 나의 존재에 대한 '미끼'를 조금씩 던지면서 눈치를 채시도록 하는 고도의 작전을 짰던 것이다.

결정적인 미끼 중 하나는 카레 씨가 내가 있던 미국으로 40일간 여행을 왔던 것이다. 카레 씨의 부모님은 난데없이 혼자 미국 여행을 간다는 카레 씨를 의심하기 시작했다. 부모님의 걱정은 잠시 미뤄둔 채 우리는 40일간의

미국 서부 로드 트립에 나섰다. 이 여행에서 우리는 구름 위를 걷듯 꿈만 같은 행복한 순간도 만끽했고, 오만정이 다 떨어질 정도로 싸움도 많이 했다. 중요한 것은 서로가 정말 많은 이야기를 주고받았다는 것이다.

카레 씨는 나와는 180도 다른 사람이었다. 그는 생각이 정말 많았다. 한 가지 일을 두고 수백 가지의 가능성을 논하면서, 감정적인 문제도 굉장히 이성적으로 접근했다. 진정한 수학 통계 논리학과 부류였다. 정반대로 나는 '인간관계는 단순하다. 좋으면 좋은 거고, 아니면 아닌 거다. 그 이상도 이하도 아니다'라는 간명한 철학이 전부였다.

결국 우리의 마찰은 극에 달했다. 미래에 대해 오만 가지 걱정을 풀어놓는 카레 씨와 아무런 고민 없이 무심해 보였던 나. 달라도 너무 다른 서로

에게 짜증이 나고, 서로를 이해하기보다는 롱디 연애 상황을 먼저 걱정하
게 되면서 나는 서서히 마음의 정리를 시작했다. 일어나지도 않은 일을 미
리 두려워하는 사람과 끝까지 갈 믿음이 무너진 것이다. 나중에 안 사실이
지만, 지금의 시부모님께서는 상상 이상의 극우보수 성향이었기에 카레 씨
의 걱정은 어쩌면 당연한 것이었다.

　40일의 여행을 함께한 후, 카레 씨는 남은 안식 휴가를 보내기 위해 인도
로 돌아갔고, 난 이별을 결심하고 카레 씨가 떠난 지 며칠 후에 이메일로 일
방적인 이별을 통보했다. 그리고 그날부터 일주일간 방 안에 틀어박혀 무지
하게 울었다. 누군가와 40일을 24시간 내내 붙어 지낸 것은 처음이었다. 물
론 쉽지 않았지만, 그사이 붙은 미운 정이 슬프게도 온갖 추억을 쉴 새 없
이 끄집어내었던 것이다. 며칠 후, 카레 씨에게 답장이 왔다.

‘지금 빨리 메신저로 들어와. 지금 당장! 당장!’

놀란 나는 바로 메신저에 로그인을 했다. 카레 씨가 또 재촉을 했다.

‘빨리 웹캠 좀 켜봐. 빨리! 빨리!’

다혈질인 나와는 정반대로 항상 느긋한 이 남자가 어쩐 일인가 걱정을 하
며 웹캠을 켠 순간, 화면에 나타난 카레 씨는 닭똥 같은 눈물을 흘리고 있
었다. 엉엉 울던 카레 씨가 갑자기 컴퓨터 앞에 무릎을 꿇었다. 두 손을 모
으며 꺼낸 한마디.

“Will you marry me?”

순간 내 머릿속은 멍해졌다.

‘이거 지금 프러포즈야? 우리 방금 헤어졌는데……. 뭐? 결혼을 하자고?’
하는 생각을 해야 했는데, 단순한 나는 순간 감정이 먼저 차올라 외쳤다.

“Oh my God! Yes, I will!”

난 이렇게 쉬운 여자가 된 것이다.

프랑스의 에펠탑을 등지고, 파리의 센 강에서 바토무슈(bateau-mouche)를 타며, 뉴욕의 엠파이어스테이트 빌딩 전망대에서 야경을 바라보며, 하다 못해 뒷산 언덕배기에서 알록달록 풍선이라도 날리면서! 중증의 프러포즈 판타지를 간직하며 30년 넘은 인생을 살아왔던 나인데, 메신저로 e-프러포즈 받은 신세대 사이버 여자가 되었다.

이날 이후 정신이 돌아온 나는 그때부터 카레 씨를 갈구기 시작했다. 프러포즈의 장밋빛 환상을 깨버렸다는 둥, 나의 꿈은 다 날아갔다는 둥, 우리는 사이버 러버인 것이냐는 둥. 몇 달 후, 방학을 맞은 내가 한국으로 돌아왔을 때, 우리 부모님께 정식으로 허락을 받기 위해 한국으로 날아온 카레 씨는 또 한 번 프러포즈를 했다. 반지와 함께. 하지만 항공료에 반지와 꽃, 케이크까지 갖춘 두 번째 프러포즈보다 진심 어린 눈물의 첫 번째 프러포즈가 더 좋았다.

* **카스트** 현재는 폐지되었지만, 과거 인도인의 정체성을 규명하는 사회제도로 네 개의 계층으로 신분을 분류했다. 크게는 브라만(Brahman, 승려), 크샤트리아(Kshatriya, 무사), 바이샤(Vaisya, 상공), 수드라(Sudra, 노예)로 나뉘지만, 수드라 밑으로 불가촉천민이라 불리면서 인간 이하의 대접을 받는 계층도 있으며, 계층 사이에서도 하위 계층이 세세히 나뉜다. 즉, 브라만이라 하더라도 그 안에서 어떤 계급에 속하느냐가 지금까지도 결혼 상대자를 결정하는 데 중요한 요소로 작용한다.

** **북인도와 남인도** 인도는 여러 인종이 모여 사는 나라이다. 북인도의 대표적인 인종은 중앙아시아에서 내려온 아리아인이고, 남인도는 대부분이 지중해 지역에서 건너온 드라비다족(Dravidians)이다. 인종이 다른 이들은 피부색도 달라 북인도 사람이 상대적으로 좀 더 하얗고, 남쪽으로 내려갈수록 피부가 검다. 힌디 어가 널리 쓰이는 북인도와는 달리 남인도에서는 힌디 어를 전혀 모르는 사람이 대부분이며, 음식뿐만 아니라 명절마저도 각기 다르다.

_ 이선옥

운명과
우연 사이

나와 로버트도 남들처럼 연애 시절에 우여곡절이 많았다. 얼마 전, 친구들과 함께 놀다가 우연히 우리 첫 만남에 대한 이야기가 나왔다.

"로버트, 어떻게 선옥과 만났어? 여기 밴쿠버에서 만난 거야?"

"노, 노, 노. 우리는 한국에서 만났어. 정말 운명이었지. 나는 그때 한국어를 배우려고 한국에 와 있던 참이었어. 사실 그날 어느 대학교에서 토론회가 있었는데, 안 가려고 했거든. 그런데 어쨌거나 거기 가게 되어서 선옥을 만난 거야. 만약 안 갔다면 못 만났겠지. 그래서 난 우리 만남은 운명이라고 믿어."

과연 운명이었을까? 난 아무리 생각해도 그냥 우연이었던 것만 같다. 살짝 로맨티시스트 경향이 있는 남편은 아직도 우리의 만남이 운명이었다고 철석같이 믿고 있다.

"그날 토론회가 끝나고 뒷정리를 하던 여자가 있었는데, 이야기를 한번 해보고 싶었어. 그게 선옥이었어. 그래서 일부러 가서 인사를 했지. 그리고 이름이 뭐냐고 물어봤어. 그랬더니 선옥은 마치 '너 뭐야?' 이런 태도로 이름을 안 알려주는 거야. 그때 마음이 확 움직였어. 한국에서 나를 그렇게 차갑게 대한 여자는 선옥이 처음이었거든. '음, 이 여자 뭐지? 한번 알아봐야겠다' 하는 도전정신이 생겼지. 그래서 결혼까지 간 거야."

"로버트, 막장 드라마 찍어? 당신이 재벌 2세야? 난 그때 당신이 나한테 무슨 말을 한 건지 못 알아들어서 그랬던 거 같은데."

모두들 한바탕 웃고 말았다. 내가 보기에는 우연, 남편의 표현대로라면 운명적인 만남. 우연이든 운명이든 그렇게 만나 친구가 되었는데, 정신을 차리고 보니 어느새 연애를 하고 있었다. 그래서 '행복하게 잘 살았습니다'였으면 좋았을 텐데, 연애를 하면서도 그리고 결혼을 하고 나서도 참 많이 다투었다. 때로는 문화 차이로 인한 오해 때문에, 때로는 성격 차이로 지지고 볶고 싸우고 다시 화해하기를 수년. 연애 시절부터 따지면 한 5년을 다양한 주제로 신 나게 싸웠으니, 이제는 싸울 일이 별로 없다. 30년 이상을 서로 다른 장소에서, 다른 인간관계를 맺으면서 전혀 다른 인생을 살아왔던 두 사람이다. 로버트는 캐나다 온타리오의 시골에서 농사를 짓는 부모님 밑에서 독일과 네덜란드 문화를 간직하며 자랐고, 나는 한국에서 태어나 된장과 김치를 먹으며 자랐으니 어느 한 구석도 공통점을 찾을 수가 없었다.

사귀고 처음 집에 초대해 밥을 먹었을 때다. 삼겹살에 소주를 한잔 먹으려고 상을 차려놓았더니, 눈 깜짝할 사이에 로버트가 밥을 푸려고 내놓은 밥그릇에 소주를 가득 따라놓고 해맑은 미소로 나를 쳐다보는 것이 아닌가!

"선옥, 내가 했어. 잘했지?"

"헉, 로버트, 도와줘서 고마워. 그런데 이건 좀 아닌 거 같아."

"응? 왜? 난 이 그릇이 참 예쁜데. 한국 그릇 아주 예뻐. 여기에 담아서 마시면 멋있을 거 같아서 일부러 여기에 따랐어."

"아니, 예쁜 건 알겠는데, 시골에서 들일할 때 마시는 막걸리나 대접에 마시고, 소주 마실 때는 소주잔이 따로 있거든."

"어, 선옥, 지금 시골 사람 무시하는 거야? 이렇게 예쁜 그릇에 마시면 왜 안 돼?"

그렇게 따지고 드니 나도 정신이 혼미해져 왜 밥그릇에 소주를 마시면 안 되는지 이유를 찾을 수 없었다. 하지만 지금 생각해도 이유는 모르겠지만 하여튼 밥그릇에 소주는 아니다.

그 반대의 경우도 있었다. 하루는 분위기를 좀 내보기로 했다. 테이블 위에 촛불을 켜고 와인을 준비했다. 나는 완벽한 낭만적인 분위기를 만들기 위해 로버트가 자리에 앉기 전에 미리 와인을 따라놓고, 안주를 준비하는 로버트의 등을 그윽한 눈빛으로 바라보고 있었다. 가늘게 흔들리는 촛불 사이로 로버트가 두 손에 치즈와 크래커를 들고 왔다.

"오 마이 갓! 이게 뭐하는 짓이야!"

뭐하는 짓? 섹시하고 그윽하게 사랑스러운 눈빛으로 그대를 바라보고 있잖아?

"응? 뭐가 잘못되었어?"

"와인을 왜 물컵에 따라놨어?"

"와인잔을 찾아봤는데 없어서. 물컵도 같은 유리 재질이니까 느낌이 비슷하지 않아? 난 이것도 괜찮은 거 같은데. 이상해?"

"응~ 조금 많이 이상해."

"이게 왜 이상하지? 그것 참 이상하네."

"와인을 물컵에 먹는 사람이 어디 있어?"

"왜? 당신도 지난번에 밥그릇에 소주 마시려고 했었잖아. 그거나 이거나 마찬가지지!"

분위기를 잡을 때마다 산통이 깨지니 우리 사이에 '무드'란 없는 단어나 마찬가지이다.

처음에는 간단한 의사소통에도 어려움이 많았다. 내 영어 실력은 고작 "Hi, How are you? I'm fine, Thank you" 수준이었고, 남편의 한국어 실력은 "안녕~하쉽니까? 저는~ 로버트~ 라고~ 함뉘다"에 머물렀으니, 도대체 어떻게 의사소통이 가능했던 것인지 지금도 미스터리이다. 지금은 말을 안 해도 '딱' 하면 '척'이다. 둘 다 집에서 일을 하니, 서로 얼굴 표정만 봐도 무슨 말을 하고 싶은지 대충 감이 오는 경지에 이르렀다. 그러나 지금의 경지에 이르기까지 수없이 싸우고, 울고, 화해하고, 헤어지고, 다시 만나는, 길고 긴 여정이 있었다. 문화 차이로 인한 오해가 빈번했고, 각자의 언어에 미숙해 속마음과는 달리 싸움으로 번지기도 했다. 서로 꽤나 다른 성격도 여기에 한몫을 했다.

싸움의 절정은 이름 하여 '찜질방 보석굴 사건'이었다. 연애를 시작한 지 1년 정도 지났던 때로 기억한다. 한창 서로 자존심을 내세우며 사사건건 부딪히던 시기였다. 뭘 해도 조금씩 어긋났다. 로버트에게는 내가, 나에겐 로버트가 외국인이라는 사실을 실감할 수밖에 없었다. 점차 서로에게 지쳐갈 무렵, 이제는 왜 싸웠는지도 기억나지 않지만, 대차게 신경전을 벌이고는 싸울 기력도 없어 각자 집으로 돌아왔었다.

며칠 동안 심각하게 고민한 끝에 각자가 사는 곳 중간 지점에서 만나기로 했다. 그렇게 만난 장소는 바로 찜질방. 그 심각한 상황에 왜 찜질방에서 만났는지 역시 미스터리이다. 땀도 빼고 휴식도 취하고 에너지도 보충하면서 싸우자는 취지였던가? 아니면 찜질방을 좋아하는 로버트가 한번 가자고 했던 게 생각나서였나? 어쨌든 찜질방에 왔으니, 심각한 일은 일단 뒤로하고,

각자 시원하게 때도 밀고, 사우나도 한 후에 약속된 시간에 휴게실에서 만났다. 우리는 함께 황토찜질을 하고, 식혜를 한 사발씩 시원하게 들이켰다. 그리고 조용히 이야기할 곳을 찾았다. 마침 근처에 수면방 '보석굴'이 있었다. 보석굴은 입구가 작아 기어 들어가야 하는 방이었다. 로버트가 먼저, 그리고 내가 조용히 안으로 기어 들어갔다. 그곳에서 진지하게 이야기를 나눈 결과, 헤어지는 것이 서로에게 좋겠다는 결론을 내렸다. 마음이 무겁고 아쉬웠지만, 애써 밝은 얼굴로 서로의 앞날을 축복하며 헤어졌다.

"우리는 여기까지인 것 같아. 도저히 동서양의 문화 차이는 극복할 수가 없다. 그래도 친구로 계속 잘 지내자."

"그래, 인사는 하면서 지내자. 건강하고."

"응, 그래. 잘 가."

"Bye Bye."

인사까지 마치고 멋지게 헤어지고 싶었는데, 이런, 보석굴을 다시 기어서 나가야 했다. 들어갈 때 내가 나중에 들어갔으니, 나올 때는 먼저 기어 나가야 한다. 심각한 표정으로 내가 먼저 나오고, 굳은 얼굴로 로버트가 기어 나오고. 우리 둘은 끝까지 로맨틱할 수가 없었다.

헤어지고 며칠 후, 서로의 심정을 토로해볼까 싶어 동네 공원에서 만났다. 로버트와의 관계를 완전히 포기한 상태였기 때문에 자존심을 세울 일도 없었고, 머릿속으로 복잡한 계산을 할 필요도 없었다. 내가 먼저 운을 뗐다.

"며칠 동안 생각해봤어. 분명 우리 사이에는 문화 차이가 있었던 거 같아. 때로는 성격차도 크게 느꼈고. 나는 우리 둘 사이에 갈등이 생기면, 늘 민족 문화가 달라서 생긴 관점의 차이 때문이라고 생각했어. 그런데 넌 우리 둘의 성격 차이 때문이라고 말했지. 난 여전히 문화 차이 때문에 서로 오해가 많았다고 생각해."

"그럴 수도 있겠지. 동양과 서양의 문화는 매우 다르니까. 하지만 나는 사람 사이에는 기본적으로 공감되는 보편적인 감정이 있다고 생각해. 기본적인 소통 방식은 비슷하다고 생각하거든. 그래서 나는 우리 둘 사이의 견해 차이가 문화 차이보다는 개인 성격의 차이라고 생각했어. 우리 둘 사이의 갈등이 성격 차이 때문이라면 쉽게 개선되기 어렵다고 판단해서 헤어지는 데 동의한 거야."

"그랬구나. 내가 어떤 책에서 봤는데, 문화 차이라는 것이 동양과 서양처럼 지역이 달라 생기는 것만은 아니래. 여성과 남성 사이에도 문화 차이가 있을 수 있고, 나이에 따라서도 있을 수 있다고 하더라. 개인과 개인 사이에서 문화 차이가 생길 수 있다는 거지. 공감이 되더라. 나와 너의 차이가 민족 문화의 차이가 아니라 개개인의 문화 차이일 수도 있겠다는 생각이 들었어. 연인 사이에도 서로 맞춰가기 위해서는 오랜 시간이 필요한 것인데. 너와 나는 서로 다른 문화에서 나고 자랐으니 더 많은 노력이 필요했는데, 충분히 노력하지 못했던 것 같아. 이제 다 끝난 이야기지만, 내가 이런 생각을 했다고 말해주고 싶었어."

그때, 로버트의 눈빛이 갑자기 반짝거렸다.

"선옥, 이야기해줘서 고마워. 너 만나고 처음으로 진심을 담아 대화를 한 거 같아. 조금 더 이야기하자. 같이 좀 걸을래?"

그날 공원 산책로를 걸으면서 진심 어린 대화를 나누었다. 산책이 끝날 무렵, 우리는 다시 한번 노력해보기로 약속했고, 결국 결혼까지 골인한 것이다.

'다문화'는 서로 다른 민족의 문화를 인정하는 것일까? 아니면 서로 다른 개인의 고유문화까지 인정할 수 있는 것을 의미하는 것일까? 잘 모르겠다. 확실한 것은 로버트와 나는 문화 차이 때문에 서로를 더욱 깊이 이해할 수 있었다는 점이다. 공통점이라고는 눈을 씻고 찾으려야 찾을 수 없던 우리가 이제는 눈빛만 봐도 통하는 지구상의 단 두 사람이 되어 살아가고 있다. 여전히 지지고 볶고, 볶고 지지고.

이 남자라면
내일 죽어도 좋아

내 나이 스물여덟, 그때의 나는 철이 없었다. 세상이 얼마나 험악한지 몰랐다. 나이를 어디로 먹었는지 모르게 순진했고, 다른 사람의 말을 잘도 믿었다. 당시 나는 어린아이들을 가르치는 일을 하고 싶어 어린이집을 운영하시는 작은아버지 밑에서 아르바이트를 하면서, 유아교육 관련 대학원을 다니고 있었다.

그러던 어느 따뜻한 봄날이었다. 유아교육법 강의를 듣고 버스를 갈아타기 위해 잠시 이태원에서 내렸다. 평소 이태원에 대한 안 좋은 편견이 있었던 터라 누가 맛있는 것을 사준다고 해도 절대 가지 않던 나였는데, 무슨 바람이 불었는지 그날따라 이태원에서 내린 것이다. 그날은 마침 이태원 거리 축제가 열리는 날이었다. 나는 버스를 갈아타야 한다는 것도 깜빡 잊고 이곳저곳을 구경했다. 횡단보도를 건너려는데 운동화 끈이 풀린 것을 발견한 나는 허리를 숙여 운동화 끈을 고쳐 맸다. 그리고 고개를 들었을 때, 맞은편에서 건너오던 한 남자와 눈이 마주쳤다.

그는 동남아에서 온 듯한 남자처럼 보였고, '아, 외국인이구나!' 하고 생각했다. 대수롭지 않게 길을 건너는데 그가 쫓아왔다. "아가씨, 커피 한잔 할

래요?"라고 말을 붙이며 말이다.

난 '아가씨'라는 말에 기분이 나빴고, 그가 서툰 한국어로 물어본 것에 왠지 심정이 상한 데다, 그가 '겨우' 동남아 어디쯤에서 온 외국인 노동자일 거라는 생각에 불쾌했다. 그래서 모른 척하며 길을 걷는데, 그는 집요하게 서너 번을 더 물었다. 그 짧은 순간에 나는 두 가지 생각을 했다. '만약 저 남자가 미국인이었어도 내가 이렇게 기분 나빠 했을까? 아마 영어 한마디라도 해볼 마음으로 좋다고 했겠지?' 하는 생각과 '저 사람이 동남아에서 온 사람이라고 이렇게 무시해도 되나?' 하는 생각이었다.

'헌팅'이야 여대에 다니던 시절에 늘 있던 일이니 까짓것 커피 한잔 마신다고 세상이 어떻게 되겠냐는 가벼운 마음으로 가까운 카페에 자리를 잡았다. 이 '헌팅'이 내 인생을 송두리째 바꾸고, 내 삶의 방식과 가치관을 변화시킬 줄은 그때는 정말 몰랐다.

그가 자기소개를 했다. 그는 동남아가 아니라 파키스탄에서 왔으며, 이슬람교도이고 한국에 와서 무역업 분야에서 일을 한다고 말했다. 파키스탄이라는 나라는 태어나서 처음 들어본 나라였고, 어디쯤에 있는지 상상도 되지 않았다. 1990년대 초반에만 해도 대다수의 한국인이 그랬듯이 기껏 해야 미국, 유럽, 러시아 그리고 일본, 중국, 필리핀, 타이 정도가 내가 아는 세상의 전부였고, 그나마 아프리카를 조금 들어 알고 있을 뿐이었다.

첫 만남이 어색하긴 했지만 함께 이야기를 나눈 시간은 싫지 않았고, 그렇게 우린 연애를 시작했다. 연애 초, 나의 무지는 감당할 수 없는 수준이었다. 남편의 친구가 "파키스탄에는 차가 없어서 모두 걸어 다닌다"는 농담을 해도 믿을 정도였다. 그래서 연애를 하면서도 파키스탄이라는 나라는 동남아 오지 어딘가에 있는 나라라고 생각했다. 이슬람교에 대해서는 더욱 무지

했는데, '한 손에는 코란, 한 손에는 칼'이라는 구절만큼은 들어 알고 있었다. 하지만 그 의미에 대해서는 내 마음대로 상상해둔 터라, 아랍 남자가 한 손에 칼을 든 채 코란을 내밀며 "종교를 바꾸지 않으면 죽여버리겠다"라고 위협하는 장면만 내 마음속에 둥둥 떠다녔다.

1990년대 초반만 해도 이슬람교에 대해 무지한 사람이 적지 않았다. 교회 친구들에게 내가 이슬람교를 믿는 남자와 연애 중이며 곧 결혼할 것 같다고 하자, 이슬람 남자는 보수적이고 위험하니 결혼하지 말라는 조언이 쏟아졌다. 마치 내가 지옥의 불구덩이에 자진해서 들어가려는 정신 나간 사람이라도 되는 양 모두들 걱정을 한 보따리씩 풀어놓았다.

"서울 안 가본 놈이 서울 가본 놈을 이긴다." 엄마께서 자주 하시던 말씀인데, 경험 없는 사람의 주장이 경험 있는 사람의 주장을 이긴다는 뜻이다. 그리고 그것이 무지한 우리가 이슬람과 파키스탄을 바라보는 방식이었다.

하지만 이 남자는 무슨 용기였는지 그토록 '무지한' 나에게 과감히 대시해왔고, 대화의 물꼬를 텄다. 그리고 결국 그를 사랑하도록 만들었다. 짧은 영어 실력과 짧은 한국어 실력이 만나 눈으로 이야기한 결과일까? 인연은 그렇게 시작된 것이다.

결혼을 하고 얼마나 지났을까, 난 그에게 물은 적이 있다.

"그때 이태원에서 왜 나를 쫓아왔어?"

"당신 눈이 내게 쫓아오라고 말했잖아."

엥? 이 무슨 개 풀 뜯어먹는 소리인가. 나는 말도 안 된다며 소리를 질렀다. 내 눈은 결코 그렇게 말한 적이 없으며, 나에게 첫눈에 반한 게 아니었느냐며 그를 추궁했다. 그러자 그는 내 모습이 다른 여자들과는 달라 보였다고 말했다. 그가 이태원에서 살면서 봤던 화장이 진하고 몸치장이 화려

한 여자들과 내 모습이 많이 달랐다는 것이다. 화장기 없는 얼굴, 어깨에 멘 청가방과 허리에 질끈 묶은 남방, 청바지에 운동화를 신은 모습이 신선하게 다가왔다는 것이다. 그 이야기를 듣는 순간 나는 터져 나오는 웃음을 참을 수 없었다. 그 모습은 평소의 내 모습과는 전혀 상관없는 '귀차니즘'의 산물이었기 때문이다.

난 평소 '학생다운 옷'을 좋아하는 사람이 아니었다. 여대를 다녔던 나는 몸에 착 달라붙는 심플한 옷과 짧은 미니스커트를 즐겨 입었고, 평범한 운동화보다는 특이한 구두를 좋아했다. 하지만 그날따라 옷을 '학생스럽게' 입고 대학원 수업에 갔던 것이다. 나의 20대를 통틀어서 봐도 거의 찾아보기 어려운 날이 바로 이 남자를 만난 날이었다.

그날은 서로 다른 이유로 우리 생애에 특별한 날이 되었다. 그는 나의 평범한 옷차림과 화장기 없는 얼굴을 보고 나의 사람됨을 판단하며 괜찮은 여자일 것이라 착각했다면, 난 그의 솔직담백한 답변을 들으며 참 정직하고 좋은 남자라고 생각했으니 말이다. 서로의 눈에 콩깍지가 단단히 씌었던 모양이다.

눈에 콩깍지가 씌니 그의 모든 면이 멋있게만 보였다. 보통 외국인에게 "한국 사람 어때요?"라고 물으면, 대부분 립 서비스 차원에서 "다들 친절하고 좋아요!"라고 답해준다. 하지만 그는 달랐다.

"그런 질문을 왜 해요? 어느 나라나 좋은 사람도 있고, 나쁜 사람도 있는 법이죠."

그 시크함이 어찌나 멋져 보였는지. 좋아지려니까 그가 하는 말은 다 멋있게만 들렸다. 자신이 부자가 아니라고 했을 때는 솔직함이 마음에 들었다. 연애를 하면서 그가 '팥으로 메주를 쑨다'고 해도 믿을 정도였다. 그에 대한 믿음이 생기니 아무것도 거칠 것이 없었다.

그래서 그가 프러포즈를 했을 때 단숨에 오케이 했다. 낯선 이방인과의 결혼이 가져올지 모르는 미래에 대한 두려움도 없이, 그가 가자고 하는 길이 어떤 길인지도 모른 채 인생의 모든 것을 그와 함께하기로 마음먹었다.

결혼을 결정하자 그는 이슬람에 대한 공부가 필요하다며 내게 책을 한 권 사주었다. 두툼한 책을 받아들고는 열심히 읽기 시작했다. 개종을 위해서가 아니라 그를 이해하기 위해서였다.

평상시 그의 행동들은 내가 이해하기 어려운 것이 많았다. 햄버거 매장에서 그는 늘 치킨버거를 시켰다. 술은 거의 마시지 않았다. 더욱 의아한 것은 그토록 열렬한 연애를 하고 있는데도 거리에서는 절대로 손을 잡으려 하지 않는다는 점이었다. 이슬람 문화권에서는 결혼을 하지 않은 남녀가 손을 잡고 걸으면 안 된다나 어쩐다나. 난 도무지 이해할 수 없었다. '나쁜 놈! 둘만 있을 때는 뽀뽀도 하고 스킨십도 하면서.'

연애가 무르익어 가던 어느 날, 나는 이슬람을 좀 더 이해하기 위해 이태원에 있는 이슬람 성원(마스지드, masjid)*을 찾았다. 한국인 이맘(imam)**이 우리를 맞았다. 남편과 나, 이맘 셋은 서로 마주 앉았다. 남편은 마스지드에서 결혼식을 치를 수 있는지 물었다. 이맘은 내가 이슬람교로 개종을 한다면 가능하다고 말했다. 개종을 하려면 기독교의 삼위일체 신앙*** 대신에 유일신 알라를 믿어야 한다. 이슬람에서 예수는 신이 아니라 여러 선지자 가운데 한 사람일 뿐이기 때문이다. 이제 겨우 책 한 권으로 이슬람에 대한 공부를 시작한 내게 개종은 무리한 요구였다. 더구나 3대가 기독교 신앙을 가진 나로서는 받아들일 수 없었다.

개종이 불가능하다는 것을 확인한 후에노 이맘은 우리에게 여러 가지 덕담을 해주었다. 그는 남편에게 나를 만난 것이 행운이라고 했다. 그러더니 "하지만 당신이 만나는 이 여성분은 자기주장이 강해 컨트롤하기 힘들 것 같군요"라는 말을 덧붙였다. 당시 남편에게 이맘의 충고는 귀에 들어오지 않았나보다. 이 남자가 겁도 없이 자기가 잘 컨트롤해서 살 수 있다며 큰소리를 친 것이다. 그로부터 18년이라는 세월이 흐른 어느 날, 남편은 나를 컨트롤할 수 있다고 큰소리쳤던 자신의 허세를 이렇게 수정해야만 했다. "당신은 당신 하고 싶은 대로, 나는 내가 하던 대로 쭉 가야지 어떻게 해? 당신이 바꿀 것도 아니고, 내가 그만둘 수도 없으니."

한국에서는 가장 규모가 크고 유서 깊은 마스지드에서 결혼식을 할 수 없게 되자 남편은 파키스탄에서 결혼식을 올리자고 제안했다. 나는 양가의 온전한 축복을 받을 수 있을지 걱정도 하지 않고 무조건 그의 말에 오케이를 날렸다. 엄마가 머리에 흰 띠를 두르고 반대 투쟁에 들어갈 줄도 모르고 말이다. "도대체 미국 사람도 아닌 듣도 보도 못한 나라 사람과 왜 결혼을 하느냐, 왜 하필 가난한 나라에서 온 사람이냐"며 엄마의 반대가 만만치 않았다. "하필 미국 사람도 아니고"라는 말은 파키스탄 커플들이라면 누구나 한 번쯤 들어봤음 직한 익숙한 레퍼토리이다.

나는 왜 하필 미국 사람도 아닌 그에게 꽂혔을까? 연애 경험이 없어 모든 게 서툴렀던 그의 순진함과 그에게는 내가 첫사랑이자 유일한 사랑일 거라는 나의 환상과 오해가 만들어낸 스파크가 큰 역할을 했다. 그리고 가부장적이고 남성 중심적인 한국 남자들과 그 집안 어른들에 질려 독신을 결심했을 때, 한편에서는 다른 세상에 대한 욕망이 스멀스멀 올라오고 있었고, 난 그가 나를 다른 세상으로 데려가줄 사람이라 생각했다. 무엇보다 나를 따뜻하게 감싸준 유일한 남자이고, 처음으로 사랑하는 사람끼리 손만 잡아도 백만 볼트 이상의 전기가 찌릿찌릿 통한다는 사실을 알려준 특별한 남자였다. 눈꺼풀에 낀 콩깍지는 그렇게 점점 두터워져만 갔다.

그래서 나는 엄마의 반대에도 아랑곳하지 않고 아버지에게 여권을 받아 그와의 사랑을 결혼으로 승화시키기 위해 한국을 떠났다. 그가 살던 파키스탄 라호르라는 도시로.

"이 남자라면 내일 죽어도 좋아." 그땐 그랬다.

* **마스지드** 보통 영어 표기법인 모스크(mosque)를 자주 사용하지만, 이는 스페인에서 이슬람의 예배처소인 성원을 '모기'에 비유하여 폄하하는 말에서 유래되었기 때문에 마스지드라는 아랍 어 표기가 이슬람 문화를 존중하는 차원에서는 더 좋다고 볼 수 있다.

** **이맘** 기독교에서 설교자 역할을 하는 목사나 전도사 정도라고 보면 된다. 이슬람 성경인 코란(Koran)을 해석하고 이해할 수 있도록 도와주는 종교지도자이다.

*** **삼위일체** 기독교에서는 성부—성자—성령이라는 삼위일체 신앙을 믿고, 예수님을 하나님의 아들로 여긴다. 이는 기독교 믿음의 핵심으로서, 이를 인정하지 못하면 믿음이 없는 것이다. 그런데 이슬람에서는 예수님을 선지자로서만 인정한다. 예수님의 어머니인 마리아의 동정녀 임신설도 믿지만, 다만 예수님을 하나님(알라)의 아들로 인정하지 않는다. 하나님은 유일신이기 때문이다. '알라'는 유일신 하나님을 나타내는 아랍 어이므로, 유대교와 기독교가 다른 신을 믿는 것이 아님을 주의해야 한다.

 _ 진성원

좀 헤매면 어때,
사랑하잖아

나른한 봄날의 오후, 수업시간에 학생들이 내게 심드렁하게 질문한다.

"다문화 가족이 좋은 점은 뭐예요?"

"비행기 실컷 타고 남의 나라를 제집처럼 드나들 수 있단다."

제법 똑똑하다는 다른 학생은 이렇게 묻는다.

"그럼 안 좋은 점도 있어요?"

"간혹 번지수를 잘못 찾아 다른 집으로 들어가는 경우가 있다는 것이지!"

만약 내가 다문화에 관한 강의를 한다면 쓰려고 준비해놓은 농담 중 하나이다. 물론 전적으로 내 경험에서 나온 아주 현실적인 농담이다.

아내를 만나러 도쿄를 제집 드나들 듯하던 무렵, 아내와 더불어 나를 사로잡은 것이 있었으니 바로 맥주였다. 맥주에 대한 해박한 지식은 없었지만, 일본 맥주는 유럽산 맥주처럼 텁텁하지도 않고, 미국이나 한국 맥주처럼 맹숭맹숭하지도 않은 쌉쌀한 맛이 좋았다.

여름방학 때 도쿄로 향하는 비행기에 올라타면 나는 맥주 한 잔을 마시며 일본 신문을 훑어보곤 했다. 잘 읽지도 못하는 일본어였지만, 그래도 몇 달을 묵을 나라이니 사회 분위기 정도는 알아두자는 취지였고, 맥주의 차가운 기운은 오랜만에 연인을 만나는 흥분을 조금은 식혀주는 효과도 있었다.

"삼강 맥주, 동양 맥주, 아사히 맥주, 노원 맥주, 석천 맥주, 노무라 맥주, 캐논 맥주. 믿을 수가 없어, 아무리 맥주 문화가 발달했다지만 이렇게 다양한 맥주 회사가 한 도시에 몰려 있다니!"

지난번 도쿄 방문 때 구입한 도쿄 지도책에서 확인한 맥주 회사들을 다시 한 번 되새기며 입맛을 다셨다. 도쿄에서 역사가 있는 기업들은 도쿄 역 앞에서 본사 건물을 두고 있다는 것을 알고 있었다.

"이번에야말로 전부 다 마셔주마. 그런데 하루에 한 종류씩 마신다고 해도 도무지 끝이 안 보이네."

흐뭇한 고민에 빠져 있어서였는지 열두 시간이라는 지루하고 긴 비행 시간도 그리 길게 느껴지지는 않았다.

나리타 공항에 비행기 바퀴가 닿자마자 직장에 있을 아내에게 무사히 도착했다는 메시지를 보내고, 총알같이 짐을 찾아 아내의 숙소가 있는 신우라야스로 향했다. 아내가 사는 곳은 회사의 사원 아파트였는데 출퇴근이 용의하도록 도쿄 도심 가까이 있었다.

아내의 원룸 아파트에 도착해 짐을 풀었다. 3평 남짓한 공간에서 3개월 동안 둘, 아니 두 사람과 다섯 마리의 종달새가 살아야 했다.

언제나 느끼는 것이지만 일본의 원룸은 경이로움 그 자체이다. 그 작은 공간에 마치 스마트폰의 내부처럼 조밀하게 모든 것이 다 들어 있다. 현관문을 열고 들어서면 바로 오른쪽에 세탁기가 놓여 있다. 그 옆에 조그마한 싱크대와 가스레인지 하나가 놓인 조리 공간이 있다. 맞은편에는 목욕실과 화장실이 얇은 벽으로 구분되어 있다. 플라스틱으로 만든 캡슐처럼 생긴 샤위 공간에는 한 사람이 몸을 구겨서 겨우 들어갈 만한 욕조가 있다. 그리고 칸막이로 막힌 건너편엔 앉으면 양어깨가 닿을 듯 말 듯한 좁은 공간에 변기가 있다. 조리와 위생 공간 사이엔 문을 설치해서 생활 공간과 구분한다. 2.5평 남짓한 방에는 냉장고, 책상, 텔레비전이 나란히 있고, 방 끝에 달려 있는 베란다 문이 창문 역할을 한다. 베란다 창 위에는 에어컨이 달려 있다.

새장 속의 새들은 나의 도착을 환영하는 것인지 아니면 침입자를 경계하는 것인지 쨱쨱거리기 시작했다.

가을학기가 시작하는 8월 말까지 3개월 동안 컨테이너 박스처럼 길쭉하고 좁은 공간에서 싫든 좋든 둘이 지내야 했다. 나는 방학 기간의 생활비를 절약해서 좋았고, 아내는 우렁 각시, 아니 '우렁 총각'과 함께 사니 좋았다.

사실 아내의 숙소는 독신자용이어서, 내가 머물러서는 안 되는 형편이었다. 더군다나 숙소는 여사원들 전용 층에 있었다. 그럼에도 누구 하나 이웃에 살기 시작한 외국인 남자 방문객의 존재를 신경 쓰지 않는 것 같았다.

"이번엔 저번처럼 헤매지 말고 지도책 꼭 챙겨서 나가!"

서울은 눈 감으면 코 베어 가는 도시라 했던가. 내게 도쿄는 깜빡 눈 감으면 목 베어 가는 도시였다. 아내가 퇴근하는 저녁 8시 즈음, 오랜만에 만나 서먹한 분위기도 풀 겸 재즈 카페에서 공연을 보기로 약속했다. 공연이 8시 30분 정각에 시작하니 8시에 만나기로 한 약속을 꼭 지켜야 했다. 아내가 신신당부를 했건만 나는 지도책은 집에 모셔두고 빈손으로 길을 나섰다. 지도보다는 세계 각 지역을 여행하면서 길러진 나의 '동물적인 방향 감각'에 의지하기로 했다.

그러나 이런 감각에 대한 신뢰는 금방 흔들렸다. 약속 시간보다 한 시간이나 여유를 두고 출발했는데 첫 번째 관문인 도쿄 역부터 커다란 난관에

봉착했던 것이다. 집에서 도쿄 역까지는 차창의 경치를 즐기면서 아무런 문제 없이 이동할 수 있었다. 사건은 도쿄 역에서 다른 노선으로 갈아탈 때 발생했다. 약속 장소까지 연결하는 노선이 무엇인지 도무지 감이 잡히지 않았다. 수십 개가 넘는 연결 노선 중 약속 장소로 가는 전철 노선을 겨우 찾아 간신히 전철에 올랐다. 그다음 문제는 내가 내려야 하는 역에서 전철이 정차하지 않고 그냥 지나쳐버린 것이었다. 영문을 모른 채 몇 개의 역을 지난 후에 내려 다시 돌아와야만 했다. 나중에 안 사실이지만, 일본 전철은 똑같은 노선이어도 일반, 특급, 준특급으로 나누어 운행된다고 한다. 나는 모든 역에서 정차하는 일반 전철을 타야 했는데, 도심에서 거리가 먼 곳에서 출퇴근하는 사람들을 위한 준특급 열차를 탔던 것이다.

헐레벌떡 약속 장소에 도착했지만 시계는 이미 8시 10분을 가리키고 있었고, 아내는 없었다. 혹시 지하철 출구를 잘못 찾았나 싶어서 주변을 둘러보았다. 전철역 출입구를 하나하나 돌아다니다 보니 누군가 뒤에서 부르는 소리가 들렸다. 아내였다. 총총걸음으로 공연장을 향하면서 아내는 내게 약속 장소 근처에 같은 이름의 전철역이 세 개가 있다고 말해주었다. 각자 다른 철도 회사에서 운영하기 때문이라는 설명도 덧붙였다. 전철마다 회사가 다르다니? 같은 지역엔 전철역도 하나라는 경험만을 해온 나로서는 도무지 이해할 수 없는 상황이었다.

공연장으로 발걸음을 재촉하며 이런저런 이야기를 나누었다. 나는 벼르던 맥주 회사들을 구경할 생각으로 아내에게 주말 데이트를 신청했다.

"이번 주말에 시내로 산책 나가자. 긴자를 구경하고 점심은 유라쿠초에 있는 타이 음식점에서 먹자. 그리고 도쿄 역 근처에도 한번 가고 싶어. 지도를 보니까 도쿄 역 앞에 맥주 회사가 정말 많더라. 그쪽에서 회사 건물 구경하고 근처에서 케이크랑 커피 한잔 하고 들어오자."

"좋은 생각이야. 근데 무슨 맥주가 마시고 싶은데? 도쿄 역 근처에 그렇게 맥주 회사가 많이 있어? 나보다 많이 아네. 내가 아는 것은 야마노테센(山手線)의 에비스 역인데, 거기가 삿포로 맥주 회사에서 만든 유명한 에비스 맥주가 탄생한 곳이거든. 그래서 역 이름을 아예 에비스로 지었어. 거기 맥주박물관도 있어."

공연장에는 간신히 제시간에 도착해 무사히 공연을 즐길 수 있었다. 돌아오는 길에 오랜만에 만난 아내에게 지난 학기부터 시작한 일본어 교실에 관해 이야기해주었다. 이제는 일본어 간판 정도는 읽을 줄 알고, 또 지도에 적힌 지명도 읽을 수 있다면서 일본어 학습의 성과를 자랑스럽게 보고했다.

"지도를 좀 봐. 여기가 도쿄 역이잖아. 그리고 큰길을 따라 죽 늘어선 게 다 '비루' 회사잖아? 노무라 비루, 대화 비루, 삼성 비루. 근데 왜 일본에 삼성 비루가 있지? 삼성은 한국에서는 전자회사인데? 일본에서는 맥주도 파나? 아무튼 그건 상관없고. 아, 여기 있는 비루 회사들은 다 지방 맥주인데 도쿄 역 근처에 있으면 수송이 편리하니까 여기에 도쿄 지점을 만들었나보다. 그치?"

조금 위험하지만 나름대로 해석도 덧붙였다. 아내가 황당한 표정으로 대답했다.

"여기에서 '비루'는 맥주의 비-루(ビール)가 아니고 빌딩이라는 뜻의 비루(ビルディング의 준말 ビル)야. 일본말로 맥주는 비-루이고, 빌딩의 줄임말은 비루. 아직 멀었다. 일본어 공부 좀 더 해!"

"뭐? 비루가 맥주가 아니라 빌딩이라고?"

내심 아내의 칭찬을 기대했는데, 나의 달콤한 기대는 아내의 한마디에 산

산조각 나버렸다. 앞으로 결코 만만치 않을 일본에서의 결혼생활이 예견되는 듯도 했다. 그래도 나는 배시시 웃음이 나왔다.

'길 좀 헤매면 어때? 간판 좀 잘못 읽으면 어떠냐고. 태평양을 건너서 10여 년의 시간을 가로질러, 지구상에 단 하나뿐인 사람 쇼우코 당신을 찾아내는 데는 성공했잖아. 당신, 내 앞에 있잖아.'

아내는 내 속도 모르고 여전히 황당한 표정을 짓고 있었다.

하와이-베이징-
춘천-뉴욕 커넥션

나와 아내는 하와이에서 만났다. 우리의 사랑은 베이징에서 무르익었고, 춘천에서 불길한 예감을 만났다. 그리고 뉴욕에서 이별했다. 하지만 1년 후 우리는 다시 만났고, 그랜드캐니언에서 6년 연애의 '그랜드' 마무리를 했다.

"와, 보름달 좀 봐, 정말 밝다."

"그러네. 이런 보름달은 처음 봐."

환하게 불을 밝힌 테니스 코트를 제외하고 주위는 깜깜하다. 공기가 유난히 깨끗한 하와이라서 그런가, 보름달이 바로 눈앞에 떠 있는 것 같다. 나는 불과 몇 달 전에 만난 뉴욕에서 온 아가씨와 한밤에 학교 테니스 코트에 누워 있다. 가난한 대학원생으로 만난 우리는 돈 안 드는 데이트를 즐겼다. 오늘은 학교에서 테니스를 치고, 시원한 맥주 한 캔을 나눠 마시고 있다. 휘황찬란한 보름달 빛을 온몸으로 맞으며 테니스 코트에 누워서 열대의 밤을 느끼고 있다.

나는 기숙사에서 처음 만난 아담한 체구에 갸름한 얼굴을 하고 뉴욕 양키스 모자를 푹 눌러 쓴 여자가 마음에 들었다. 여자는 싱거운 농담을 하면서, 정의감에 시도 때도 없이 흥분하고, 근거 없는 자신감에 넘치는 키 큰 남자가 좋았다. 젊고 사랑에 빠진 우리에게 하와이는 말 그대로 천국이었다.

“공기가 정말 안 좋다.”
“응, 목이 탁탁 막히네.”
“힘들지 않아?”
우리는 베이징의 뜨거운 햇살 아래서 자전거를 타고 있다. 아니, 정확히는 내 자전거 뒷좌석에 뉴욕 양키스 모자를 쓴 여자 친구가 타고 있다. 하와이에서 만나 사랑에 빠진 우리는 그다음 해 여름 베이징에서 다시 만났다. 난 연구차 봄에 미리 와 있었고, 여자 친구는 여름에 어학연수를 핑계로 나를 만나러 왔다. 베이징 대학교에서 시작해 톈안먼(天安門)까지 자전거로 가보자는 것은 내 아이디어였다. 하지만 출발한 지 30분도 안 돼서 난 벌써 후회하고 있다. 매캐한 매연, 뜨거운 여름 햇살, 점점 많아지는 자동차들, 그리고 기어도 없는 짐자전거. ‘톈안먼까지 세 시간이나 걸린다는데 갈 수는 있을까. 만일 간다고 해도 어떻게 돌아오지?’ 뒷좌석에 앉은 여자 친구는 그래도 신기한가 보다. 뉴욕에서 자란 그녀가 자전거 뒷좌석에 앉아 시내 큰길을 다녀본 적은 없었을 테니까. 아직 갈 길에 10분의 1도 못 왔는데, 난 벌써 쉴 수 있는 구실을 찾고 있다. 그런 내 마음을 읽었는지 여자 친구는 다시 물어본다.
“힘들지 않아?”
“아, 괜찮아. 이 정도쯤이야.”
내 입에서 나오는 말은 내 마음에 있는 말이 아니다. ‘뭐, 어떻게 하나, 한국 남자가 이 정도로 깨갱할 순 없지.’ 난 이를 악물고 페달을 밟는다.

콰광쾅, 피융, 피융.

새 천년의 시작을 알리는 폭죽 소리는 지방 소도시에도 요란했다. 내일이면 21세기다.

꿍꽝, 꿍꽝.

시청 앞에 설치된 대형 스피커에서 음악소리가 요란하게 울려 퍼진다. 하지만 내 귀엔 그냥 소음으로만 들린다. 자정이 가까운 시간인데도 춘천 시청 앞은 사람들로 가득 찼다. 그리고 그 많은 사람 틈에 내가 세상에서 가장 사랑하는 두 여자가 있다. 우리 어머니와 내 여자 친구. 그런데 난 이 둘 사이에서 선택을 강요받고 있다. 만나서 3년이 된 여자 친구가 부모님을 만나기 위해 겨울 방학을 맞아 한국에 왔다. 어머니는 처음에는 같은 과에서 함께 공부하던 외국인 친구라고 잘 대해주셨다. 하지만 내가 결혼하고 싶은 사람이라는 말이 나오기가 무섭게 불같이 반대를 하신다. 물론, 내 앞에서만 그러신다. 한국이 처음이고 한국어를 한마디도 못하는 여자 친구는 아직 영문도 모르고 있다. 항상 예의 바르신 어머니는 지금도 이 많은 한국인 틈에서 조금 불안해하는 여자 친구의 손을 꼭 잡고 계신다. 내게 21세기의 시작은 기쁨보다는 슬픔으로 먼저 다가왔다.

빠~아앙, 빠~앙.

벤치에 앉아 있는 우리 앞으로 지하철이 빠르게 지나간다. 난방시설이 안 된 겨울의 뉴욕 지하철역은 춥다. 그래도 여름처럼 온갖 오물 냄새가 나지 않아서 견딜 만은 하다. 4년 전 하와이에서 만난 우리는 이제 뉴욕 맨해튼에서 살고 있다. 난 박사과정 학생이고, 아내는 비영리단체 직원이다. 하와이에서 처음 만난 후 3년을 떨어져 지냈다. 내가 하와이를 먼저 떠난 후, 아내는 석사과정을 마칠 때까지 1년 반을 더 있었다. 그 후 시애틀, 타이베이, 홍콩에서 연구원을 지냈고, 자신의 고향인 뉴욕으로 돌아온 것이다. 드디어 3년 만에 우리는 서로 같은 하늘 아래에 살게 되었다. 그런데 오늘 나는 우리의 사랑을 접으려고 그녀를 만났다. 지난겨울, 한국에 들어왔던 여자 친구는 짧은 방문에도 너무 힘들어했다. 부모님의 강력한 결혼 반대를 접한 나도 말은 못했지만 속으로 많이 앓았다. 편안한 가정에서 행복하게 자란 여자 친구에게 내가 왜 이런 시련을 줘야 하는지 오랫동안 고민했다. 그리고 결론은, 내가 없으면 그녀의 인생은 편안할 거라는 것이었다. 그래서 지나가는 지하철을 보면서 난 속으로 울었다.

"하하하, 하하하."

뉴욕 양키스 모자가 큰 웃음소리와 함께 뒤로 젖혀진다. 옆에 앉아 있던 다른 관광객들이 고개를 돌려 우릴 쳐다본다.

'왜 그러지. 안 된다는 이야기인가?'

뉴욕 지하철역에서 서글픈 이별을 했던 우리는 1년 만에 다시 만났다. 그녀 인생에서 내가 빠져주면 그녀는 행복할 것이라 생각했다. 그런데 그녀가 없는 내 인생은 비참했다. 가족, 학벌, 재력, 미래 따위가 아니라 '나'라는 사람 자체를 사랑해주었던 그녀가 필요했다. 우리는 다시 만났고 꺼지지 않은 사랑을 확인했다.

오늘 우리는 그랜드캐니언 끝자락에 나란히 앉아 있다. 장장 여섯 시간 동안 네바다 사막을 가로질러 차를 몰아 도착했다. 막 저녁노을이 지고 있다. 눈 아래로 펼쳐진 그랜드캐니언의 광대함. 끝이 안 보이는 계곡의 깊이. 그 안으로 빠져 들어가는 것 같은 저녁의 해. 그리고 형형색색으로 세상을 물들이고 있는 노을. 세상은 참 아름다웠다. 그리고 내 어깨에 머리를 기대고 이 아름다움을 함께 감상하고 있는 그녀. 갑자기 세상이 전부 하나가 된 듯한 느낌이 들었다. 이대로 시간이 멈췄으면 좋겠다고 바랐다. 그러고는 그녀를 바라보며 오랫동안 하지 못했던 말을 했다.

"나랑 결혼해줄래?"

그런데, 그녀는 막 웃는다. 큰 소리로 못 참겠다는 듯이 웃는다. '무슨 뜻이지?' 한참을 웃던 그녀는 겨우겨우 호흡을 진정시키고 날 쳐다본다.

"응, 물론. 결혼하자."

안도와 기쁨보다 궁금함이 앞섰다.

"그런데 왜 웃었어?"

"아, 왜냐하면 네가 결혼하자고 했을 때, 나도 똑같은 생각을 하고 있었거든. 그랜드캐니언에 저녁노을이 지는 것을 보면서 정말 완벽한 시간이라고 생각했어. 그래서 너랑 결혼하고 싶다고 생각했어. 그런데 네가 내 생각을 똑같이 말하니까 놀라서 웃었지."

우린 우리에게 완벽한 시간에 웃으면서, 미래를 함께하자고 서로에게 약속했다.

당신은 어떤 사랑을 꿈꾸세요?

교통사고로 불구가 된 수경의 아버지는 태국 여인 능르타르와 결혼한다. 수경은 단 한 번의 집단 맞선에서 선택된 자기보다 다섯 살밖에 많지 않은 어린 외국 여자와 말도 안 통하는 반신불수의 늙은 아버지가 사랑에 빠지리라고는 생각할 수 없다. 계모 능르타르는 기껏 해야 연민의 대상일 뿐이었다. "무능한 남편, 가난과 폭력, 따가운 눈총과 소외감"으로 압축되는 그녀의 현실은 사랑과는 결코 어울려 보일 수가 없었다. 그러던 어느 날 수경은 놀라운 장면을 목격한다. 능르타르와 아버지는 진짜 사랑을 하고 있었다. 사랑이 불구의 아버지를 일으켜 세웠고, 동생 수동이를 태어나게 했다.

김재영의 소설 『꽃가마배』의 내용이다. 아버지와 능르타르는 딸도 눈치챌 수 없었을 만큼 완벽한 사랑을 나눈 셈인가? 그런데 주위를 찬찬히 둘러보면 이처럼 예측불가의 사랑을 나누는 커플을 발견하는 일이 그리 어렵지가 않다. 멀리 갈 것도 없다. 나도 그런 당사자들 가운데 한 명일 테니까. 나는 나름 완벽한 '사내 연애'를 했다. 내가 '열애'를 고백했을 때 직장 동료인 몇몇 친구는 그야말로 '깜놀'했고, 우리의 위장술에 혀를 내둘렀으며, 배신감에 치를 떨었다. 그들은

능르타르와 수경의 아버지만큼이나 나와 지금의 내 아내가 사랑에 빠지는 일이
어울리지 않는다고 생각했을지도 모르겠다.

그런데 수경은 왜 아버지와 능르타르의 사랑을 눈치채지 못했을까? 달라서이
다. 두 사람이 달라도 너무 달랐기 때문이다. 둘의 조건이 안 맞아도 너무 안 맞
았기 때문이다. 두 사람은 나이 차이가 많이 났다. 사용하는 언어도 달랐다. 신
체적 조건도 달랐다. 게다가 무능력했다. 사랑 혹은 '사랑에 빠지다'라는 말을
연상할 수 있을 만한 매력을 둘에게서 전혀 찾아볼 수 없었던 것이다. 더구나
만난 지 얼마 되지도 않은 사이가 아닌가. 그러나 이런 반문도 가능하다. 나이
가 비슷하고, 사용하는 언어가 같고, 신체적 조건도 유사하며, 능력을 갖춘 매력
적인 선남선녀들이라면, 사랑을 하고 있거나 사랑에 빠져 있을 확률이 매우 높
아지는 것일까?

만약 사랑이 조건의 문제라면, 고가의 결혼정보업체나 TV 짝짓기 프로그램의
매칭 성공률은 아주 높아야 한다. 고르고 골라서, 가장 어울릴 것 같은 조건을
갖춘 두 사람을 만나게 해주는 것이 그들의 일이니까. 그러나 주위에서 나는 이
런 곳을 매개로 '운명 같은 내 사랑'을 만났다는 사람을 거의 보지 못했다. 수백
만 원의 회비를 내고 수십 명을 만나봤지만, 마음에 드는 짝이 나타나지 않아서
본전만 생각난다는 이야기를 몇 번 들어봤을 뿐이다. 아무도 자신의 복제 인간
과 사랑에 빠지고 싶지는 않을 것이다. 그렇지 않은가?

"어떻게 사랑에 빠지셨어요?"

"그땐 눈에 뭐가 씌었던 거지요. 제정신이었다면……."

예측할 수도 통제할 수도 없는 그 무엇에 이끌려 "세상이 한 사람으로 줄어
들고 한 사람이 신으로까지 확장"되고, 그 신을 밤낮없이 그리워하고 경배하게
되는 것, 그것이 사랑의 본질 아니겠는가? 그래서 하인리히 하이네는 이렇게 말
한 것이 아닐까?

"사랑에 미친다는 것은 동어반복이다. 사랑은 이미 광기이기 때문이다."

고백하건대 내가 사랑에 빠질 것이라고 예측하지 못한 것은 내 친구들만이 아니었다. 나도 내가 그리될 줄 전혀 짐작조차 할 수 없었으니까. 어쩌다 내가 사랑에 빠진 것일까? 나도 모르겠다. 기억나는 것은 그녀를 보는 순간 가슴이 뛰기 시작했다는 것. 두근두근, 쿵쿵. 수십 년간 침묵을 지켰던 심장이 갑자기 말을 하기 시작했다는 것. '이 사람이 네 사랑이야.' 그리고 온 세상이 정지했고, 그녀만이 살아 있는 유일한 한 사람이 되어 있었다.

그러고 보니 미친 게 맞는 것 같다. 그런데 이 책의 주인공들도 비슷하다. 서로가 왜 좋아졌는지, 왜 사랑하게 되었는지, 정확하게 말할 수 있는 사람은 한 명도 없다. 자신들이 오히려 궁금해할 정도다. 도대체 우리 어쩌다 사랑하게 된 거냐고, 응?

인종도 다르고, 언어도 다르고, 문화도 다르고, 종교도 다르다. 성격도 다르다. 이상적인 연애 상대나 배우자의 조건에 대한 생각도 다르다. 연애의 방식도 다르다. 공통점이 없다고 봐도 무방할 정도이다. 이방인과 또 다른 이방인이 만난 셈이다. 서로에 대해서는 거의 완전히 무지하다. 그렇다고 전도양양한 미래가 보장된 것도 아니다. 모아놓은 돈이 많은 것도 아니다. 주위의 황당한 시선, 집안의 반대, 만만치 않다.

교집합이라고는 없는 그들이 사랑에 빠졌다. 왜냐고 묻는 것은 무의미하다. 그들 자신도 "그냥, 어쩌다가, 눈빛이 말을 해서" 정도의 이야기 외에는 해줄 말이 없을 테니까. 아무튼 그들은 모든 '악'조건에도 보란 듯이 사랑에 빠졌다. 그러니 나이 차이가 나서, 사용하는 언어가 달라서, 신체 조건이 달라서, 능력이 없어서, 만난 지 얼마 안 되어서 사랑에 빠질 수 없다고 말하는 사람은 결코 진실을 말하고 있다고 볼 수 없다.

그렇다면 존재의 차이, 조건의 차이를 사랑의 장애물로 여기는 시각을 가진 사람들이 정말 염려하고 걱정하는 것은 무엇일까? 그런 차이에 근거한 사랑이 눈앞에서 눈부시게 펼쳐지는데도 두 눈을 꼭 감아버리는 진짜 속내는 무엇일까? 심지어 "넌 뭐야? 그딴 연애 하니 좋냐?"라고 비아냥거리는 이유는 무엇일까?

앤서니 기든스라는 사회학자는 근대의 친밀성을 분석하는 과정에서 두 가지 사랑을 구분했다. 이름 하여 '중독적 사랑'과 '합류적 사랑'이다. 전자와 후자의 결정적인 차이는 타인과 자신을 동일시하느냐 아니면 타자의 개인성을 있는 그대로 포용하느냐에 있다. 중독적 사랑은 사랑의 이름으로 끝없이 파트너를 압박하고 통제하려 하며, 동일한 관계 곧 동일하게 불평등한 관계를 유지하기 위해 집착한다.

합류적 사랑을 발전시키기 위한 필수적인 출발점은 타자를 독립적인 존재로 인정하는 것이다. 그/그녀가 사랑하고 사랑받는 존재일 수 있는 것은 나와의 관계 때문이 아니라, 그/그녀의 고유한 특성과 자질 그 자체 때문이다. 합류적 사랑이 요청하는 것은 동일시가 아니라 '사랑의 거리(loving detachment)'이다.

중독적 사랑에 세뇌된 사람에게 '다가갈 수 없는 너, 통제할 수 없는 너, 동일시할 수 없는 너'는 사랑의 대상이 아니라 두려움의 대상이요, 불안의 원천이다. 그러나 합류적 사랑을 추구하는 사람은 다르다. '일심동체'는 구시대의 로망이었을지언정, 이제는 사랑에 대한 모욕이요, 금기가 된다. 사랑을 위해 우리는 가능한 한 달라질 수 있어야만 하기 때문이다. 합류적 사랑의 조건은 다름 아닌 '차이와 달라짐'이다.

왜 수경이는 아버지와 능르타르의 사랑을 눈치채지 못했을까? 영리한 내 친구들 앞에서 나의 사내 연애가 거의 완벽하게 성공할 수 있었던 이유는 무엇일까? 한국의 다문화 가족들 안에는 얼마나 많은 능르타르가 있을까? 그녀의 사랑 앞에서 많은 사람이 여전히 눈을 꼭 감고 있는 이유는 무엇일까? '나이 차이가 나네, 소통이 안 되네, 장애가 있네, 조건이 안 되네' 탄식하는 속내는 무엇일까?

아마 그 이유는 가련한 사랑에 대한 연민이라기보다는 새로운 사랑에 대한 두려움과 불안감일 가능성이 높다. 외국인을 사랑하느냐 한국인을 사랑하느냐 하는 점보다, 나이 든 사람을 사랑하느냐 나이 어린 사람을 사랑하느냐 하는 점보다 더욱 결정적인 것은 사랑하는 사람과 당신을 동일시하고 있느냐 아니면 우리 사이의 차이를 있는 그대로 인정하고 있느냐 하는 점일 것이다.

이 책의 주인공들은 '차이의 부자'들이다. 그들의 '그냥 미친' 사랑을 광기로부터 구제해준 것은 바로 '차이'이다. 언어, 인종, 종교, 국적 등 일일이 열거하기 어려운 차이들이 있었기 때문에 그들은 눈에 콩깍지가 씌었어도 상대와 자신을 동일시할 수 없었다. 그렇게 그들은 자신과 공통점이 전혀 없는 그/그녀에 빠졌다는 의도치 않은 이유로 합류적 사랑의 개척자가 되어가는 것이다.

그래서 그들의 사랑은 생각보다 안전하다. 덜컹거리고, 때로는 경고등이 들어오고, 급브레이크를 밟아야 할 때도 있지만 작은 사고에 집착할 만큼 그들의 삶은 한가롭지 않다. 그들의 사랑은 늘 새롭다. 그 차이로 인해 그들은 서로에게 늘 새로울 수 있다. 한국의 다문화 가족 커플들, 그들의 사랑도 마찬가지다. 이제는 당신 차례다. 사랑에 대한 염려와 걱정을 일단 내려놓고 당신 스스로에게 먼저 묻는 일이 필요할 것 같다.

"당신은 어떤 사랑을 꿈꾸세요?"

설마, 중독된 사랑?

_ 오경석

03

상견례와
결혼식

그들은 모든 게 준비된 사람들이 아니었다. 준비된 게 별로 없었지만, 비난도 없었다. '시험'이 있었지만 통과했고, 결혼에 성공했다. 그들은 몸만 가도 되는 결혼의 새로운 선례를 만든 셈이다. 모든 게 준비되어 있지 않지만 몸만 가도 되는 결혼이라니! 이렇다 할 준비도 없이 몸만 갔을 뿐인데, 비난을 받는 대신 온갖 사랑과 관심을 독차지하는 호사를 누릴 수도 있는 결혼! 그야말로 이상적이고 꿈같은 결혼 옵션이 아닌가? 도대체 그 비법은 무엇이란 말인가?

난 이 결혼 반댈세
vs. 마음대로 하렴

　나는 결혼을 조금 늦게 한 편이다. 나이 서른이 넘도록 결혼을 안 하고 있으니, 부모님의 한숨 소리는 점점 커지는 듯했다. 한번은 엄마에게 넌지시 물어보았다.

　"내가 결혼 안 하고 있으니 걱정돼요?"

　"응, 아주 많이. 내가 볼 때 넌 너무 외모를 안 가꾸어. 화장도 좀 하고 멋도 부려야지. 옷도 머슴아 같은 거 말고 예쁘고 여성스러운 걸 입어. 네가 그러니까 남자 친구가 없는 거야."

　어머니, 그것은 사실이 아닙니다. 저 남자 친구 있어요. 말씀을 안 드린 것뿐이지요. 내가 21세기 여자 홍길동이구나! 남자 친구를 남자 친구라 말하지 못하고 있으니.

　"네가 내 자식이니까 예쁘다, 예쁘다 말하는 거지. 남들 눈에도 네가 예뻐 보이는 줄 아니? 솔직히 말하면, 너 안 예뻐. 그리고 너 서른 넘었잖아. 얼굴에 기미 끼는 거 안 보이니? 그러니까 좀 꾸며, 제발."

　"예쁘든 못생겼든, 있는 그대로의 나를 좋아하는 사람이어야지. 외모, 화장발, 옷발, 내숭! 여자 겉모습만 보고 결혼하겠다는 남자라면, 내가 먼저 사양합니다. 저도 그런 남자 필요 없습니다."

"네 나이를 생각하면, 지금 네가 더운밥, 찬밥 가릴 때가 아닌 거 같은데?"

"그렇죠? 나이를 생각해야겠죠? 하지만 찬밥 먹으면 체한다는 말이 있어요. 근데 엄마, 외국인은 어때요?"

"한국인이든 외국인이든 아무나 데려가라고 해. 난 상관없어."

속으로 생각했다. '오, 우리 엄마가 생각보다 개방적이신데? 의외로 쉽게 상황을 받아들일지도 모르겠군'이라고.

당시 로버트가 방문 연구원 자격으로 한국에 와 있었기 때문에 부모님께는 캐나다에서 온 유학생으로 소개했다.

"아버지, 어머니. 제 친구 중에 캐나다에서 온 유학생이 있는데요. 한국 문화에 대해 더 알고 싶은데 기회가 많이 없대요. 그래서 우리 친척분이 시골에서 농장을 한다고 했더니 한번 가보고 싶다는데, 다다음 주에 농장일 도우러 가신다고 하셨잖아요, 이 친구도 같이 갈 수 있을지 물어봐주세요."

"응, 한국 문화를 배우고 싶대? 아유, 기특한 청년이네. 같이 가면 좋지. 한번 물어볼게."

그리고 며칠 후 연락이 왔다. 작은 시골 마을에 여자 조카의 친구라며 남자 외국인이 들락날락거렸다가 괜히 이상한 소문이 나면 곤란하니, 캐나다 청년은 안 왔으면 좋겠다는 내용이었다.

"거기까지는 생각 못했는데, 시골에서는 이웃이 다들 알고 지내니까 이런저런 말이 나올 수도 있겠네요. 로버트에게는 사정이 있어서 못 갈 것 같다고 말할게요."

그때 아버지께서 혀를 끌끌 차시며 한마디 하셨다.

"아유, 지금 세상이 어떤 때인데 이렇게 사람들이 꽉 막혔어요. 세계는 하나! 지금은 글로벌 시대라고. 이런 글로벌 시대에 외국인이랑 교류도 하고 그래야지. 아니, 외국에서 와서 한국 문화 체험하고 싶다는데, 그게 그렇게 어렵나?"

'오호, 아버지도 예상과는 다르게 개방적이시네? 어쩌면 어머니, 아버지 모두 내 예상보다 개방적이신데 내가 모르고 있었던 것일 수도 있지.' 이리 하여 나는 로버트와 '그냥 친구'가 아니라 진지하게 만나는 사이라고 솔직히 말씀드렸다. 부모님의 반응은? 결사반대!

일단 우리 어머니의 반응.

"머리는 노랗고, 눈은 파란 사람이랑 어떻게 살아? 너는 저런 사람이랑 함께 살고 싶니? 나중에 눈 파랗고 머리 노란 애 낳아서 살고 싶어? 내가 정말 못 살아."

"엄마, 지난번에는 한국인이든 외국인이든 상관없다면서요."

"왜 상관이 없어! 상관있지."

"어머니~ 제 나이를 생각해보세요. 나 그냥 나이 많은 거 아니고, 늙어가고 있어요. 엄마가 정말 제 나이를 걱정하신다면 로버트한테 감사하셔야 해요. 로버트가 저보다 세 살 연하거든요. 그 사람은 아직 20대야."

"야! 넌 그걸 지금 말이라고 해? 한 대 맞을래?"

로버트가 연하라는 것으로 밀고 나가려고 했는데 역시 실패로 돌아갔다. 그렇다면 아버지의 반응은? 문자 그대로 무반응. 이상하다. 글로벌 시대에 외국인 한 명쯤은 알고 지내는 것도 좋다고 하셨던 분인데, 결혼하겠다고 데리고 오니 반응이 완전히 180도 바뀌셨다. 그러나 '여'아일언중천금이라고 했다. 여자가 결혼하겠다고 말을 꺼냈으니 그 말은 지켜야 하는 법. 부모님이 찬성하시든 반대하시든 나는 로버트랑 결혼할 결심을 했으니 그냥 밀어붙이기로 했다.

　로버트를 부모님께 소개하기 위해 집으로 초대했다. 부모님께도, 로버트에게도 결전의 날이었다. 로버트는 한국에서 이미 3년을 체류했기 때문에 어느 정도 한국어를 구사할 수 있었다. 그러나 아직 어른들께 쓰는 극존칭은 익숙하지 않았다.

　"선옥, 아무래도 안 되겠어. 어른들께 극존칭을 써야 하는데 내가 아직 제대로 못 배워서 자신이 없어. 그리고 분명히 질문을 많이 하실 텐데 미리 준비를 하는 게 좋겠어."

　"로버트, 그 정도 한국어면 충분해. 한국어를 아에 못하는 외국인도 얼마나 많은데. 준비 안 해도 괜찮아."

　"아니, 이렇게 중요한 자리는 준비를 해야지. 준비 안 하면 나 떨려서 말도 못할 거 같아. 지금부터 부모님이 물어보실 법한 예상문제를 좀 뽑아줘. 그리고 내 상황에 맞게 한국어 극존칭을 사용해서 정답을 정리해줘. 오늘부터 한 달 동안 맹연습에 들어간다."

　역시 모범생 기질 어디 안 가는구나. 로버트의 요청대로 예상문제를 뽑아 로버트의 상황에 맞게 정답을 정리하니 총 여섯 쪽에 달하는 예상문제 풀이집이 나왔다(놀랍게도 우리가 만든 여덟 개의 예상문제 중 여섯 개가 실전에 그대로 나왔다). 로버트는 한 달 동안 예상문제를 달달 외웠고, 드디어 결전의 날이 다가왔다.

　"선옥, 선물로 뭘 사 가면 좋을까?"

　"우리 부모님은 실용적인 걸 좋아하셔. 꽃은 먹을 수 없으니까 과일을 한 상자 사 가자."

　"과일 한 상자라니. 그건 너무 이상하다. 선물 느낌이 안 나잖아."

"케이크나 꽃 선물을 좋아하는 사람도 있는데, 우리 부모님은 그런 거에 감동을 안 받으셔."

과일 한 상자를 이고 집에 도착하니, 어머니는 음식을 다 해놓으시고는 굳은 얼굴로 우리를 기다리고 계셨다. 아버지는 로버트를 투명인간 취급하시며 아예 본 척도 안 한 채 TV만 보실 뿐이었다. 본래 취지는 로버트를 부모님께 소개하는 것이었는데, 분위기는 인사나 소개 차원을 넘어서 취조에 가까웠다. 어머니가 수사관 같은 목소리로 말씀하셨다.

"우리 애한테 로버트 이야기를 많이는 아니고, 몇 번 들었어요. 솔직히 말할게요. 반갑다고 말하기는 힘드네요. 일단 왔으니 이야기나 좀 합시다. 밥은 이따가 이야기 끝난 후 들기로 하지요."

예상문제집을 만들어 시험에 대비하기를 잘했구나. 안 했으면 큰일 날 뻔했다.

"로버트는 한국에 언제, 왜 왔고, 지금 무엇을 하고 있나요?"

"로버트의 부모님과 형제자매는 어떤 분들이고, 무슨 일을 하나요?"

"학생이라고 들었는데, 우리 딸을 어떻게 먹여 살릴 건가요?"

이런 질문들이 계속 쏟아져 나오더니, 마지막으로 제일 중요한 문제가 나왔다.

"그럼, 이제 가장 중요한 질문을 하겠어요. 우리 딸을 사랑하나요? 그걸 어떻게 증명할 수 있죠?"

로버트는 자신이 나를 얼마나 사랑하고 있는지, 그 사랑이 얼마나 진실한 것인지 열변을 토했다. 일단 어머니의 취조는 통과한 것처럼 보였다. 그러나 아버지는 여전히 로버트를 무시한 채 TV만 보고 계셨다.

"아버지도 뭐라고 한마디 하세요. 사람 불러놓고 TV만 보고 계시니 로버트가 무안하잖아요."

아버지는 잔뜩 화가 나셨는지 호통을 치셨다.

"이건 부모님께 허락을 받으러 온 것도 아니고, 자기들끼리 이미 결혼하기로 다 정해놓고 통보하러 온 거잖아. 그런데 나보고 뭔 이야기를 하라고! 고얀 것들."

엄한 분위기 속에 로버트의 소개가 끝나고, 로버트를 지하철역에 바래다주었다.

"어휴, 선옥. 나는 오늘 입사 시험 때보다 더 떨고 긴장했어. 저녁밥이 입으로 들어갔는지 코로 들어갔는지 모르겠네. 너희 아버지는 내가 정말 싫으신가보다. 그런데 이해할 수 있어. 한국에 외국인이 많아지긴 했지만, 그래도 가족으로 받아들이는 건 다른 거니까. 어쨌든 다리가 후들거린다."

"응, 큰일 했어. 삼복더위에 양복까지 차려입고 수고했어."

이제는 내가 시부모님이 되실 분들을 만나볼 차례다. 로버트의 어머니와 남동생과는 엽서를 몇 번 주고받긴 했어도, 결혼을 어떻게 받아들일지는 알수 없었다. 예비 시부모님 두 분 모두 유럽에서 캐나다로 이민을 오신 분들이라, 문화적으로 더 까다로우실 것도 같았다.

캐나다라고 해서 시집살이나 어머니의 치맛바람이 없는 게 아니다. 정말사람마다, 가족마다 다르다. 캐나다에서 만난 여자 친구들 중에 한국계 캐나다인과 남미계 캐나다인이 있었다. 두 친구 모두 캐나다에서 태어나고 자랐는데, 백인 남성과 사귀어 결혼 이야기가 나왔을 때, 남자 쪽 어머니들이 다른 인종을 가족으로 받아들일 수 없다며 크게 반대해 헤어졌다. 사정이 이러하니, 아무리 캐나다가 다문화주의 국가라지만 한국에서 온 나를 가족으로 맞아주실지 장담할 수 없었다. 한국에서 우리 부모님의 냉랭한 반응을 이미 겪었던 터라 더욱 긴장되었다.

그러나 나의 예상과는 달리 로버트의 부모님은 나를 크게 환대해주셨다. 게다가 어부지리로 후한 점수를 받는 해프닝도 있었다. 캐나다에서 시차 적응이 안 되어 매일 새벽 5시만 되면 저절로 눈이 떠졌다. 꼭두새벽부터 할 일도 없고, 다시 누워도 잠이 오지 않아 앞마당에 있던 자전거를 타고 여기저기 구경을 다니다 들어왔다. 시차 때문에 잠이 안 와서 그랬을 뿐인데, 로버트의 부모님은 이런 나의 모습을 아주 좋게 보셨던 모양이다. 로버트가 살짝 귀띔을 해주었다.

"아버지가 너를 좋게 보셨나봐. 아침에 일하러 나가시는데 네가 자전거를 타고 집에 들어오는 걸 보셨대. 네가 부지런한 사람인 것 같다고 말씀하셔서 내가 거짓말을 좀 했어. 너 부지런하다고."

"헤헤, 난 아침잠 많아서 원래 일찍 못 일어나는데. 시차 적응하면 일찍 못 일어날 텐데, 나중에 실망하시겠다."

좋은 인상을 심은 틈을 타, 내가 시차에 적응하기 전에 우리는 결혼 계획을 발표했다.

"아버지, 어머니. 저희 올해 말쯤에 결혼하기로 했어요."

"그래? 올해 말까지 기다릴 거 있니? 당장 이번 주말이라도 우린 괜찮다. 이렇게 즐거운 날 축하를 안 할 수 없지. 다 같이 외식하러 나가자꾸나."

이렇게 해서 로버트의 부모님께는 축하를 받으며 결혼을 할 수 있었다.

한국의 부모님과 캐나다의 시부모님의 반응이 달랐던 이유는 무엇일까? 나는 여전히 이것이 궁금하다. 개인의 성향 차이일 수도 있고, 사회 문화의 차이일 수도 있고, 둘 다일 수도 있다. 어떤 사람은 다른 인종이나 다른 문화의 사람을 가족으로 받아들이는 데 관용적이고, 어떤 사람은 배타적이

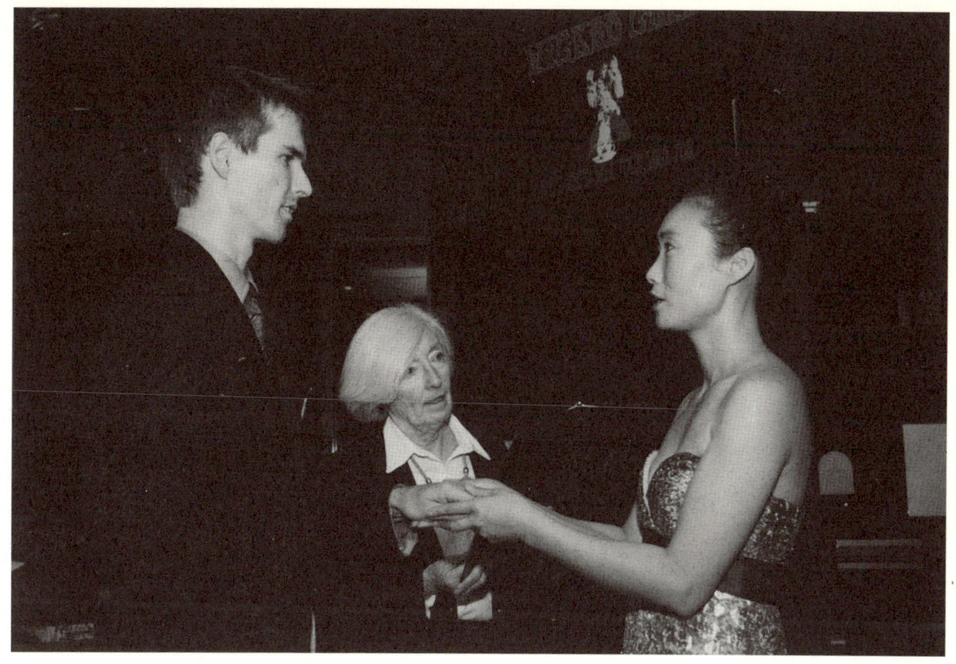

■ 밴쿠버 시내의 작은 카페를 빌려 조졸하게 치른 결혼식.
하객은 많지 않았지만 얼마나 긴장되고 땀이 나던지, 주례가 끝나자마자 맥이 풀려버렸다.

다. 그러니 사람마다 다르다고 볼 수 있다. 한국의 부모자식 관계가 캐나다
와는 다르기 때문에, 아니면 캐나다는 이민 역사가 길어 차이에 대한 수용
력이 높기 때문일 수도 있다. 사실 나는 잘 모르겠다. 지금 나에게 중요한
것은, 아들이 여자 친구를 처음 소개하며 신붓감이라고 데리고 왔는데 흔
쾌히 결혼을 축하해주신 분들이 나의 시부모님이라는 것과 사위가 한국인
이 아니라서 못마땅해하셨던 우리 부모님도 이제는 진심으로 로버트를 가
족으로 인정하신다는 것이다.

_ 이정민

네게 사랑이
무엇이냐?

분석 1 인도에서 나의 존재에 대한 이야기를 살며시 꺼내기만 했을 뿐인데, 그로부터 한 달 동안 부모님께서는 카레 씨와의 대화를 일절 거부하셨다. 이는 곧 사방에 인도 첸나이 사람만 보이는 카레 씨의 고향에서 '이방인'인 나를 소개하는 것은 상황적으로 불리하다는 것을 뜻했다.

작전 1 인도가 아닌 다른 곳에서 첫 대면이 이루어져야 한다. 이를 위해 카레 씨는 부모님께 고향을 잠시 떠나 카레 씨의 동생 부부가 살고 있는 미국 보스턴으로 세 달간 여행을 보내드렸다. 그곳에서 여러 생김새의 사람들, 살을 드러내는 옷차림을 한 여성들, 과감한 애정 표현을 하는 연인들에 익숙해지도록 하기 위함이었다.

분석 2 카레 씨 동생 부부는 나에게 우호적이었다. 카레 씨 동생 부부는 우리가 한국에서 연애를 하던 시절에 일주일간 한국 여행을 왔었고, 그때 나는 여행 가이드 및 기사 노릇을 톡톡히 했다. 무엇보다 '소맥'과 막걸리로 그들을 내 편으로 만드는 데 성공했다.

작전 2 내 편인 카레 씨 동생 부부가 한국에서 내게 신세를 많이 졌으니 보답을 하고 싶다며 부모님을 설득해, 미국에서 유학 중이던 나를 그들의 집으로 초대했다.

분석 3 카레 씨의 부모님은 집 안에 마련된 기도실에서 하루 세 시간 이상 기도를 하시는 신실한 힌두교 신자이시고, 난 카레 씨의 부모님께서 제일 싫어하신다는 기독교 신자이다. 여기서 꽉 막혔다. 나 역시 기독교 신자인 배우자를 원해 카레 씨와 두 번 헤어졌을 만큼 독실한 신자이기 때문이다. 종교에 관해서는 예비 시부모님께 거짓으로 말씀드리고 싶지 않았다.

작전 3 힌두교를 부정적으로 생각하지 말고, 다방면의 관심과 지식의 축적으로 부모님과 원활한 대화가 이뤄지도록 공부를 하기로 했다. 이전에는 관심도 없었던 힌두교와 인도, 인도인의 문화를 공부하기 위해 난생처음으로 오로지 공부를 위해 밤을 지새웠다.

모든 분석과 계획을 총괄한 카레 씨의 감독과 지휘 아래, 전화통화와 메신저 등을 이용해 스파르타식 교육을 받은 나는 기대 반 걱정 반으로 카레 씨 동생의 집으로 향했다. 집에 도착하자마자, 짐을 풀 겨를도 없이 카레 씨 아버지와의 인터뷰가 시작되었다. 긴장감이 맴도는 가운데 첫 질문이 날아왔다. 마지막 순간에도 머리를 쥐어짜내며, 힌두교에 대해 깔끔하게 정리하고 있던 나는 카레씨 아버지의 첫 질문에 뒤통수를 제대로 맞고 말았다.

"너에게 사랑이 무엇이냐?"

"네?"

"결혼을 하기 전에 사랑은 불가능하다. 예정된 배우자와 신의 허락 아래 결혼을 하고, 그때야 비로소 나의 아내, 나의 남편을 사랑할 수 있다. 도대체 결혼도 하기 전에 너는 내 아들의 무엇을 사랑한다는 것이냐?"

전혀 예상하지 못했던 질문에 당황한 나는 그동안 공부한 것은 잊고, 머리가 아닌 마음에서 우러나오는 진심으로 솔직한 대화를 이어갈 수밖에 없었다. 자라온 환경과 가치관이 전혀 다른 나의 생각을 예비 시아버님께서는 전혀 이해하지 못하셨을 것이다. 하지만 예비 시아버님께서는 몇 시간 동안 당신의 이야기에 귀 기울여주는 내게 살짝 마음을 열어주신 듯했다. 예비 시아버님은 그동안 대화를 나눌 상대가 없어 외로우셨던 것이다. 지금까지도 시아버님은 내가 하는 전화만 기다리신다. 내가 시댁에 가면 아껴두셨던 위스키를 꺼내 한 잔씩 따라주시곤 한다. 그러고는 군인이었던 젊은 시절의 무용담을 무한 반복하신다. 그럴 때 아버님은 그 어느 때보다 행복해 보인다.

예비 시아버님과의 인터뷰를 무사히 끝내고 나니 예비 시어머님이라는 산이 버티고 있었다. 내가 카레 씨의 동생네 도착한 그날, 행동 대장이신 시어머님께서는 우리를 죄다 모아놓고 방을 배정해주셨다. 카레 씨 동생네는 방이 두 개인데, 일주일간 여기서 자야 할 사람은 무려 여섯 명이었다. 동생 부부가 방 하나를 배정받았고, 나머지 네 명이 방 하나를 어떻게 쪼개 쓰느냐가 문제로 남았다. 그러나 이미 마음속으로 배정을 끝내신 시어머님께서는 아주 간단히 상황을 종료시켰다.

"당신(시아버님)과 너는(카레 씨) 거실에서 자고, 나랑 넌(나) 이 방에서 같이 잔다. 실시!"

시아버님의 충격적인 첫 질문에 이어 두 번째 충격은 일주일간 시어머님과 동침하는 것이었다. 난 어디서든 눕기만 하면 잘 자는 성격이기 때문에 자는 것 자체는 문제가 아니었다. 하지만 거실에서 카레 씨와 텔레비전을 보다 밤 12시가 넘어 방에 들어가면, 예비 시어머니께서 그때까지 안 주무시고 눈에 불을 켠 채 뜨개질을 하시며 날 기다리고 계셨다. 그리고 새벽 서

너 시까지 질문 공세를 퍼부으시곤 했다. 대화는 불을 끄고 누워서도 계속되었고, 다시 불을 켜고 앉아 심각한 대화로 이어지기도 했다. 대부분의 주제는 종교와 음식, 자녀 문제였다. 시어머님께서는 매일 밤 지치시지도 않고 재차 강조하셨다.

"네가 기독교인인 것은 인정해주겠지만, 최소한 내가 너희 집에 방문할 때는 기독교 관련 물건이 내 눈에 띄지 않게 잠시 치워줬으면 좋겠다."

"너와 내 아들이 고기를 먹는다는 것은 알고 있지만, 최소한 집에서는 베지테리언 요리만 해야 한다."

"타밀 어를 공부해라. 내 손주는 무조건 타밀 어를 할 줄 알아야 한다."

5일 밤을 동침하면서 같이 방귀도 뀌고, 많은 대화를 나누며 시어머님과 조금씩 가까워졌다. 그리고 마지막 날 밤, 시어머님께서는 고대했던 장남의 며느리가 브라만도, 힌두교도, 심지어 인도인도 아니어서 가슴이 많이 아프셨다며 솔직한 심정을 털어놓으셨다. 한국인이 아닌 인도인에게 시집간다는 딸을 받아들이셨을 우리 부모님의 심정도 얼마나 힘드시겠냐며 눈물을 보이셨다. 그 당시 우리 부모님은 결혼을 허락하지 않으셨던 상황이라 나도 감정이 북받쳐 예비 시어머니를 안고 밤새 울었다. 남편은 아직도 이 사실을 모른다. 시어머님과 나만의 비밀이다.

시댁 식구와의 상견례 작전이 그럭저럭 성공적으로 끝날 무렵, 부모님 모습이 불현듯 떠올랐다. 어렸을 적 봉숭아물을 들여주시던 엄마가 기억났다. 어둑해진 밤에 직접 심은 봉숭아꽃을 따다 꽃잎을 돌로 찧어 열 손가락, 열 발가락에 꽃잎을 얹고 실로 칭칭 감아주시곤 했다.

부모님은 그저 당신의 행복은 자식이 잘되는 것뿐이라며, 일생을 자식들을 위해 살아오셨다. 새벽 5시면 어김없이 일어나 도시락을 싸주시고, 수능

을 보는 날엔 기독교 신자임에도 하루 종일 절에서 수백 번 앉았다 일어나
길 반복하시며 기도를 하셨다.

스무 살이 되기 전까지 나는 부모님 말씀은 절대 거역해서는 안 되는 법
이라고 생각했다. 나라는 존재에 대한 개념이 없었기에 부모님께서 기뻐하
시는 일을 하는 것이 살아가는 방법이자 방향이라고 믿어왔다. 그러나 스
무 살이 넘으면서 자아 개념이 생겼고, 조금씩 반항을 하기 시작했다. 내가
무엇을 원하는지를 깨달았고, 그걸 이룰 수 있는 방법을 알아갔다. 그리고
실행에 옮길 때마다 부모님과의 마찰은 커졌다.

어려서는 무조건 부모님을 따랐고, 그런 나를 보며 기뻐하시는 부모님의
모습에 나도 행복했다. 그런데 나는 나이를 먹을수록 고집만 세지고, 내가
기뻐하는 모습에 부모님께서 행복해하시길 바랐다.

나의 인생을 설계해주셨던 분들이 이제는 힘없이 나의 이야기를 들어주
실 뿐이라고 생각하니 눈물이 핑 돌았다. 지난날을 되돌아보면, 나는 무엇
이든 하고 싶은 건 해야만 직성이 풀렸고, 부모님께서는 그런 내게 때때로
화도 내시고, 협박도 하셨지만 결국엔 항상 내 편이 되어주셨다.

나의 다이어리 포켓 속에는 아버지의 편지가 들어 있다. 남들에게는 무뚝
뚝하시지만 내겐 그 누구보다 재미있고 따뜻한 분이다. 자식을 위해 매일
새벽 6시에 출근하시고, 모두가 잠이 든 시간에야 퇴근하시기를 20년. 그래
서였을까, 크게 편찮으셨던 적이 한 번 있었는데, 그때 이후로 아버지의 몸
도 마음도 많이 약해지신 듯했다. 그리고 항상 "내 인생의 마지막 숙제는
널 결혼시키는 거다"라고 말씀하셨던 아버지.

오랜 시간을 설득하고, 설득하고, 설득한 끝에 부모님께 로버트와의 결혼
허락을 받아냈다. 결국 자식의 기쁨을 당신의 행복으로 받아들이신 부모

님. 허락을 받고 미국으로 돌아오는 공항에서 게이트로 나가는 순간, 아버지가 손에 편지를 쥐어주셨다. 비행기에 탑승해 그 편지를 읽으며 나는 엉엉 소리 내어 울어버렸다.

"아빠는 정민이를 믿는다. 정민이도 아빠를 실망시키지 말고, 네가 결정한 사항은 책임지고 열심히 살기를 바란다. 사랑한다, 정민아!"

하나님, 나라님, 할머님께
보증 받은 결혼

"그래, 난 이제 걱정 안 한다."

오랜만에 전화를 드렸는데, 어머니 목소리가 생각보다 무겁지 않았다. 마지막 통화를 한 게 거의 세 달 전이었다. 외국에 살기에 평소에는 일주일에 한두 번씩 전화를 드리곤 했다. 딸 없이 아들만 셋인 집에서 그래도 내가 어머니와 가장 대화를 많이 하는 편이었다. 어떤 날은 한 시간 넘게 전화로 수다를 떨 정도였다. 하지만 결혼 이야기가 나온 후, 부모님과 사이가 어색해졌다. 장남인 내가 외국인 여자 친구와 결혼하겠다고 말씀드리니, 부모님께서는 반대가 심하셨다. 특히, 어머니는 드라마에 나오는 것처럼 아예 자리를 펴고 드러누우셨다. 동생 말에 따르면, 하얀 머릿수건을 두르고 안방에 자리를 펴고 누워 앓고 계신다고 했다. 식사도 안 하시고, "아이고, 아이고" 낮은 신음 소리까지 내신다고 했다. 걱정을 안 할 수 없었다. 항상 자신 있고 긍정적으로 사시는 어머니이신지라 그런 모습을 본 기억이 없었다. 동생은 어머니가 교회 새벽 기도회에 매일 나가신다고도 했다.

"왜?"

"하나님한테 형 결혼 못하게 막아달라고 기도하시는 거지, 뭐겠어?"

뜨악했다. 결혼을 반대만 하시는 게 아니라, 하나님의 힘까지 빌려 막으려 하시다니. '사랑하는 사람과 결혼하기 힘들구나' 생각했다.

한참을 고민했다. 어차피 맞을 매라면 일찍 맞는 게 좋을 것 같아 세 달 만에 전화를 드린 참이었다. 그런데 의외로 어머니 목소리가 편안하게 느껴졌다. 아니, 자신감까지 느껴졌다.

"그래, 난 이제 걱정 안 한다. 너도 공부나 열심히 해."

"이제 괜찮으세요? 걱정 안 하세요?"

"응, 하나님께 응답 받았는데, 뭘 걱정해."

사연인즉슨, 세 달 동안 열심히 새벽 기도회에 다니시고, 집에서도 아침저녁으로 기도를 하셨단다. 물론, 이 결혼이 성사되지 않게 해달라고 비셨단다. 그렇게 기도에 정성을 들이신 지 세 달이 다 되어가던 어느 날 저녁, 어머니가 자리에 누워 계시는데 천장에서 음성이 들리더란다. "내가 있는데, 네가 왜 걱정을 하느냐"는 말씀이었다고. 그 소리를 듣고 어머니는 바로 자리를 차고 일어나 식사를 하셨다고 한다. 하나님이 이 결혼을 막아주신다니 이보다 확실한 대답이 어디 있겠느냐고 생각하신 듯했다.

"아, 그래요? 알겠어요. 안녕히 주무세요. 또 전화 드릴게요."

전화기를 내려놓으며 내 머릿속에는 다른 생각이 떠올랐다. '아, 이 결혼 축복 받았구나.' 난 어머니를 설득하려고 전화를 한 건데, 어머니의 말씀이 사실이라면 하나님이 걱정하지 말고 결혼하라고 응답하신 거라고 생각했다. 같은 내용을 두고 우리 모자는 정반대로 해석한 채 통화를 마쳤다.

그로부터 6개월 후, 하나님의 응답에 대한 해석은 내가 옳았던 것으로 판명 났다. 6년을 연애한 우리는 양가 부모님의 허락을 받아 결혼 날짜를 잡았다. 하나님의 응답(?)까지 받았는데, 사랑하는 사람과 결혼하겠다는 우리

■ 하나님, 나라님, 할머님이 보증한 결혼식, 한국에서 전통혼례로 치렀다.

를 두고 부모님께서도 더는 반대하실 수 없었던 듯하다.

　이렇게 무사히 앤이 여 씨 집안의 며느리가 되나 싶었는데, 이번엔 다른 신경전이 벌어졌다. 결혼식은 한국에서 전통혼례로 하기로 결정하고, 결혼식을 한 달가량 앞두고 내가 먼저 한국에 돌아왔다. 어머니와 결혼식 준비도 하고, 그동안 찾아뵙지 못한 친척 어르신들과 부모님 친구분들께 인사를 다니기 위해서였다. 그런데 인사 때나 식사 대접 때 매번 벌어지는 광경이 하나 있었다. 아직 결혼을 안 한 혹은 못한 장성한 자제분이 있는 어머니의 친구분들과의 모임에서 특히 그랬다.

　"그래, 며느리 될 처자가 중국 여자라고 했지? 중국인 며느리를 본다고?"

　"아니, 그렇지 않아. 부모님이 타이완 분이고, 며느리는 미국에서 나고 자랐으니 미국 사람이지."

　친한 친구분이 '중국'에 방점을 찍어 물어보시면, 어머님은 항상 '미국'에 방점을 찍어 고쳐주시곤 했다. 처음에 몇 번 들었을 때는 '앤은 어차피 타이완계 미국인이니 그게 그건데' 하며 신경을 안 썼다. 하지만 같은 언쟁이 반복되니 신기한 생각까지 들었다. 이것이 바로 '한국 사회의 외국인에 대한 계층화' 현상이었다. 어머니는 아들이 한국인과 결혼하면 최고겠지만, 외국인과 한다니 그중에서 '가장 좋은 외국인'인 미국인을 강조하고 싶으셨던 것이다. 한편, 장성한 자제분이 아직 미혼인 친구분들은 약간 샘이 나서 '중국인'이냐고 확인을 하시는 거였다. 당시만 해도 재중동포나 대륙 출신 중국인에 대한 인식이 지금보다 훨씬 못했다. 많은 한국인의 머릿속에는 미국인-유럽인-일본인-중국인-동남아인 순으로 계층화가 부지불식간에 자리 잡혀 있었다. 답답했다. 잘못된 인식을 고쳐드리고 싶은 마음이 굴뚝같았다. 하지만 어떻게 성사된 결혼인데, 괜히 어머니께서 마음이 상하실까 걱정되어 한발 물러섰다. 하나님이 인중한 결혼인데, '중국인이냐, 미국인이냐' 하는 것쯤 무슨 상관이랴.

　드디어 결혼식 날이 되었다. 신부인 앤도 일주일 전에 한국에 들어와 준비를 시작했다. 처가에서는 장인어른, 장모님, 처제가 입국했다. 장소는 한국민속박물관 내에 있는 전통혼례식장이었다. 외국인에게 장가보내는 것이 못내 아쉬우셨던지 어머니가 내건 유일한 조건이 결혼식은 전통으로 하자는 것이었다. 두말없이 따르기로 했다. 나중에 마음이 바뀌어서 하나님께 재응답을 받으러 새벽 기도회에 나가실까봐 겁도 났다.

　영화에서나 봤지 실제로 내가 전통혼례를 하리라고는 생각지 못했다. 무형문화재 보유자라고 소개한 일흔이 넘은 할아버지께서 주례를 서고, 박물관에 온 모든 사람에게 개방되는 결혼식은 참 생소했다. 기러기 아범의 입장, 처가로의 진입, 장인어른과 장모님께서 혼례를 승낙하고, 드디어 볼에 연지곤지를 찍고 전통 예복을 입은 아내가 뒷방에서 걸어 나왔다. 그 뒤로는 어머님의 '간곡한' 요청으로 전통 한복을 곱게 차려입은 장모님과 처제가 따랐다.

'아, 이제야 정말 결혼을 하는구나!'

서로 마주하고 인사를 하고, 합주를 나누고, 다시 인사하고, 양쪽 집안 어른들께 인사를 드리고, 하객들에게 인사하고, 주례자와 사회자의 지시에 따라 우리는 앉았다 일어서기를 반복했다. 별 문제 없이 의식이 진행되나 싶었는데, 주례자가 마이크로 신부에게 큰 소리로 주의를 주는 게 아닌가.

"아, 신부가 팔이 자꾸 내려오면 안 되지요. 팔을 제대로 올리고 계세요."

수십 명 하객 앞에서 야단을 맞았으니, 한국 신부 같았으면 얼굴이 빨갛게 달아올랐을 것이다. 하지만 우리의 경우엔 오히려 주례를 보시던 어르신 얼굴이 빨갛게 달아오를 판이었다. 몇 번을 나지막하게 주의를 주었는데도 미동이 없어, 일부러 마이크에 대고 말했던 것인데, 신부는 못 들은 척 팔을 반쯤 내리고 있었기 때문이다.

전통혼례에는 신랑과 신부 옆에 도우미가 붙는다. 우리 결혼식 때도 마찬가지였다. 그런데 신랑인 내 쪽의 도우미는 경험도 많고 영어도 약간 할 줄 아는 사람이었다. 문제는 신부 쪽에 영어를 한마디도 못하는 초보 도우미가 붙었다는 것이다. 그러니 주례자의 주의가 신부에게 전달될 턱이 없었다. 나도 식이 시작한 후 한참 지나서야 이 사실을 알았으니, 바꿀 수도 없는 노릇이었다. 결국 신랑인 내가 즉석에서 통역에 들어갔다. 주례자도, 사회자도, 관객들도 어리둥절한 얼굴이었다. 그래도 얼굴 붉히는 것보다는 낫지.

폐백을 끝으로 모든 의식이 끝났다. 폐백실을 나와 신부를 찾고 있었는데, 맨 처음 폐백 절을 받으셨던 집안 어른이신 할머님 세 분이 나란히 내 쪽으로 걸어오셨다. 세 분은 뭔가 중요하게 할 말이 있으신 듯한 표정이셨다. 그중 가장 어른이신 큰할머님부터 내 손을 꼭 잡으시고는 돌아가며 한 말씀씩 하셨다.

"수고했다, 수고했어. 내가 죽기 전에 너 결혼하는 걸 보니 마음이 편하구나."

"건강하지? 외국 생활 쉽지 않지? 아이고, 수고했어."

"어머니, 아버지 잘 챙겨드리렴. 네가 장가가는 걸 보셨으니 기뻐하시겠구나."

그런데 뭔가 다른 말씀을 하고 싶으신 듯 보였다. 신부를 찾아나섰던 발걸음을 잠시 멈추고 이어질 말씀을 기다렸다. 어쩐지 세 분 모두 머뭇거리셨다. 그때 큰할머님께서 맞잡은 손에 힘을 주시며 주위를 살피셨다. 그러고는 나지막하지만 똑똑한 목소리로 내 귀에 말씀하셨다.

"그래, 신부가 한국 아가씨랑 똑같이 생겼어."

"응, 정말 똑같아."

"한국 여자야, 한국 여자."

한마디씩을 더 보태신 할머니들께서는 내 손을 한 번씩 더 잡아주시고는 속이 시원하다는 표정으로 피로연장으로 향하셨다. 뒤에 남은 나는 잠시 멍해졌다. '한국 여자랑 똑같이 생겼다고 축하를 해주시네. 무슨 뜻이지?' 순간, 뒤통수를 탁 치는 느낌이 왔다.

'아, 이 결혼 참 대단하네. 하나님 보증 받아야지, 나라님 보증 받아야지, 할머님들 보증까지 받아야 되는 거였어. 쉽지 않은 결혼이었구나.'

_ 이정민

끄악!
충격의 결혼식

남인도에서 치른 결혼식은 해프닝의 연속이었다. 상의는 입지 않은 채 하체에 커다란 하얀색 수건을 두르고 나타난 남자 하객들. 하물며 신랑도 똑같은 복장이었다. 게다가 결혼식 도중에 선글라스를 끼고 한 손에는 책을 든 채 우산을 쓰고 나타난 남편은 돌연 산으로 들어가 학업에 열중하겠다며 결혼식은 무효라고 외쳐대기까지 했다. 결혼식은 왜 그렇게 길고, 또 사진은 왜 그렇게 찍어대는지. 다섯 시간 동안 이어진 피로연 내내 웃으며 사진만 찍다 입 돌아갈 뻔했다.

나는 결혼식 준비로 새벽부터 움직여야 했다. 새벽 4시경 알람소리에 맞춰 일어난 나는 대강 샤워를 하고 아무 옷이나 주섬주섬 입은 채, 남편이 보내준 차(꿈에 그리던 웨딩 리무진이 아닌, 어지간한 경차보다도 작은 소형 경차)를 타고 예식장으로 향했다. 학교 방학이 시작되자마자 미국에서 인도로 건너와 며칠 만에 결혼식을 올리는 것이었던 터라 내 손으로 준비한 것이 거의 없었다. 결혼식 절차에 대해서는 아주 간략하게만 들었고, 어렴풋이 인도 영화에서 보았던 결혼식 광경을 떠올리며 상상해볼 뿐이었다. 그러나 보통 영화에서 보는 인도 결혼식은 북부의 전통이었고, 남부의 결혼식은 상상 이상의 반전과 충격의 도가니였다.

결혼 예식은 풍악단의 깜짝 등장으로 시작되었다. 새벽녘 어스름한 어둠 속, 예식장 앞에는 세 사람으로 구성된 음악대가 숨어 있었다. 신부, 그러니까 내가 차에서 내리자마자 그들은 폭죽을 터뜨리며 귀가 찢어져라 풍악을 울려댔다. 나는 생각지도 못한 '굉음'에 "끄악!" 소리를 지를 수밖에 없었다. 그렇게 유난스러운 우리의 결혼식이 시작되었다.

신부가 꼭두새벽부터 식을 준비해야 하는 이유는 세 시간에 걸친 메이크업과 헤어 스타일링을 받아야 하기 때문이다. 꿈에 그리던 신부 화장을 받는다는 즐거운 상상에 흥분했던 나는 두 번째로 "끄악!" 비명을 터뜨렸다. 남인도 첸나이에서 신부 메이크업이라 함은 눈이 큰 인도 여성처럼 아이라이너 몇 겹을 그려 판다를 능가하는 다크서클을 만드는 것이었다. 또 헤어 스타일링은 엉덩이까지 내려오는 귀신 머리를 머리카락 끝에 붙이는 것이었다.

신랑은 신부보다는 조금 늦게 식장에 도착해 기도 의식에 참석한다. 6시경부터 웅성웅성 주문을 외우는 듯한 소리가 들리기 시작했다. 무슨 일이 일어나고 있는지 궁금해 살짝 문을 열어본 순간 세 번째로 "끄악!" 비명이 터졌다.

대략 스무 명의 남자가 죄다 웃통을 벗고 아래에는 하얀 수건만 두른 사우나 복장을 하고 양반 다리를 한 채 주문(?)을 외우고 있었다. '우리 신랑은 인도 왕자처럼 번듯한 옷을 입었을 거야'라는 기대로 카레 씨를 눈 씻고 찾아봤지만 도무지 찾을 수가 없었다. 다시 사우나 무리에 눈을 돌리니, 'Oh, My Jesus Christ!', 같은 복장의 신랑 카레 씨가 있었다. 게다가 갑자기 팔굽혀펴기를 하는 것이 아닌가. '아, 난 지금 꿈을 꾸고 있는 거야.'

조선시대 신랑과 신부가 얼굴도 모른 채 결혼을 약속하고, 결혼식에서야 처음으로 대면할 수 있었던 것처럼, 인도에서는 여전히 결혼식 당일에야 처음 배우자를 볼 수 있다. 내가 메이크업을 마치고 무대로 나갔을 때, 신랑은 천으로 얼굴을 돌돌 말고 있었다. '내 얼굴 다 아는데 뭘 가려.' 속으로 웃음이 났지만 이를 꽉 물고 참으며, 천을 풀고 날 응시하는 남편의 얼굴을 보니, 남편 역시 비명에 가까운 표정을 짓고 있었다. 내가 사리(Sari or Saree)*를 입고 판다 귀신 코스프레를 하고 있는 모습은 처음 봤을 테니 말이다.

정신없이 기도 의식이 끝나고, 가장 인상적이면서도 날 발끈하게 만들었던 문제의 의식이 시작되었다. 신부의 얼굴을 본 신랑이 갑자기 선글라스를 끼고, 부채를 들더니, 그다음엔 책을 들고 밖으로 나갔다. 그리고 우산을 펴며 외친다.

"나 결혼하기 싫어! 산에 가서 공부나 할래!"

이런 옆구리 터진 김밥 쌈 싸 먹는 소리가 있단 말인가. 아무튼 이 기가 막힌 열연이 결혼식의 아주 중요한 부분이었다. 신랑이 결혼에 어깃장을 놓는 퍼포먼스를 하면, 신부 아버지가 신랑을 붙들고 '제발 내 딸과 결혼해달라'고 설득해야 한다. 상황이 어떻게 돌아가는지 전혀 모르셨던 아버지께서는 시키는 대로 액션을 취하셨지만, 나중에 사건의 전말을 들으시고는, "하~ 그런 건 줄 알았으면 그냥 산에 가서 돌아오지 말라고 하는 건데" 하시며 농담 반 진담 반(?) 무척 안타까워하셨다는 후문이 있다.

신랑이 마지못해 결혼을 하기로 선언하면, 그때부터 또 풍악이 울린다. 신부와 신랑을 하객들이 번갈아 가며 번쩍번쩍 들어올리고, 꽃목걸이 걸기 게임을 한다. 신랑과 신부의 목에 꽃목걸이를 걸지 못하도록 우리를 밑에서 받치고 있는 사람들이 방해를 하는 것이다. 초등학교 때나 하던 가마놀

이를 서른이 넘어 결혼식장에서 하게 될 줄이야. 이즈음 내 체력은 이미 바닥을 쳤다.

혼비백산 1부 예식이 끝나면, 신부는 옷을 갈아입기 위해 자리를 피한다. 주어진 시간은 5분. 5분 동안 1부에서 입었던 6야드 사리를 벗고, 2부에서 입을 9야드 사리로 갈아입어야 한다. 게다가 장신구까지 모조리 교체해야 한다. 정신을 차려보니 이모님 대여섯 분이 달라붙어 내 옷을 마구 벗기고 있었다. 체력이 고갈된 나는 반항할 힘도 없었다. 몸에 감긴 사리를 푸느라 오른쪽으로 뱅글뱅글 돌았다가, 다시 9야드 사리를 입히는 이모님들의 힘에 왼쪽으로 뱅글뱅글 돌았을 뿐이다. 그사이 노출되었을 나의 속옷 패션에 대한 부끄러움은 이미 안드로메다로 보낸 상태였다. 팔목을 뒤덮는 뱅글

(Bangle)**은 빠지지도 않아 손목에 피멍이 들었고, 아침도 못 먹은 뱃속에선 천둥소리가 나기 시작했다.

2부에서는 인도 결혼식에서 가장 중요하다고 할 수 있는 탈리(Thali neck-lace)*** 의식이 거행된다. 신랑은 신부의 목에 탈리를 걸어줌으로써 '나의 아내 됨'을 공표하고, 결혼한 인도 여자들은 평생 동안 탈리를 몸에서 빼서는 안 된다. 탈리 의식 후에는 신부의 오빠가 무대로 올라와 곡식 알갱이를 던지는 의식에 참여한다. 한국에서 신랑 신부가 폐백 때 밤이나 대추를 받듯이 인도에서는 신랑이 천에 곡식을 받는다.

1부와 2부에 걸친 오전 의식이 끝나면, 잠시 쉬었다가 저녁 무렵 피로연이 시작된다. 나는 피로연만큼은 이브닝드레스를 입고 칵테일파티를 하는 줄 알고 잔뜩 기대에 부풀어 있었다. 그렇지만 인도는 나의 기대를 저버리지 않았다. 신랑과 신부가 무려 다섯 시간 동안 무대에 서 있는 것이 피로연이었다. 하객들이 줄을 서서 기다리며 한 명씩 무대에 올라오고, 신랑 신부는 한 사람 한 사람을 맞으며 인사하고 간단히 대화한 후 기념 촬영을 하는 것이다. 다섯 시간 동안 웃어야 했기에 얼굴에는 경련이 일기 시작했고, 다리는 부러질 것 같았다. 밤 11시가 넘어 끝난 결혼식 후에 먹은 저녁식사는 바나나 잎에 나오는 밥과 카레가 전부였다. 물론 포크와 스푼 없이. 굶주렸던 나는 갑자기 능숙해진 손놀림으로 바나나 잎을 핥을 기세로 카레를 흡입했다.

'아, 이제야 인도 남편의 부인이 되는 호된 신고식이 끝났구나.'

험난했던 여정을 함께 꿋꿋이 걸어왔던 남편, 우리보다 더 큰 결심을 해주셨던 양가 부모님, 그리고 힘이 되어주었던 주위 분들까지 다사다난했던 과거가 스쳐 지나가며 까만 눈물이 주룩주룩 흘러내렸다.

* **사리** 인도 여성의 전통의상이다. 배 부분이 드러나는 짧은 블라우스를 입고, 긴 천을 한쪽은 허리 부분을 두르고 다른 쪽 끝은 겹겹이 접어 어깨로 넘겨 입는다. 인도에 가면 형형색색의 화려하고 다양한 색깔의 사리를 볼 수 있다. 6야드 사리는 6야드 길이의 천으로, 보통 흔히 볼 수 있는 형태의 사리이다. 9야드 사리는 결혼식과 같은 아주 중요하고 큰 행사에만 입는 특별한 사리이며, 다리 사이를 한 번 갈라 바지 모양처럼 변형해 입는다.

** **뱅글** 인도 여성이 자주 착용하는 팔찌. 새 신부는 팔꿈치까지 수많은 뱅글을 착용한다. 예전에는 결혼한 여성이 뱅글을 하나도 끼고 있지 않으면 좋지 않은 징조라 여겼다고 한다.

*** **탈리** 인도 결혼식에서 신랑이 신부에게 걸어주는 목걸이. 신부는 결혼식 이후부터 무슨 일이 있어도 이 목걸이를 빼서는 안 된다. 일종의 기혼녀라는 증표이다.

_ 진성원

촌스러운 것이
가장 지구적인 것이다

'왜 이렇게 뒷목이 뻐근할까? 이거 진짜로 일본 속으로 내가 쑥 빨려 들어가는구나.'

일본 도쿄의 한 결혼식 사진 전문 스튜디오에서 웨딩촬영을 했다. 각두기 머리보다 짧은 머리 스타일에 콧수염, 여기에 일본 전통 결혼 예복을 입고 거울 앞에 서서 눈에 힘을 한번 찍 주니 영락없는 일본 야쿠자처럼 보였다. 어색하기는 아내도 마찬가지였다. 기모노를 입고 일본의 게이샤처럼 얼굴에 온통 하얀색 분칠을 하고 있었다. 소품으로 나온 빨간색 종이우산을 들고는 불편해하는 나의 표정을 보고 낄낄거리고 웃고 있었다. 그런 그녀를 보고 나도 슬며시 음흉한 웃음을 날려주었다.

'그래, 웃을 수 있을 때 실컷 웃어라. 나는 여기서 한 시간이지만 너는 하루 종일이야. 연지곤지 찍고 머리 올리고 일어났다 앉았다 수십 번은 해야 될걸! 그때도 웃음이 나오는지 두고 보자! 흐흐흐.'

나는 미국에서, 아내는 일본에서 생활해야 하는 탓에 우리는 태평양을 사이에 두고 초국적인 연애를 했다. 연애만 무려 14년. 우린 길고 멀었던 연애에 마침표를 찍기로 했다. 혼인신고를 하고 정식 부부가 된 것이다.

일본과 한국에서 결혼식을 두 번 치르기보다 결혼사진은 일본에서 찍고, 결혼식은 나의 고향인 한국 전주에서 전통혼례로 치르기로 의견을 모았다. 그것이 내 상황에서는 가장 합리적인 결정인 것 같았다. 명분은 일본인 예비 신부에게 한국 문화를 경험시키는 것이었다. 사실 마흔이 다 되어 올리는 결혼식인데, 결혼행진곡이 울리는 서양식 결혼식에 조금 자신이 없기도 했다. 그리고 전통혼례는 결혼식 비용도 많이 들 것 같지 않았다.

"결혼식 비용은 걱정하지 마. 한국에서 다 준비할 거야. 당신은 그냥 결혼식 오시는 친지들, 친구들 숙소만 준비하면 끝!"

나의 말이 믿기지 않았나보다. 아내는 결혼식 비용이 필요 없다는 내 말에 살짝 흥분해서 심지어 이런 말도 했다.

"오빠랑 살면 평생 돈이 필요 없을 것 같아. 어떻게 이렇게 돈을 적게 들이면서 결혼식을 할 수 있지? 그것도 외국에서 결혼식을 올리는데?"

지금 돌이켜봐도 허례허식이 전혀 없는 '모범적인' 결혼을 준비했다. 예단은 말도 꺼내지 않았다. 아내에게는 결혼반지를 건넸지만, 나는 10여 년 전에 아내가 나의 생일에 선물했던 손목시계와 반지를 하기로 했다. 신혼의 보금자리는 아내 회사의 사택으로 오케이. 한국에서 결혼식이 끝나면 어차피 비행기를 타고 도쿄로 돌아올 테니, 그것으로 신혼여행도 대체하기로 했다. 신혼 살림살이는 있는 가재도구를 그대로 쓰기로 했다. 결혼식에 초대할 사람도 최소한으로 줄였다. 오랜 외국 생활로 자주 만나지도 못하는 사이인데 불쑥 결혼식에 초대해 부담을 주기 싫었기 때문이다. 그 대신 고향에 사는 초등학교 때부터 단짝인 친구 한 명과 대학교 선배 가족을 초대했다. 나머지는 대부분 고향에 사는 친척들과 부모님의 지인들이었다.

대체로 여자는 결혼식에 대한 환상이 있다고 들었다. 평생 한 번 하는 결혼식이니, 그날만큼은 '왕비님'이 되고 싶은 심리라고 해야 할까. 아내는 그런 면에서 완전히 다른 세상 사람이었다. 평범한 결혼식에 마음 상해하기는 커녕, 마냥 들떠 기쁜 마음을 숨기지 못했다.

"야호, 나도 드디어 치마저고리를 입어보는구나!"

"한국에서는 신부 화장을 어떻게 해?"

아내는 꾸미는 데는 소박하지만, 인간관계에서는 부자였다. 나와 달리 마당발이어서 일본에서 하객이 서른 명 정도가 온다고 했다. 아내의 가족 정도만 참석할 줄 알아서 가볍게 생각했는데, 대학교 친구와 직장 동료들까지 참석하기로 해서 참석 인원이 훌쩍 늘었다. 서울도 아닌 지방에서 결혼식을 하는데, 많은 지인이 참석한다는 것이 내게는 놀라울 따름이었다.

외국에서 결혼을 한다니까 안쓰러운 마음이 들어서였을까? 이국적인 결혼식을 경험하고 싶어서였을까? 그도 저도 아니라면, 결혼식 당시 일본에서 유행한 드라마 〈대장금〉의 영향이었을까? 당시 일본 국영방송에서는 매일 저녁시간에 〈대장금〉을 방송했다. 퇴근 시간대에 방송되어 많은 직장인 여성이 〈대장금〉을 즐겨 봤다. '욘사마' 배용준이 〈겨울 연가〉를 통해 일본 여성들에게 한국 남성에 대한 로망을 불어넣었다면, 〈대장금〉의 이영애는 그 야말로 한국 문화 전도사였던 셈이다. 그러한 한국에서, 저비용으로 결혼식을 치른다는 것이 아내를 으쓱하게 만들었을지도 모르겠다.

"이 넓은 집을 하루 빌리는 데 1만 5,000엔(약 25만 원)? 그렇게 싸? 친구들 호텔방 잡아주려고 200만 원은 예상하고 있었는데. 와, 대박이다!"

결혼식이 아내의 친지와 지인들에게 한국 문화를 체험하는 장으로 흐르는 분위기가 강해지면서 참석 인원도 점점 늘어났다. 내심 대충 해치우려고 했던 내 생각과는 달리 우리의 전통 결혼식은 차츰 활기를 띠기 시작했다. 결혼식 장소는 전주 한옥마을이었다. 몇 채의 한옥으로 이루어진 한옥 고택이었는데, 결혼식을 치를 너른 뜰도 있었다. 결혼 음식도 직접 준비해주고, 전통혼례에 필요한 모든 것을 구비해놓고 있었다. 더욱 좋았던 것은 결혼식을 올릴 한옥 고택을 전날 밤부터 통째로 빌릴 수 있어서, 본채의 큰방에서는 아내의 대학교 합기도 클럽 동기들이 모여 학창시절의 추억을 이야기하며 단란한 하룻밤을 보낼 수 있었다는 것이다.

"한국 전통 결혼식은 참가한 사람들이 만들어요. 조금 소란스럽고 아마추어 같지만 나름대로 멋이 있는 거 아니겠어요?"

한옥을 관리하는 분께서 내게 말했다. 정말 맞는 말이었다. 아무리 봐도 분위기는 시끌벅적한 장바닥 그 자체였다. 결혼식장 주변에는 누런 강아지

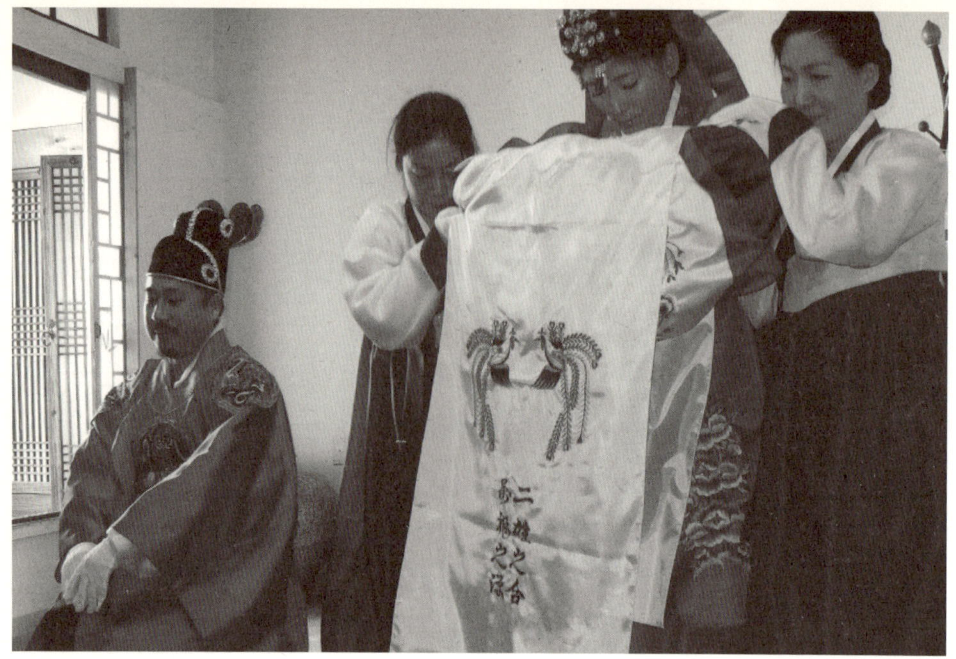

■ 결혼식은 한국에서 전통혼례로 치렀다. 결혼식에 참석한 모두가 따뜻하고 재미있는 시간을 보냈다.

한 마리가 서성이고 있었다.

쿵쿵떡, 떡쿵떡, 쿵쿵떡떡!

양복 윗옷을 벗어젖힌 아내의 대학교 동기들이 절구로 떡쌀을 찧고 있었다. 일본에서도 해본 솜씨인 듯했다. 일본에서 참석한 하객들은 전혀 예상치 못한 곳에서 재미를 찾고 있었다. 의상만 봐도 어느 쪽 하객인지 금방 구분이 되어 관찰하는 재미가 쏠쏠했다. 아내의 지인들 가운데 남성들은 한국의 양복에 비해서 통이 좁고 몸에 꼭 끼는 정장을 입고 있었고, 여성들은 한국의 1970년대에 입었음 직한 복고풍 의상을 입고 있어 눈에 띄었다.

하객들은 서로 모여서 담소를 나누거나 결혼식 진행 과정을 열심히 카메라에 담았다. 그들이 가장 흥미를 보인 것은 -아마도 〈대장금〉의 영향이었으리라- 결혼식 하객에게 제공될 점심식사를 준비 중인 뒷마당이었다. 뒷마당에서 직접 잔치 음식을 만드는 과정은 일본에서 온 손님들에게 좋은 구경거리가 되었다. 장독대 옆에서는 장작불에 올려놓은 가마솥에서 밥이 지어지고, 설렁탕 국물이 끓고 있었다. 그 옆에는 미소를 머금은 돼지머리가 익어가고 있었다. 이러한 뒷마당의 풍경은 '가장 촌스러운 것이 가장 지구적인 것'임을 느끼게 해주었다.

"전통혼례는 아무나 하는 게 아니다. 뭘 좀 아는 사람이 하는 거지."

어머니의 말씀이 백 번 옳았다. '뭘 좀 아는 사람'이 나인 줄로만 알았는데, 주인공은 어머니였다. 전통혼례는 우리가 결정했지만, 준비는 그즈음 한국 전통문화에 심취해 계셨던 어머니의 영향과 역할이 컸다. 하객들에게 간단한 한국 전통 차와 한과를 대접했는데, 어머니가 활동하시는 전통차연구회 동료들이 준비해주신 것이었다. 그리고 어디에선가 은은하게 국악이 흘러나오며 결혼식의 흥을 돋웠다. 한국적인 것은 여기까지. 이후 이모들이 아리따운 숙녀로 자란 조카의 첼로 반주에 맞추어서 결혼 축가로 찬송가를 불러주었다.

"우아, 멋있다!"

한국 하객들의 눈이 쏠린 곳은 연지곤지를 찍은 아내가 아니었다. 기모노를 깔끔하게 차려입고 식장에 등장하신 장모님을 향한 것이었다. 한국식 전통혼례로 치러지는 결혼식에 어떤 옷을 입고 참석하면 좋을지 걱정하시는 장모님께, 나는 기모노를 입으시면 어떻겠냐는 제안을 했었다. 장모님은 하객들의 시선을 받아가며 우리의 결혼을 축하하는 덕담을 해주셨다.

결혼식에 참석한 일본인 하객들이 즐겁게 시간을 보내는 것을 보면서 내심 부러운 마음이 들었다. 나의 지인들과 친지들도 일본에 초청해 일본식 결혼식을 감상할 수 있는 기회를 주지 못한 것이 아쉬웠기 때문이다. 사실 상황이 여의치 않아 전통혼례를 '이용'하려 한 것이었는데, 결과는 말 그대로 대박이었다. '결혼식이라는 것은 서로 모여서 재미있게 시간을 보내는 것만으로도 충분하구나' 하는 생각이 들었다. 어떤 부부는 금슬이 좋아서 결혼식을 한 번 더 올린다고 하는데, 우리 부부가 한 번 더 결혼식을 올린다면, 그때는 일본의 전통혼례로 해야겠다. 그런데 아내도 그걸 원할까?

_ 정혜실

신부에서
며느리로

　남편의 집은 라호르 공항에서도 차로 한 시간 반가량을 달려야 도착하는 곳이다. 시골도 아니고 도시도 아닌 작은 마을 엠미나바드는 그야말로 사람 사는 동네답다. 한국으로 치면 '읍내' 정도랄까. 하지만 구지란왈라와 라호르 사이에 있기 때문에 도시 수준의 생활이 가능하다. 이곳에 가는 방법은 여름에 가느냐 겨울에 가느냐에 따라, 하루 만에 가느냐 하루를 넘기고 가느냐에 따라 달라진다. 경유지는 보통 방콕이나 싱가포르이다.

　내가 결혼을 위해 가족들의 걱정은 아랑곳하지 않고 김포공항에서 비행기에 올랐던 당시, 이 여행은 나의 첫 해외여행이었다. 겨우 생존만이 가능한 수준의 영어를 구사했던 내가 두려움보다는 기대로 부푼 가슴을 안고 떠난 시댁으로 가는 긴 여정이었다. 남편은 일이 있어 일주일 뒤에나 출발할 예정이라며 내 손에 비행기 티켓을 쥐어주면서 시어머니께서 카라치 공항에 나와 계실 거라고 했다. 왜 라호르 공항이 아닌 카라치 공항으로 갔는지는 이제 기억나지 않는다.

　"어머님께서 나를 싫어하시면 어떡하지? 응?"

　낯선 곳에서 처음 뵙는 시어머니에 대한 걱정으로 남편에게 칭얼댈 때마다 남편의 대답은 한결같았다.

"걱정 마, 우리 엄마는 내가 사랑하는 여자를 사랑해주실 거야!"

한국에서 자란 내게 시어머니란 따뜻함이나 배려와는 거리가 먼 존재였다. 아들 사랑이 끔찍해서 며느리를 쥐 잡듯이 구박하거나, 시댁의 가풍을 뼈저리게 익힐 때까지 엄하게 가르치거나, 아들에 대한 애정을 놓고 며느리와 줄다리기를 하는 시어머니. 드라마를 통해 익힌 내 상상 속의 시어머니는 그런 모습이었다. 일찍이 나 역시 엄마의 시집살이를 보며 자랐다. 엄마는 딸을 다섯이나 낳고도 여전히 아들을 못 낳는다는 죄책감에 시달렸고, 드디어 여섯 번째로 아들을 낳고야 당당해질 수 있었다. 그러니 나는 다른 무엇보다도 시어머니와의 관계가 가장 걱정스러웠다.

그러나 내가 카라치 공항에 내렸을 때, 나의 얼토당토않은 두려움은 연기처럼 사라졌고, 시어머니께서 보여주셨던 따뜻한 환대와 사랑이 듬뿍 어린 마중은 지금도 잊을 수 없는 장면으로 기억된다.

시어머니께서도 며느리인 나를 맞이하기 위해 장거리 여행을 하셔야 했다. 시어머니께선 나와의 의사소통을 위해 그나마 영어가 가능한 조카들과 시누이까지 대동하고 마중을 나오셨다. 싱가포르에서 하룻밤을 묵고 꼬박 1박 2일을 걸려 도착한 카라치 공항에는 시어머니께서 영어로 'Welcome Jung Hyesil'이라고 적힌 팻말과 함께 꽃을 들고 기다리고 계셨다. 이리저리 두리번거리다 내 이름이 적힌 팻말을 발견한 나는 살짝 수줍어하면서 시어머니께 다가갔다. 시어머니께서는 나를 그야말로 '와락' 안아주시면서 알아듣지 못하는 파키스탄 말을 내 귀에 속삭이시며 양 볼에 키스를 해주셨다. 옆에 서 있던 가족들도 모두 다가와서 짧은 영어로 환영한다고 말하며 반갑게 나를 맞아주었다. 먼 길을 달려온 나는 피곤함도 잊은 채 그들의 환영에 감사했다. 그리고 의사소통의 문제를 의식할 새조차 없이, 그들이 이끄는 대로 라호르로 가기 전에 하룻밤을 묵을 남편의 사촌 집으로 향했다. 나는 다시 환영과 호기심의 대상이 되었다.

잠시 시간이 나서 카라치 시내를 돌아다니게 되었을 때, 사람들은 "Are you chinese?" 아니면 "Are you Japanese?"를 연신 물어댔다. 내가 결혼한 1994년 당시만 해도 그들은 한국을 잘 몰랐다. 한국이 중국이나 일본보다도 알려지지 않은 나라라는 사실이 내게는 받아들이기 어려운 충격이었다. 그래서 나는 그들이 물을 때마다 "No, I'm Korean"을 당당히 외쳤다. 첫 시댁 방문의 긴장감은 잠시 잊을 정도로 내 안에서 애국심이 솟구쳤던 기억이 난다.

잘 알지도 못하는 한국 땅에서 온 여자를 며느리로 맞는 것인데도 시어머니께서는 아들의 여자란 이유로 최선을 다해 나를 환영해주셨고, 예뻐해주셨다. 친정어머니에게도 받아보지 못한 그야말로 공주 같은 대접이었다. 안아주거나 볼에 키스를 해주거나 아픈 배를 문질러주시는 등 애정 어린 스킨십은 물론이고, 아무것도 시키지 않으셨다. 한국 문화에 익숙한 나로서는 이상할 뿐이었다. 도대체 시어머니는 나를 어떻게 알고 이리도 귀하게 대해주시는 걸까? 도대체 내 남자는 자기 어머니에게 뭐라고 말한 걸까? 이렇게 사랑 받아도 되나 싶을 정도였다.

시댁에 도착하자 시어머니께서는 내게 입힐 파키스탄 여성들이 입는 옷인 살와르 카미즈와 두바따*를 주문하시고, 금반지를 나의 손가락에 끼워주셨다. 머무는 내내 먹을 것이 마땅치 않을까 늘 노심초사하셨다. 주문한 옷을 입고 내가 가족들 앞에 섰을 때, 모두들 환호하며 예쁘다고 칭찬일색이었다. 착각도 중증이라 나는 내가 정말 예쁜 줄 알고 참 좋아했는데, 결혼식 동영상을 본 내 동생들은 파키스탄 여자들 사이에 있는 내가 제일 못났다고 놀려댔다. 그도 그럴 것이 시누이들은 당시 20대 초반으로, 인도 영화배우 뺨치게 아리따운 모습을 하고 있었다. 유부녀들이었음에도 말이다. 지금이야 시누이들이나 나나 몸무게가 어마어마하게 늘어났지만.

나는 온 동네의 화젯거리였다. 파키스탄의 집들은 서로 다닥다닥 붙어 있어서, 집 옥상에 올라가면 이웃집 옥상으로 건너갈 수도 있었다. 옥상에서는 마을이 훤히 내려다보였다. 그리고 이 옥상이 바로 소문의 진원지이자 아낙들이 수다를 떠는 장소였고, 빨래터이기도 했다. 옥상에는 세탁기가 있었고, 집안일을 해주는 도우미 여성은 그곳에서 빨래를 했다. 소문으로만 듣던 한국 여자의 출현에 옥상의 모든 여인이 반가워했고, 나를 불러 수다에 끼워주었다. 나는 그 옥상에서 동네 여자들과 무슨 소리인지도 모르는 펀자브(Punjab)어 홍수 속에서 수다 삼매경에 빠지곤 했다. 그런 수다가 있었기에 남의 정원에서 자라고 있는 앙그루(포도)를 언제든 먹어도 좋다는 허락도 받을 수 있었다. 그리고 나는 정말 마음껏 포도를 따다 먹었다.

그렇게 즐거운 파키스탄 생활을 하던 어느 날, 남편이 도착했다. 원래 일정보다 며칠이나 앞당겨 온 것이었다. 새벽 3시에 도착한 그는 대문을 쿵쿵 두드리며 온 식구를 깨웠다. 그는 내가 보고 싶어서 기다릴 수 없었다는 닭살 멘트를 날렸고, 갑작스러운 그의 당도에 다들 반가움을 금치 못했다. 그의 도착과 함께 우리의 결혼식은 빠른 속도로 진행되었다.

웨딩홀을 빌리고 예물을 맞추는 결혼식 준비는 남편이 모두 감당했다. 파키스탄 여자는 3일에 걸쳐 올리는 결혼식에 들어가는 엄청난 비용과 예물, 혼수품을 부담한다. 그런데 나는 단 하나도 거들지 않았다. 시어머니께서 이 모든 것을 포기하고 어떻게 나를 받아들이셨을까? 친정 식구의 부재가 아쉽다는 생각도 없이 결혼식을 올렸다. 이맘의 선포와 "아멘, 아멘" 소리를 들으며 그렇게 결혼을 했다.

결혼식이 끝날 즈음, 하객들의 축하 인사를 받으며 축의금이 나의 핸드백에 차곡차곡 쌓이던 그때였다. 시어머니께서 아들을 안으시더니 울기 시작하셨다. 아, 이런 황당함이란. '아들을 뺏긴 기분이셨나? 왜 우시는 걸까?' 하며 나는 적지 않은 문화 충격을 받았다. 한국 결혼식에서 신부가 우는 장면만 봐왔던 터라 시어머니의 울음이 이해가 되지 않았다. 아마 파키스탄에서 장남이란 가족의 기둥 같은 존재이고, 남편보다 더 의지하는 존재라는 점에서 시어머니의 눈물의 이유를 미루어 짐작할 따름이다.

시어머니에게 장남은 자신의 삶의 중심이자 근간이었을 터였다. 그런 아들을 '뺏어간' 낯선 동양 여자인 내게 시어머니는 지금까지 살아오면서 단 한 번도 싫은 소리를 하신 적이 없다. 심지어 내가 이혼을 하고 싶어 한다고 남편이 집에 전화를 걸어 목메는 소리를 해댈 때조차도, "네가 무슨 큰 잘못을 했구나!"라시며 "너 이혼하면, 난 너 안 보고 마리엠(나의 파키스탄식 이름)만 보고 살련다!"라고 하실 정도다.

남편의 가족과 친지에게 받은 넘치는 사랑은 우리의 결혼을 지속시켜준 중요한 이유 중의 하나이다. 시댁 친지들이 내게 나누어준 잊을 수 없는 애정과 추억이 있었기에, 결혼생활에 닥친 여러 어려움도 이겨낼 수 있었으니 말이다.

달콤한 신혼여행은 빨리도 지나갔다. 파키스탄의 휴양지 마리에서 신혼여행을 마치고 우리 부부는 한국으로 돌아갈 채비를 했다. 남편이 구상해왔던 사업도 하나씩 실현해나가야 했기 때문이다. 이제 헤어지면 시댁 식구와는 아주 오랫동안 볼 수 없을 것이라는 생각에 나는 공항에서 펑펑 눈물을 쏟았다.

하지만 그것은 나만의 착각이었다. 한국에 돌아와서 몇 푼 되지 않는 돈으로 사업을 하기 위해 이것저것 알아보며 친정에서 살다 가까스로 독립해서 월세방을 전전하던 그 시절부터 시어머니와 시동생, 심지어 시고모부까지, 시댁 식구들은 우리 집을 꽤나 자주 찾아왔다. 딸을 낳고 얼마 되지 않았을 때, 갑작스럽게 방문하신 시어머니께서는 단칸방에서도 석 달을 계셨다. 남편과 나 사이에 누워 계신 시어머니 곁에서 딸에게 젖을 물리면서 나는 도무지 이해가 되지 않았다. '어떻게 이럴 수가 있지?' 그런데 더 놀라운 것은 이런 상황이 매년 여름마다 반복되었다는 것이다. 매년 여름이 되면 시어머니께서는 어김없이 우리 집을 방문하셨고, 비자 체류 기간을 꼭 채운 3개월을 남편과 나 사이에서 보내셨다. 대동하고 오는 가족의 규모도 점차 늘어났고, 그분들을 대접하느라 내 신용카드는 불이 나기 일쑤였다.

어느 날, 나는 남편의 가족들 사이에서 섬처럼 둥둥 떠 있는 자신을 발견했다. 나는 혹독한 외로움에 시달려야만 했다. 오밤중에 노래방으로 도망쳐, 한 시간을 넘게 혼자 울면서 노래를 부르기도 했다. 파키스탄 말로 자기들끼리 이야기하고, 남편이 귀가하면 물을 대령하고, 식사를 준비하는 것 역시 시댁 식구 중 누군가가 챙겼다. 출근하는 오빠를 위해 시누이는 오빠의 옷을 다려놓았다. 시어머니께서는 밥 먹는 아들 앞을 지키며 아들과 대화를 나눴고, 부엌 싱크대는 시어머니 스타일의 그릇이 전진 배치되었다. 식재료는 향신료들로 그득 채워지면서 한국 음식을 먹을 기회는 점점 사라졌다. 몸은 편한데 왠지 마음이 편하지 않았고, 마치 나의 영토를 강탈당한 기분을 느끼면서 뭔지 모를 박탈감이 나를 짓눌렀다. 나의 존재 자체가 위협당하는 느낌을 받았다. 모두가 친절하고 상냥하고 따뜻한 사람들인데 말이다. 나를 대신해 밥을 하고, 청소를 하고, 모든 집안일을 나서서 챙겨주는 데 말이다.

시어머니와 시댁 식구가 3개월을 머물다 가면, 난 집이 싫어졌다. 그 시간은 부부관계와 양육에 지대한 영향을 끼쳤고, 나는 불안정하고 정리되지 않은 기분에 휩싸였다. 시댁이 멀리 떨어져 있다고 매년 여름마다 시집살이 아닌 시집살이를 하는 것을 당연하게 여길 수는 없다는 생각이 들었다. 남편과의 담판이 필요했다. 단순히 시댁과의 관계 정리가 아니라, 남편과 나 사이의 관계 재정리도 필요한 시점이었다. 난 남편의 아내이기 이전에 독립된 인격체이길 원했다. 남편의 파트너가 아니라 내 인생의 주체라는 점을 명확히 하고 싶었다. 내가 선택한 것은 공부였다. 남편에게 이혼을 무기 삼아 대학원 진학을 동의 받았고, 시댁 식구들의 한국 방문을 5년간 유예시키기로 합의했다.

난 그때의 경험으로 한국에 사는 이주여성들을 이해하게 되었다. 시댁과의 관계가 아무리 좋아도, 그들이 나를 아무리 살갑게 대해도, 내가 그 안에서 자유로운 독립성을 향유하지 못할 때, 얼마나 끔찍한 외로움과 고립감이 나를 짓누르는지 깨달았던 것이다.

어떤 결혼을 원하세요?

다음 세 가지 결혼 방식 가운데 가장 마음에 드는 것을 한 가지만 고른다면?

보기 1 모든 게 준비되어 있어서 몸만 가면 되는 결혼

보기 2 모든 게 준비되어 있지 않는 것에 대한 비난을 감수하며 강행하는 결혼

보기 3 모든 게 준비되어 있지 않지만 몸만 가도 되는 결혼

보기 1은 소위 킹카 혹은 퀸카나 가능한 고품격 옵션이다. 가끔 연예인 인터뷰 기사에서나 볼 수 있는 정도? "저 집 있어요. 통장도 많아요. 저랑 결혼하실 분은 정말 몸만 오시면 돼요. 호호호."

보기 2는 아마 우리네 선남선녀 대부분이 경험하는 '레알' 결혼 상황일 것이다. 2013년 한국소비자원은 한국인 남녀의 1인당 결혼 평균 비용이 5,198만 원이라고 밝힌 바 있다. 물론 주택 마련 비용은 제외된 액수다. 이 비용을 마련하기 위해 결혼 적령기를 훌쩍 넘기고 싶지 않다면 '쥐뿔도 없으면서' 결혼을 감행할 수밖에 없다.

거우 한 시간 정도의 결혼식 행사를 성공적으로 치르기 위해 지불해야 하는

것은 돈만이 아니다. 예물과 예단으로 압축되는 원가족, 즉 시월드와 처월드에 대한 예우의 문제가 잘못 얽히면 일은 걷잡을 수 없이 커질 수 있다. 오죽하면 결혼식 준비하다 깨지는 커플이 한둘이 아니라는 애달픈 이야기까지 나오겠는가.

아마 대부분의 사람이 이렇게 생각할 것이다.

'아, 1번이 좋긴 좋은데, 아무나 할 수 있는 게 아니잖아. 결국 2번밖에 없는데, 결혼 비용 분담부터 예물이랑 예단 조정까지. 얼마나 스트레스를 받을지 상상도 하기 싫다. 결혼식 생략하고 그냥 사랑하는 사람과 같이 살 수 있는 방법은 없나?'

한번이라도 이런 생각을 해봤다면, 우리 지구인 커플들의 결혼식에 주목해야 한다. 그들은 모든 게 준비된 사람들이 아니었다. 고품격 옵션을 자유롭게 제시할 수 있는 연예인도 아니었고, 오히려 연예인을 보고 싶어 하는 사람들이었다. 그런데 그들은 보기 3번의 주인공이 될 수 있었다. 준비된 게 별로 없었지만, 비난도 없었다. '시험'이 있었지만 통과했고, 결혼에 성공했다.

그들은 몸만 가도 되는 결혼의 새로운 선례를 만든 셈이다. 모든 게 준비되어 있지 않지만 몸만 가도 되는 결혼이라니! 이렇다 할 준비도 없이 몸만 갔을 뿐인데, 비난을 받는 대신 온갖 사랑과 관심을 독차지하는 호사를 누릴 수도 있는 결혼! 그야말로 이상적이고 꿈같은 결혼 옵션이 아닌가? 도대체 그 비법은 무엇이란 말인가?

우선 나와 다른 문화를 가진 사람을 사랑하면 된다. 좀 더 구체적으로 말하면, 다른 결혼 문화를 가진 사람. 그리고 결혼을 위해 그/그녀의 나라로 훨훨 날아가면 상황은 종료된다. 말 그대로 몸만 가면 된다. 우리의 주인공 된장녀가 인도 첸나이로 날아가고, 정 여사가 듣도 보도 못했던 파키스탄 라호르로 날아갔듯이 여행 가방 하나만 싸 들고 날아가면 그만이다.

그다음에는 '그들'에게 모든 것을 맡기면 된다. 그들의 손에 의해 당신이 신부 혹은 신랑으로 변신했을 때, 사람들은 환호하고 감탄할 것이다. 한복을 차려입은 금발의 백인 남성, 첸나이 신부로 변신한 대한민국의 된장녀에게 쏟아진 애정을 보라. 당신은 그 자리에 있는 것만으로도 세상에서 가장 아름다운 신부, 멋진 신랑이 되어 사람들의 찬사를 받을 수 있을 것이다.

마지막 단계는 즐기는 것이다, 마치 남의 잔치에 온 사람처럼. 하객 중에 나보다 예쁜 사람은 없는지 두리번거리고, 양가 부모 사이에 결혼식 비용 지불 문제로 언쟁이 벌어지는 것은 아닐까 염려할 필요가 없다. 하객들 대부분은 나와 다른 외모를 가진 사람들일 테고, 미의 기준 자체가 완전히 다를 테니 말이다. 게다가 양가 부모는 말도 통하지 않는다. 언쟁은 무슨.

이 세 가지만 충족된다면 당신도 완벽한 결혼식의 주인공이 될 수 있다. 물론 눈치가 빠른 분이라면 이미 알아차렸겠지만, 이 비법을 실전에서 활용하기 위해서는 몇 가지 구체적인 능력이 꼭 동반되어야만 한다.

잠깐 동안이지만 당신의 바뀐 모습을 참아낼 수 있어야 한다. 사실 헤어스타일만 조금 바뀌어도 우리는 우리 자신이 어색해진다. 그런 점에서 결혼식이라는 일생일대의 거사를 치르는 공간에서 "끄악!" 소리가 날 정도로 낯선 옷을 입고, 생경한 절차를 따른다는 것은 결코 작지 않은 인내력을 필요로 하는 일일 것이다.

인내력과 함께 필요한 것은 신뢰다. 그들에게 모든 것을 맡기고, 그들이 알아서 잘해줄 것이라는 믿음. 그런 점에서 첸나이의 결혼식장에서 된장녀가 판다 같은 눈 화장과 난생처음 해보는 헤어에도 불구하고, "눈 화장은 다시 이렇게 해주고, 헤어는 이게 뭐예요? 바꿔주세요" 하며 한국의 미용실에서 하던 대로 하지 않았다는 점, 그저 모든 것을 수용했다는 점은 보기 3번을 원하는 모든 이가 두고두고 가슴에 새겨두어야 할 소중한 교훈이다.

마지막으로 필요한 것은 선행학습이다. 선행학습이라고 해서 월반이나 조기

졸업을 염두에 둔 거창한 '열공' 모드를 떠올릴 필요는 전혀 없다. 된장녀와 카레 씨, 옥과 로버트가 상견례에 앞서 예비 시월드, 처월드의 부모들이 무엇을 궁금해할까, 어떻게 대답하면 오케이 판정을 받을 수 있을까를 궁리하며 예상 질문지를 만들기 위해 끙끙거렸던 정도의 시간과 노력이면 충분하니 말이다. 선행 학습이 있었기에 우리 주인공들은 아무도 상견례 자리 혹은 결혼식장에서 "나더는 못하겠어" 하고 뛰쳐나가지 않았던 것이다. 신랑이 "나 산으로 가서 공부나 더 할래"라고 외쳐도 의연하게 자리를 지킬 수 있었던 것이다.

자신의 바뀐 모습에 대한 인내력, 나와 다른 문화를 가진 사람들에 대한 신뢰, 그들의 문화에 대한 짧은 공부. 이것만 있다면 당신도 이상적인 결혼 옵션인 보기 3번의 주인공이 될 수 있다. 굳이 마다할 일이 없지 않은가?

물론 전제 조건이 있다. 당신과 다른 문화를 가진 사람을 사랑하는 일이 그 첫째요, 한국 사회에 만연해 있는 작금의 결혼 문화에 대해 살짝 비판 의식을 갖는 것이 둘째다. 다른 문화가 굳이 인종이나 출신국의 차이로 수렴될 수 없다는 점에서, 당신의 선택지가 굳이 외국인으로 제한될 필요는 없다. 하나 마나 한 이야기이지만 그 역도 마찬가지이다. 당신의 선택지에서 굳이 외국인이 제외될 이유 또한 없는 것이다.

그런데 현실은 좀 다르다. 이중적이다.

"어떤 결혼을 원하세요?"

"당연히 이것저것 조건 따지지 않고, 사람만 보는 결혼을 하고 싶죠. 세상이 요구하는 조건 따위 준비되어 있지 않아도 몸만 가면 되는 결혼이요."

"그럼 국제결혼은 어때요?"

"외국인은 좀 그렇죠. 외국인이 아니라 다문화 가정 출신이라도 거북할 것 같아요. 한국인 대부분이 그렇지 않나요?"

이게 우리의 현실이다. 전 국토가 '다문화'화되어 가고, 전 국민이 '다문화주의자'가 되어가도 여전하다. 한국 사회의 선남선녀들에게 사랑하는 사람과의 결혼이 일생일대의 축제가 아니라 일생일대의 스트레스가 되는 상황이 좀 더 길어지면, 대답이 조금 달라질 수 있을까?

_ 오경석

04

가족 되기

다르니까 가능하다. '아, 당신은 나와 다른 사람이었지'라고 서로의 다름을 인정하면 우리는 더욱 관대해질 수 있다. 일방적인 허세나 비굴한 겸손의 강박에서 자유로워질 수 있다. 이런 점에서 국제결혼 커플이나 국내결혼 커플의 차이점은 있을 수 없다. 국제결혼 여부는 우리 사이에 있을 수 있는 수만 가지의 다름 가운데 한 가지일 뿐이다. 이 책의 주인공들과 우리 사이에 차이가 있다면, 그것은 국제결혼 커플이냐 아니냐의 차이가 아니다. 당신과 나, 우리 사이의 다름을 인정하느냐 인정하지 않느냐의 차이일 뿐.

_ 이정민

바꾸지 않아도
괜찮아

한국보다 훨씬 보수적인 남인도 시댁. 처음 시부모님과 식사를 하면서 목격한 장면은 문화 충격 자체였다. 난 아직까지도 시어머니께서 식사를 하시는 모습을 본 적이 없다. 식사 시간이 되면 시어머니께서는 음식을 식탁으로 나르시고, 식탁에 차린 음식을 시아버지와 남편 곁에 서서 개인 접시에 계속 담아주시고, 식사가 끝난 후 바로 설거지를 하신다.

이런 환경에서 자란 남편은 혼자 살 때는 매끼 밥을 사 먹었고, 설거지도 제대로 해본 경험이 없었다. 우리 부부의 가사분담 전쟁은 그렇게 시작되었다.

나는 전형적인 대가족에서 자란 하드코어 전통 한국 여자이다. 친정어머니께서는 결혼생활 내내 시어머니(나의 친할머니)를 모셨고, 시동생 뒷바라지까지 도맡아 하셨다. 제사만 1년에 열 번 이상. 또한 어머니는 여전히 할머니와 함께 고추장, 된장 등 모든 장류는 집에서 직접 담그신다. 가족들 시간대에 맞춰 하루에 밥상을 최소한 다섯 번은 차려내시는 한국의 전형적인 며느리이자 어머니인 것이다.

그런 가정에서 30년을 살아온 나는 어머니의 헌신적이고 희생적인 모습이 존경스러우면서도, 다른 한편 남자는 부엌에 들어오면 안 되고, 여자가 집안일을 도맡는 것은 당연하다는 할머니의 철학에는 분노를 키워왔다. 나는 절대로 어머니와 같은 삶은 살지 않겠다며 이를 갈아왔던 것이다.

그랬던 내가 결혼식 직후 시부모님과 약 3주를 함께 지내는 동안 겪었던 충격이란 이루 말할 수 없었다. 시어머니께서는 일어나시자마자 부엌에서 땀을 뻘뻘 흘리시며 식사를 준비하셨고, 식사 시간에는 식탁 옆에 서 계신 채로 시아버님과 우리에게 음식을 날라주느라 분주하셨다. 그리고 식사가 끝난 후에는 곧장 설거지를 하셨다. 사실 친정 제사 때에 남자들이 먼저 식사를 한 후에 여자들만 따로 식사를 하는 모습을 익히 봐왔기에, 남녀 상을 따로 차리는 것이라면 이해를 할 수도 있었다. 그런데 아예 식사를 하시지 않고 바로 설거지를 하시는 모습은 정말 경악스러웠다.

"어머님, 왜 안 드세요?"

식사를 시작할 때부터 설거지하실 때까지 여쭤봤지만, 신경 쓰지 말라고만 하실 뿐이었다. 슬며시 남편에게 도대체 어찌된 영문인지 물어보았다.

"엄마 원래 안 드셔. 나도 엄마가 집에서 식사하시는 거 본 적 없어. 근데 몰래몰래 드셔. 나도 그게 언제인지는 모르겠는데, 드시는 건 확실해. 그니까 너도 신경 쓰지 마."

호랑이 담배 피우던 시절의 케케묵은 전통으로밖에 보이지 않아 여성 인권 침해라는 생각마저 들 정도였다. 시어머니께서 날라다 주시는 음식을 받기만 하자니 며느리로서는 내내 불편하고 소화도 안 될 지경이었다. 그런데 시아버님과 남편, 아니 시아버님은 이해할 수 있지만 카레 씨까지 이 상황을 너무나 당연하게 여긴다는 것이 충격이었다.

3주 후 시부모님께서 인도로 떠나신 후, 나는 이 사태를 어떻게 풀어나가야 할지 고민을 거듭하다가 남편에게 설거지를 부탁해보았다. 내가 워낙 요리에 관심이 많고 좋아하는 편이라, 식사 준비를 내가 하는 건 별로 상관이 없었다. 하지만 모든 집안일을 여자인 내가 평생 혼자 담당해야 하는 친정 어머니의 악몽을 물려받을 수는 없었다. 남편은 예상외로 "오케이!"라며 부엌으로 향했는데, 아니다 다를까, 세제를 접시 하나하나에 마구 뿌리더니 수세미로 살살 문지르는 것이 아닌가!

이대로는 안 될 것 같았다. 하루는 아프다고 거짓말을 하고 밥을 해달라고 했더니, 남편은 라면을 끓여주겠다고 나섰다. '라면은 끓일 줄 아나보네. 다행이다. 굶어 죽진 않겠어'라며 안도의 한숨을 쉬었다. 그런데 10분, 20분이 지나도 감감무소식이었다. 혼자 먹고 있는 게 아닌가 싶어 부엌에 가보니, 아주 심각하게 끓고 있는 라면 냄비를 뚫어져라 응시하고 있었다. 아무리 기다려도 달걀이 안 익는다는 것이다. 냄비 안을 들여다보니, 달걀은 생으로 둥둥 떠다니고 면발은 아직도 딱딱했다. 이 남자, 가스 불을 제일 약한 불로 켜놓고 '세월아~ 네월아~' 기다리고 있었던 것이다.

취업을 한 후부터 부모님과 떨어져 자취를 했다기에 어지간한 집안일은 다 할 줄 알았는데, 밥을 떠먹여 줘야 할 최악의 상황이 닥친 것이다. 신혼 초반에는 이건 도저히 납득할 수 없다며 얼러도 보고 화도 내보고 강요도 해보았다. 그리고 얼마 지나지 않아 남편은 도저히 집안일을 할 사람이 아니라는 것을 깨달았다. 남편의 한마디에 난 녹다운 될 수밖에 없었다.

"나는 그런 거 하기 싫어. 너도 하기 싫으면 안 하면 되는 거야."

나와 다른 환경에서 자란 사람을 만나 한 가정을 이루고 산다는 것이 쉬운 일은 아니다. 하다못해 같은 환경에서 자란 친형제자매와도 다투고 갈등을 빚는데, 30년 이상을 각자 살아온 사람과 갑자기 한 공간에서 살아야 하니 마냥 좋기만 하다면 거짓말일 것이다.

나의 실수는 남편의 생활 방식에 내 잣대를 들이대면서, 남편의 행동은 '틀린' 것이고, 바로잡아야 할 문제라고 우긴 것이다. 결혼 후 1~2년이 지나서야 남편의 행동은 '잘못된 것'이 아니라 나와 '다른 것'임을 깨달았다. 난 다른 점은 바꾸는 대신 인정하고 받아들여야 한다는 것을 배웠다. 남편은 집안일을 전혀 안 해왔던 사람이고 싫어하는 사람이며, 나에게도 강요하지 않는 정말 '쿨'한 사람이다. 내가 밥을 하기 싫다고 하면 일주일 내내 라면만 먹을 수 있는 사람이다. 그런데도 나는 집안일은 반드시 분담해야 한다고 생각해 남편이 싫어하는 일을 시키며 이런저런 갈등을 빚어왔던 것이다.

지금은 집안일을 싫어하는 남편을 있는 그대로 받아들이고 있다. 요리도, 인테리어도 내가 좋아서 먼저 나선다. 그러다보니 집안 정리는 내 차지이다. 대신 남편은 월세나 수도세, 전기세, 인터넷 사용료, 텔레비전 수신료, 공과금 등 내가 머리 아파하는 집안 재정 관리를 죄다 맡고 있다. 우리는 조금씩 서로 있는 그대로의 모습을 받아들이며 존중하는 방법을 배워가고 있다.

우리는 여러모로 닮은 점이 참 많다. 다분한 푼수 기질, 삶은 유쾌하다는 가치관, 지나친 낙천주의까지 똑 닮았다. 하지만 정말 비슷한 점은 둘 다 독립적인 생활을 오래 해왔고, 싱글 라이프에 익숙해져 있다는 점이었다. 연애를 할 때는 몰랐던 이 공통분모(?)가 결혼을 하면서 가장 큰 벽으로 다가왔다. 가장 힘든 부분은 감정을 다스리는 것이다. 남편이 개입되지 않은 다른 일로 감정이 예민해지거나 우울해졌을 때, 그 감정을 공유할 수는 있지만 오롯이 유지할 수는 없다. 결혼하기 전 혼자일 때는 화가 나면 화를 내고, 즐거우면 웃고, 우울하면 잠수를 타는 등 내 감정의 결을 따라 살면 그만이었다. 그러나 이제 더는 내 감정만 내세울 수 없는 상황이 된 것이다.

화가 났어도 출근하는 남편 앞에선 웃어줘야 하고, 우울하다고 해도 어디 숨을 곳이 없어졌다. 여전히 노력 중이지만, 초반에는 나의 감정을 내 마음대로 표현할 수 없다는 것이 참 어려운 일이었다.

국제결혼이라서 특별히 힘든 것보다는 서로 다른 두 사람이 다른 점을 이해하고 서로의 삶을 조합시키는 과정이 어려운 것 같다. 그러기 위해서는 자신을 먼저 이해하고, 부족한 점을 인정할 수 있어야 하는데, 남편과 부딪힐 때마다 내가 나 자신을 너무 몰랐던 것 같아 더 힘들다.

그러나 이러한 과정이 남편으로 인해 내게 새로이 다가왔다는 사실을 감사히 생각한다. 나만의 세계에 빠져 살 때는 내 눈에 보이는 것만이 존재하는 것이라는 생각으로 오만하게 살아왔지만, 카레 씨는 나의 새로운 거울이 되어주었다. 그래서 나는 지금까지 몰랐던 나의 본모습을 찾아나갈 수 있었다. 굳이 서로를 바꾸려 할 필요는 없다. 누군가를 사랑한다는 것, 사랑하는 사람과 함께 산다는 것만으로 우리는 이미 예전의 우리가 아니니까.

 _ 이정민

고기 먹고 초콜릿으로
냄새 없애는 며느리

우리 부부는 시댁이 있는 인도도 아닌, 친정이 있는 한국도 아닌, 제3의 나라 인도네시아에 살고 있다. 인도네시아에서 한국까지는 일곱 시간 정도가 걸리고, 인도 첸나이까지는 직항이 없어 경유하는 시간을 합하면 평균 일고여덟 시간이 걸린다. 둘 다 가까운 거리는 아니어서 마음을 먹고도 한 번 가는 것이 만만치 않다. 그래도 1년에 최소한 한 번씩은 양가를 방문하고 있다. 그런데 두 집을 방문하는 우리 부부의 모습은 달라도 너무 다르다.

시댁을 방문하는 모습부터 살펴보자. 시댁에 가기 일주일 전부터 나는 시부모님께 드릴 선물을 사기 위해 쇼핑을 하고, 구매한 선물을 정성스럽게 포장한다. 거기에 시부모님께 드릴 손편지를 쓴다. 평상시에도 시부모님의 생신이나 결혼기념일을 꼬박꼬박 챙기곤 한다. 미리 선물을 사서 우편으로 부치고, 꽃이나 케이크를 당일에 받으실 수 있도록 인터넷으로 주문해둔다.

시댁에 도착하면 매일 새벽 5시에 칼같이 일어난다. 샤워를 하고 인도 평상복인 추리다르 쿠르타(Churidar Kurta)*를 입고 미간에 빈디(bindi)**를 붙인 후 시부모님께 아침 인사를 드린다. 그리고 바로 시어머님과 부엌으로 직행한다. 시어머님의 말동무도 해드리고, 요리를 배우겠다며 수첩에 적고

■ 추리다르 쿠르타를 입고 선글라스를 끼고 시아버지와 장을 보러 나온 며느리.

핸드폰으로 사진촬영도 해가며 분주한 시댁 체류를 시작한다. 남편의 고향 언어인 타밀 어도 들리는 대로 따라 하고, 저녁에는 어머님께서 제일 좋아하시는 TV프로그램인 〈슈퍼싱어〉(한국의 〈위대한 탄생〉과 비슷하다)를 함께 보며 순위 매기기에 동참하기도 한다.

가끔은 시아버님과 집 앞에 있는 야채가게 나들이에 나선다. 직접 말하기엔 부끄럽지만, 며느리인 나의 변비 치료를 위한 바나나 구매가 목적이다. 돌아오는 길에 만난 동네 어르신들에게 초대를 받아 두런두런 이야기를 주고받기도 한다. 시아버님께서는 청력이 안 좋으신 탓에 가족들과의 대화에서 항상 소외되시는 편이다. 별다른 취미도 없으셔서 하루 종일 나른한 시간을 보내시곤 하는데, 난 그런 시아버님 말씀에 귀를 기울이려고 노력하고,

부끄러움을 무릅쓰고 소일거리(며느리 변비 탈출 미션)를 만들어드리려 애쓰고 있다. 시부모님께서는 이제 그 어떤 인도 힌두 며느리보다도 내가 더 마음에 든다며 예뻐하신다.

그러나 문제는 3일이 한계라는 점이다. 3일 정도가 지나면 환상이 보인다. "풀떼기는 이제 그만!"이라고 외치고 싶다. 눈앞에 각종 고기들이 화려한 비행을 시작한다. 30년이 넘도록 베지테리언이란 단어도 모른 채 살아온 나로서는 —내가 고기를 좋아하는지도 몰랐는데— 서걱서걱, 물컹물컹 풀 요리만 주야장천 먹다보면, 어느 순간 남편 얼굴이 타오르는 불닭으로 보인다. 그의 눈은 불닭 위에 놓인 달걀로 보이고, 방귀 냄새는 지글지글 잘 구워진 삼겹살 향기로 풍겨온다. 내게 연속 3일 채식은 환장할 일인 것이다.

기력이 빠져 침을 질질 흘리는 아내를 귀신같이 알아채는 친절한 카레 씨는 3일째 즈음에는 저녁식사를 한 후 나를 몰래 데리고 나가 닭 요리를 사주곤 한다. 그때의 그 닭고기 맛이란! 군대 첫 휴가를 나온 병사들이 먹는 자장면 맛이 이런 맛이 아닐까? 정신없이 고기를 흡입하고 집에 돌아오는 길, 고기 냄새에 무척 민감하신 시어머님께 들킬까 무서워 슈퍼마켓에서 초콜릿을 하나 사서 우걱우걱 씹으며 돌아온다. 고기 냄새를 없애는 노하우는 필수이니 말이다.

반면, 카레 씨에게는 처갓집인 나의 친정에 가는 우리의 모습은 인도에 갈 때와는 전혀 딴판이다. 나는 우리 식구의 취향에 따라 하루 만에 선물을 준비하고, 포장과 카드는 생략한다. 카레 씨는 인도에 갈 때처럼 아무런 준비가 없다. 남편은 우리 부모님 생신이나 결혼기념일을 단 한 번도 기억한 적이 없고 —그는 인도 부모님의 생신조차 기억하지 못한다— 그러므로 선물을 따로 보내드린 적도 없다. 우리 부모님께서는 영어를 불편해하시고, 남편은 한국어를 못하므로 전화통화도 1분을 넘기기 힘들다. 명절이나 부모님 생신날에는 난 카레 씨를 붙들고 5분 벼락치기 한국어 강습을 시작한다. 그래도 통화 내용은 초간단 안부와 축하인사뿐이다.

"여뽀쎄요? 엄마아~?"(엄마, 아빠 발음 하나는 기똥차게 잘한다. 신기하게도 타밀 어의 엄마, 아빠가 한국어와 같은 발음이다.)

"응~ 우리 사위~"

"엄마아~ 생쉰 축카함미다아."

"응~ 고마워~"

"엄마아~ 컨캉하쎄요."

"응~ 사위도 건강해~"

"네에. 네에."

(침묵)

친정집에서 나의 통역은 필수이다. 나를 거치지 않고는 부모님과 사위의 관계 자체가 성립되지 않는다. 한국에 가면 꼭 친정집에 머무는데, 카레 씨는 오전 9~10시가 되어서야 일어나서 팬티 바람으로 거실을 왔다 갔다 하고, 화장실도 한 시간 이상 점령한다. 아침인지 점심인지도 모를 시간에 일어나니 식구들과 같이 아침식사도 못하는데, 따로 10첩 반상을 받는다. 처갓집을 제집처럼 생각하니 외출하고 싶을 때 외출하고, 낮잠 자고 싶으면 낮잠 자고, 방귀도 뿡뿡, 트림도 꺽꺽, 하고 싶은 건 다 하는 평온한 처가 생활을 만끽한다.

내가 시댁에 노력하는 것만큼 남편은 친정에 잘하는 것 같지 않아 처음엔 많이 속상했다. 결혼 전 반대가 심했던 양가 부모님이셨기 때문에, 나는 실망시켜드리지 않으려 최선을 다하는데, 카레 씨는 그렇지 않은 듯 보였기 때문이다. 좋은 말로는 편안하게, 한편으로는 너무 무심하게 우리 가족을 대하는 남편에게 화가 났다. 하지만 시간이 지나 곰곰이 생각해보니, 인도 부모님께나 우리 부모님께나 똑같이 대하는 건 남편이었다. 장인·장모도 본인 부모님 대하듯 편하게 대하는 남편에게서 우리 가족을 자신의 가족으로 받아들인 진심이 느껴졌다. 오히려 우리 부모님은 뒷전이고, 인도 시부모님께만 온 신경을 곤두세우는 내가 가식적으로 느껴졌다.

진심은 어떻게든 통하는가보다. 우리 부모님께서도 "우리 사위, 우리 사위" 하시면서 사위가 처가에 올 때마다 카레 씨가 제일 좋아하는 삼계탕과 부대찌개를 도착하는 첫날 꼭 차려주신다. 영어라면 한마디도 못하시던 어머니께서는 매주 문화센터에서 진행하는 영어회화 수업에 다니신 지 1년이 지났다. 지금은 사위와 간단한 대화까지 가능해졌다.

결혼 전엔 삽까지 들고 반대하시던 양가 부모님들은 온데간데없고, 지금은 어디에서나 며느리 자랑, 사위 자랑이시다. 덕분에 주위 분들의 부러움을 한껏 받으신다며, 양가 부모님께서는 모두 우리만 보면 입이 귀에 걸리신다.

 _ 이선옥

문화 차이
사용 설명서

우리 가족은 지금 밴쿠버에 살고 있다. 캐나다가 어찌나 넓고 큰지 같은 캐나다에 산다고 해도 시댁에 가려면 비행기를 타고 무려 다섯 시간을 날아가야 한다. 그러니 잘해야 1년에 한두 번 정도밖에 못 간다. 언젠가 한번 자동차로 달려봤는데, 시댁까지 자그마치 일주일이나 걸렸다. 한 번이라면 모를까 두 번은 운전하기 힘든 거리였다.

한국에 있는 친정집은 비행기로 열 시간 남짓이 걸린다. 친정집도 1년에 한 번꼴로 방문하는 것은 마찬가지이다. 시댁도, 친정도 너무 멀다. 양가가 멀다보니 아무래도 시집살이나 처가살이는 생각할 수도 없고, 고부간 갈등도 생길 틈이 없어 좋기는 하다.

사실 한국에서 익숙한 갈등이 적은 이유는 단순히 서로 멀리 살기 때문만은 아닌 듯하다. 결혼 문화나 가족 관계 문화의 차이가 오히려 서로를 이해할 수밖에 없게 만든다.

나는 시아버지를 미스터(Mr.), 시어머니를 미시즈(Mrs.)라고 부른다. 결혼하고 시댁을 방문했을 때, 시부모님께서는 내가 당신들을 어떻게 부를지 내심 궁금하셨던 듯하다. 사실 나도 어떻게 해야 할지 고민이 되던 차였다.

"선옥, 너는 우리를 뭐라고 부르고 싶어?"

"글쎄요. 캐나다에서는 어떻게 부르나요?"

"캐나다에서는 시부모든 장인 장모든 그냥 이름을 불러. 그런데 우리는 이름으로 부르는 것은 예의 없다고 생각하거든. 그래서 이름으로 부르라고 하고 싶지는 않구나."

"한국에서는 시부모님을 그냥 아버님, 어머님이라고 부르는데요. 그렇게 부를까요?"

내 제안에 시부모님 두 분 다 펄쩍 뛰신다.

"오, 노! 내가 왜 네 어머니야. 나는 너 낳은 적 없는데, 왜 어머니라고 불러? 안 되겠다. 그냥 미스터 프라이, 미시즈 프라이로 부르렴."

다행이다. 한국어로 "아버님, 어머님"으로 호칭하는 것은 이상하지 않은데, 영어로 "Father~ Mother~"라고 부르면 너무 이상하지 않은가! 그런데 나만 호칭을 고민한 것이 아니었다. 로버트도 고민이 많았나보다. 로버트가 아예 한국 문화를 모르면 차라리 나을 텐데, 어설프게 조금은 알고 있으니, 아는 게 병이다.

"선옥, 나는 너의 부모님을 어떻게 불러야 해?"

"그냥 아버님, 어머님이라고 해."

"그건 싫어. 우리 아빠 엄마도 아닌데 어떻게 그렇게 불러."

"그럼, 장인어른, 장모님이라고 해. 그리고 내 남자 형제들은 처남이라고 부르면 되고."

"외우기 어려워. 잊어버릴 거 같아."

"그럼 그냥 아버님, 어머님이라고 해. 당신이 한국인이 아니니까 가족 호칭까지 정확하게 알 거라고 기대도 안 하실 거야. 괜찮아, 모르는 척해."

"싫어, 아는 척할 거야. 그런데 뭐였더라? 장아버지, 장어머니였나?"

문화 차이는 때로 극복해야 할 어려움이었지만, 복잡하고 애매한 시월드-처월드 관계를 간단하게 정리해주는 '조커'이기도 했다. 로버트에게 캐나다에서는 자녀가 결혼할 때 부모님이 도와주는 부분이 있는지 물어보았다.

"로버트, 한국에서는 결혼할 때 남자는 집을 마련하고, 여자는 혼수를 해오는 게 일반적인데, 신랑신부 능력만으로는 다 못하니까 양가 부모님께서 많이 도와주시는 편이거든. 캐나다도 그런가?"

"글쎄, 돈을 아주 많이 버는 부모들은 결혼식 비용을 대주기도 하고, 집 사는 데 보태주기도 하고 그래. 그런데 일반적으로 해줄 거라고 기대는 안 하는 편이야. 부모님이 경제적으로 넉넉해서 해주면 고맙지만, 해줘도 그만, 안 줘도 그만인 거야. 그리고 부모님께 도움 받았다고 하면 다 큰 어른이 자기 앞가림도 못한다고 생각하니까 도움을 받았어도 말을 안 하는 편이지."

"그렇구나. 캐나다 결혼 문화는 아주 많이 '쿨'하네."

한국에서는 부모님의 보탬이 없다면 집 장만은커녕 전세도 구하기 어렵지만, 캐나다에서는 집을 사는 게 아니라면 전세 제도가 없어 신혼집 장만에 목돈이 드는 경우는 드물다. 대부분 월세로 살기 때문에 한국처럼 부모님의 도움이 절실하진 않은 모양이다. 또 캐나다에는 '남자는 집, 여자는 혼수'라는 문화 자체가 없다. 집을 구하고 살림살이를 마련하는 것 모두 두 사람의 몫이었다.

우리의 결혼식은 '일반적인' 결혼식은 아니었다. 우리는 밴쿠버의 아주 작은 카페를 빌려 친구들이 조금씩 해 온 음식을 같이 나누어 먹는 것으로 결혼식을 대신했다. 급하게 치르느라 양가 부모님과 일가친척은 아무도 초대하지 않았다. 아주 작고 조촐한 결혼식이었다.

결혼식을 며칠 앞두고 우리 둘은 이리저리 뛰어다니며 결혼식 준비에 여념이 없었다. 시부모님께서는 결혼식 비용에 보태라며 한국 돈으로 100만 원 정도를 보내주셨다. 캐나다에 온 지 몇 달 되지 않았던 때이고, 내가 아직 일을 할 준비가 되어 있지 않았기 때문에 금전적으로 매우 어려웠던 시기였다. 게다가 로버트에게 들은 이야기가 있어 시댁에서 보태주실 거라는 기대를 전혀 하지 않았는데, 큰돈을 보태주셔서 정말 감사하게 여겼다. 그 무렵 한국에 계신 어머니께서 전화를 하셨다.

"결혼 준비는 잘 되어가? 못 가봐서 미안해. 그런데 시댁에서 살 집은 마련해주셨니?"

"무슨 집이요? 집은 셋방 하나 구했어요."

"응? 거기는 남자가 집을 안 해 와?"

"여기가 한국인가? 캐나다는 그런 결혼 문화 없대요."

"그래? 그래도 결혼하는 건데 로버트네 부모님이 해주시는 거 없어? 결혼 비용을 대주시거나, 살림살이를 사준다거나."

"있어요. 안 그래도 시어머니께서 결혼식에 보태서 쓰라고 돈을 좀 주셨어요."

"어, 그래? 얼마나 주셨어?"

"100만 원 주셨어요. 그걸로 우리 옷이랑 신발이랑 사면서 요긴하게 썼어요."

"그리고?"

"없는데요."

어머니는 한동안 말씀이 없으셨다.

"그래도 그건 너무 약소한 거 같다."

“엄마, 로버트한테 물어봤는데, 캐나다는 한국처럼 ‘남자는 집, 여자는 혼수’ 그런 문화가 아예 없대요.”

“그래도 부모 마음은 다 같을 텐데, 해주시는 거 있지 않을까?”

“로버트 말로는 없대요. 여기 문화가 그렇다니까 그런 거겠죠.”

“음, 그쪽 문화가 그렇다니 아쉽지만 어쩔 수 없네. 알았어. 그런데 우리 쪽에서 한국에서 하듯 예단까지는 아니더라도 뭐라도 좀 보내야 하지 않을까 싶어. 안 그러면 너희 시부모님이 너무 무례하다고 생각하시지 않을까?”

“아니요. 하지 마세요. 아마 왜 보내는지 이해도 못하실 거예요. 받으시면서 이상하다고 생각하실 수도 있어요. 여기는 집안끼리 주고받는 문화가 없는 것 같으니까 아무것도 하지 마세요. 시댁에서도 문화 차이가 있다고 생각하시니까 더욱 아무 기대도 안 하실 거예요.”

“진짜로?”

“네, 진짜로.”

“알았어. 괜찮다니까 그럼 아무것도 안 할게. 그런데 이거 참 편리하고 좋네. 신경 안 써도 되니까 머리도 안 아프고.”

그전까지는 문화 차이가 서로 이해하고 배우며 극복해나가야 하는 것인 줄로만 알았는데, 이렇게 편리하고 좋을 수가 없었다. 결혼 준비에서 가장 골치 아픈 문제인 결혼식과 혼수 문제가 ‘문화 차이’라는 이유 하나로 한 방에 해결된 것이다.

‘문화 차이’는 여기에서만 진가를 발휘한 것은 아니었다. 생활 속에서 그리고 시부모님과의 관계에서도 요긴할 때가 많다.

결혼 후 2~3년 동안 있었던 일이다. 시댁을 방문해 식사를 할 때마다 이상하게 누군가 지켜보는 듯한 묘한 시선을 느끼곤 했다. 그 시선의 진원지는 한동안 알 수 없었는데, 어느 날 식사 자리에서 내 옆에 앉은 로버트가 내 팔을 살짝살짝 치면서 한쪽 눈을 찡긋거리며 007작전을 수행하듯 신호를 주는 것이 아닌가. 나는 낮은 목소리로 남편에게 속삭였다.

"왜 그래? 내가 그렇게 좋아? 왜 눈을 찡긋거려?"

"아니, 아버지를 한번 잘 봐봐. 아버지가 너 포크랑 나이프 쓸 때마다 쳐다보시잖아."

"어? 그래서 어떻게 하라고?"

"포크랑 나이프 제대로 쥐고 쓰라고."

"오케이, 일단 알았어."

아마 시아버님께서는 내가 나이프와 포크를 제대로 사용하는지, 빵에 버터와 잼 등을 순서대로 발라 먹는지 결혼 후부터 쭉 틈틈이 지켜보셨던 모양이다. 결혼 첫해에는 내가 잘 모를 수도 있다고 생각하시고 내버려두셨던 것 같고, 두 번째 해부터는 왜 아직도 제대로 못할까 하고 지켜보셨던 듯하다. 시아버지께서 워낙 말수가 적으시고 조용한 분이신 데다, 내가 기분 나빠할까봐 조심스러워 직접 말씀을 못하고 계셨던 것이다. 식사가 끝난 후 로버트가 내게 말했다.

"아버지가 너 여러 번 쳐다보시더라."

"좀 애매한 시선을 느끼긴 했는데, 그렇게 보고 계신 줄은 몰랐어."

"나는 별로 상관없는데, 어른들은 식사 예절에 대해서 다르게 생각하실 수 있으니까 조금씩 고쳐봐."

왼손에 잡은 포크는 45도로 뉘어 스테이크를 지그시 누르고, 오른손의 나이프로 입에 쏙 들어갈 만큼만 잘라서 먹고, 또 잘라서 먹는 것이 기본 예절이다. 하지만 식사할 때 왼손을 한 번도 써본 적이 없는 나로서는 왼

손을 쓰려니 적잖이 힘들었다. 그래서 포크를 거의 90도로 세우고 스테이크를 찍어서 썰다보니, 쓸데없는 힘이 들어가 나이프도 날아가고 스테이크도 날아가는 일이 비일비재했다. 물론 안 그런 척 다시 접시에 주워 담곤 했지만, 다시 날아가는 스테이크를 잡을 수는 없었다. 어른들 보시기에 얼마나 답답했겠는가! 그러나 포크와 나이프가 익숙하지 않은 나 역시 답답하기는 마찬가지였다.

그런데 기회가 왔다. 내가 저녁식사를 준비하기로 한 날이 온 것이다. '좋아, 오늘 저녁 메뉴는 한국 음식이다.' 준비한 음식은 김밥, 잡채, 해물파전 그리고 김치. 시댁에 젓가락이 있어서 포크와 나이프 대신 젓가락으로 상차림을 마무리한 후, 시아버지와 시어머니 자리에만 포크와 나이프를 더 놓아드렸다. 그러자 시어머니께서는 자존심이 상하셨는지 당신은 젓가락질을 할 수 있으니 포크는 필요 없다고 하신다. 그래서 이번엔 '치워드릴까요?'라는 표정을 지으며 시아버지 쪽을 처다보았다.

"흠흠, 나는 젓가락질 못한다. 그냥 포크랑 나이프 쓸 거야."

그러자 시어머니께서 깔깔거리시며 말씀하셨다.

"선옥, 너희 시아버지가 한국에 갔을 때 젓가락질을 어떻게 하셨는지 아니? 로버트가 한국에 있을 때 우리가 놀러 간 적이 있거든. 그래서 삼겹살이랑 한정식 먹는 곳만 골라서 많이도 다녔어. 그런데 너희 시아버지가 젓가락질을 못하시잖니. 그래서 어떻게 했는지는 당신이 직접 이야기하시구려."

"흠흠, 내가 젓가락질은 못해도 음식은 다 먹었어. 바로 내가 직접 보조장치를 개발했거든. 봐봐, 이렇게 고무 밴드를 젓가락 사이에 감으면 쉽게 젓가락을 움직여서 음식을 집을 수 있어. 그래서 한국 여행할 때는 고무 밴드를 항상 가지고 다녔어, 밥 먹으려고."

시아버지께서는 젓가락 보조 장치를 발견하신 것이 자랑스러우셨나보다. 나는 킬킬거리며 시비를 걸었다.

"한국에 서너 살 아기들에게 젓가락질 연습시키는 연습용 젓가락이 있는데 원리가 비슷하네요. 한국 슈퍼마켓에서 귀여운 토끼나 펭귄이 달린 아기용 젓가락을 살 수 있는데 구해드릴까요? 그러면 틈틈이 집에서 연습도 하실 수 있고 좋을 것 같아요."

그러자 남편부터 시동생, 시누이까지 모두 시아버지를 놀리기 시작했다.

"아버지, 토끼 달린 거로 하나 사달라고 하세요. 아버지 토끼 젓가락으로 식사하시면 정말 귀여우시겠다. 흐흐흐."

"아니, 난 필요 없어. 내가 만든 발명품이 있잖아."

"그것으론 안 되지요. 한국은 젓가락 문화잖아요. 제가 포크랑 나이프는 잘 못 써도, 30년 넘게 젓가락질을 했으니 젓가락질만큼은 달인이거든요. 지금 바닥에 콩 한 자루를 확 풀어놓으시면 30분 만에 젓가락으로 다 주워 담을 수도 있어요. 제 젓가락질 수준이 그 정도랍니다."

"얘, 젓가락질 자랑은 그만하고 밥 먹자."

이 일이 있은 후부터 시아버지께서는 식사 시간에 나를 몰래 쳐다보시지 않았다. 당신께서 젓가락을 자유롭게 사용하는 데 많은 시간이 필요한 것처럼, 내가 포크와 나이프를 자연스럽게 사용하기까지도 어느 정도 시간이 흘러야 함을 아신 것 같다는 생각이 들었다.

이제는 설거지에 대해서 말해보자. 캐나다와 한국은 주로 먹는 음식부터 차이가 크지만, 설거지나 요리에 쓸 야채를 닦는 방식, 과일을 먹는 방식 등 소소하게 다른 부분이 생각보다 많았다. 지금까지도 시댁을 방문하면 저녁 식사는 거의 시어머니께서 준비하시고, 나는 야채를 다듬거나 설거지를 하는 정도만 맡는다.

처음으로 설거지를 돕게 되었을 때의 일이다. 시댁을 방문하기 전에 여러 번 서양식 설거지 방법을 본 적이 있었다. 싱크대 한 칸에는 세제를 풀어 거품 물을 만들고, 다른 한 칸에는 물을 3분의 1쯤 받아 거품 물로 씻은 그릇을 휙 한 번 헹군다. 헹군 그릇을 깨끗한 마른행주로 닦으면 설거지는 끝. 남편 로버트에게는 한국식으로 설거지를 하지 않으면 평생 설거지는커녕 부엌에도 못 들어오게 하겠다고 협박해 한국식 설거지 법으로 전향을 시켜둔 차였다.

그날은 시동생과 함께 설거지를 하면서 한국식 설거지를 시도해보았다. 수세미를 이용해 세제 거품을 내고 그릇을 닦은 후, 흐르는 물에 헹구었더니 내 옆에 서 있던 시동생뿐만 아니라 식탁 정리로 분주하셨던 시어머니, 행주로 식탁을 닦으시던 시아버지, 빈 그릇을 나르던 시누이까지 온 가족이 ‘멘탈 붕괴’ 직전의 표정을 지으며 ‘동작 그만’ 상태가 되었다. 시어머니는 번개같이 내게로 오셔서 설거지를 ‘제대로’ 할 수 있도록 싱크대에 물을 받아주시며 하나하나 가르쳐주셨다. 나는 개인적으로 좀 더 위생적인 설거지 방법이라 생각하는 한국식 설거지 방법을 보여주고 싶었는데, 다들 나의 의도는 안중에 없었고, 나는 그저 설거지도 못하는 여자가 되고 말았다. ‘아, 이게 아닌데.’ 시동생인 칼과 ‘제대로’ 설거지를 하면서 혼잣말로 구시렁거렸다.

“선옥, 뭐라고 하는 거야?”

“칼, 나는 이렇게 설거지하는 게 비위생적인 거 같은데, 넌 어떻게 생각해?”

“응? 무슨 소리야?”

“한국식으로 설거지를 하면 깨끗하게 헹궈지는데, 지금 이렇게 하면 덜

헹군 거 같은 느낌이 들어서. 가끔은 거품이 좀 남아 있기도 하잖아."

"깨끗한 행주로 다시 닦는데 뭐가 더러워."

"그래도 세제가 남아 있을 거 같은데 건강에 해롭지 않을까?"

"글쎄, 지금까지 한 번도 그렇게 생각해본 적이 없어서 말이야."

그때 깨달았다. '정말 한 번도 그렇게 생각해본 적이 없구나.' 그렇다면, 지금 설거지 방법이 그들에게는 맞는 것이다. 세상에 설거지하는 방법이 꼭 한 가지일 필요는 없지 않은가? 한국식 설거지 법이 나름의 논리와 이유가 있어서 만들어진 것처럼, 캐나다식 설거지 법도 이곳 문화와 환경에 맞춰져 있는 것임을 그제야 깨달았다. 또한 나에게 익숙하고 내가 좋다고 생각하는 것을, 남들도 똑같이 생각할 이유나 필요는 없다는 생각이 들었다. 이런 생각을 하니 조금 창피했다. 나는 항상 '내가 굳이 캐나다 문화를 억지로 따라야 할 필요는 없다'고 생각하고 있었는데, 어째서 설거지만큼은 이들에게 강요하고 싶었던 것일까 하고. 물론 아무도 알아채지는 못했지만.

이렇게 다른 문화와 다른 생활방식으로 살고 계신 한국과 캐나다의 부모님들이지만, 겪으면 겪을수록 비슷한 점이 더 많은 것 같다. 친정아버지께서는 이것저것 맛있는 것을 아무리 많이 드셔도 쌀밥을 꼭 드시는데, 시아버지께서는 식사 때마다 감자를 꼭 드셔야 한다. 친정어머니께서 며칠 집을 비우실 때면 식구들이 먹을 음식을 미리 준비해놓고 가시는 것처럼, 시어머니도 똑같으시다. 한국의 부모님과 독일에서 오신 시아버지, 네덜란드에서 오신 시어머니 모두 태어난 곳과 문화는 다르지만, 전쟁 직후의 가난하고 힘든 유년 시절을 보내셨다는 공통점이 있다. 초반에는 양가 부모님을 오가며 차이점이 먼저 느껴졌지만, 한 해 두 해 지날수록 점점 공통점이 더 많다고 느낀다. 아쉬운 점은, 언어 장벽과 동서양의 문화 차이가 너

무 크다는 선입견 때문에 정작 당신들 사이에 많은 공통점이 있다는 사실
을 모르신다는 것이다.

_ 정혜실

돈만 버는 남편, 돈만 쓰는 NGO 활동가 아내

연애 시절 나의 남편은 드라마에 흔히 나오는 '실장님' 같은 분위기였다. 마치 재벌 집 아들이라도 되는 양 사람들을 만날 때마다 밥값을 내고, 커피 값을 냈다. 어찌나 멋지게 돈을 쓰는지 결혼과 동시에 그가 '짠돌이'로 변할 줄 그때는 상상도 할 수 없었다. 모아놓은 돈도 없으면서 흥청망청 써댈 때 말리지 못한 것을 두고두고 후회했다. '남자는 장가를 가야 돈이 모인다'는 한국 옛말이 파키스탄 남자에게도 적용될 줄 누가 알았겠나? 우리 집은 아내가 알뜰살뜰 살림을 한 덕분에 남자가 돈을 모으는 게 아니라, 남편이 짠돌이로 변신하여 아내를 들들 볶아 돈을 모으는 형국이다.

신혼 초에 「섭외사법(涉外私法)」*에 따라 혼인신고를 하려니 절차가 어찌나 복잡한지, 서류마다 번역 공증을 받아야 해서 변호사 사무실을 들락거려야 했다. 이태원에 있는 단골 레스토랑에서 맛있는 점심을 함께하고, 서류를 찾기 위해 바로 변호사 사무실이 있는 서울시청에 가기로 했다. 식당에서 나온 우리는 도로 위에서 한참 동안 실랑이를 벌였다. 나는 택시, 그는 버스를 타자고 서로 목소리를 키웠다. 그는 한 푼이라도 아껴야 한다며 버스로 가자는 주장을 굽히지 않았고, 난 '시간은 금'이라는 선조의 말을 앞

세워 택시를 타고 가서 얼른 서류를 찾자고 했다. 그러자 그는 화를 벌컥 내면서 버스를 타겠다고 고집을 부렸고, 나는 그를 길바닥에 버려두고 택시를 잡아타고 혼자 변호사 사무실로 향했다. 당연히 먼저 도착한 나는 그를 기다리지도 않고 서류를 찾아 곧장 집으로 와버렸고, 뒤늦게 도착한 남편은 빈손으로 돌아와야 했다. 돈을 쓰는 문제에 대한 우리 부부의 기싸움이 본격적으로 시작된 것이었다.

파키스탄에서는 주로 남자가 돈을 관리한다. 아내에게는 때마다 생활비를 준다. 시장에서 장사가 끝나면 남자가 장까지 봐서 귀가한다고 하니 더 무슨 말을 하겠는가. 아내는 옆에서 그림자같이 따라다니며 자신의 필요를 말하기만 해도 된다. 우리 남편 역시 파키스탄의 관습에 따라, 필요할 때마다 돈을 타 쓰도록 해서 나의 자존심을 긁었다. 남편의 월급과 통장 관리는 당연히 여자의 몫이라 생각하는 한국에서, 아내인 내가 치사하게 돈을 구걸하며 써야 한다는 건 참을 수 없는 일이었다.

서로의 입장 차이가 좁혀지지 않자 내가 선택한 작전은 가출이었다. 아이들을 데리고 친정에서 일주일을 넘게 지내며 그가 항복하기만을 기다렸다. 그러자 그가 투항의 메시지를 보내왔다. 돈뭉치를 내놓으며 매달 한 번에 생활비를 내놓겠노라고 말했다. 한국 여자의 승리였다. 그러나 이는 말할 수 없이 초라한 승리였으니, 남편은 물가인상률과 상관없이 10여 년간 한결같이 동일한 액수의 생활비를 내놓는 게 아닌가? 아이들은 커가고 돈 쓸 일은 점점 많아지는데 말이다. 그와 나는 지금까지도 생활비 문제로 티격태격 중이다.

최근 나는 전략을 수정했다. 그가 생활비를 전적으로 관리하고, 나는 용돈을 타서 쓰는 것으로 말이다. 예술고등학교에 다니는 딸의 학비와 전공비

및 기타 씀씀이가 날로 커지고, 축구클럽 선수로 활동했던 아들이 공부로 진로를 전환하면서 학원비가 만만치 않게 들어갔다. 그가 주는 생활비로는 감당이 안 되는 규모였다. '어디 한번 본인이 해보시지' 하는 마음으로 생활비 관리권을 그에게 떠넘겼다. 덕분에 그는 오늘도 머리를 쥐어뜯고 있고, 나는 쌤통이라며 상황을 즐기고 있다. 내가 얼마나 편해졌는지 모른다. 아이들에게 돈 들어가는 일이 생기면 "아빠에게 이야기해~ 나는 돈 없는 사람이다!"라고 말하면 그만이다. 반면에 남편은 애들이 "아빠"라고만 불러도 "돈 줘!"로 들리는 착각 아닌 착각에 시달린다. 그리도 내게 인색했던 남편이 아이들에게는 달랐다. 자식들 일이라면 등이 휘도록 번 돈을 잘도 내줬다. 가끔은 딸이 부럽기도 했다.

"야, 넌 아빠 딸이라서 좋겠다. 말만 하면 턱턱 돈도 주고."

딸에게 이런 투정을 부린 적이 있을 정도다. 나와는 20년 가까이 살았는데 내가 쓰는 것은 그렇게 아까울까?

그의 짠돌이 근성과 등이 휘도록 일하는 근면함이 없었다면, 우리 가족은 지금처럼 풍요롭게 살 수 없었을지도 모른다. 사실 그가 돈에 목숨을 걸게 된 이유에는 아픈 역사가 있다. 결혼 후 한국 공항에 처음 입국하던 날, 그는 출입국 직원에게 노골적인 인종 차별을 당했다. 출입국 직원은 남편에게 대놓고 "미국 사람이 아니니까 차별하는 것"이라고 말하며, "돈은 얼마나 갖고 왔느냐?"라는 모욕적인 질문을 서슴지 않았다. 그의 아픈 경험은 계속 이어졌다. 결혼 초기 우리 부부는 내 명의로 된 조그만 할랄(halal)** 식품 가게를 운영했는데, 체류 자격 외 활동이라며 남편은 강제퇴거를 당해야 했다. 잠시 동안이었지만 생이별을 경험한 그에게 돈 버는 일은 다른 무엇보다 중요해졌다.

아내 명의로 된 가게에서 일했다고 쫓겨난 사건 이후, 남편은 자신의 이름으로 법인을 설립하고 본격적으로 향신료와 양고기 등을 수입하는 사업에 뛰어들었다. 그는 오로지 경제적으로 성공하는 것만이 한국에서의 차별을 이기는 길이라고 여겼다. 나 또한 별반 다르지 않았다. 우리는 성공해야 했다. 30대의 우리는 미친 듯이 돈을 벌었다. 새벽이 오는 줄도 모르고, 주말에 쉬는 것은 아예 꿈도 꾸지 않았다. 좁디좁은 단칸방 월세에서 시작해 몇 년 후에 꿈에 그리던 아파트를 사던 날, 난 잠을 이룰 수 없었다. 내 집 마련의 꿈은 이루었지만, 그 후로 우리 가족은 정말 자주 이사를 해야 했다. 우리가 아무리 경제적으로 성공해도 사람들의 시선을 바꾸는 것이 쉽지 않다는 것을 알았다.

내가 남편의 사업파트너로 일하는 것을 그만두고, 활동가로서 새로운 정체성을 선택한 것은 그즈음이었다. 2001년 발생한 9·11테러 이후, 이슬람교 신자들에 대한 편견이 점점 심해지는 현상을 바라보면서 아이들의 미래를 위해 무엇인가 해야 한다고 결심했다. 그래서 이주민 관련 단체에서 자원봉사를 시작했고, 얼마 지나지 않아 상근 활동가로, 이후엔 대표로 여러 활동을 해왔다. 그러면서 자연히 남편의 사업에는 점점 관심을 두지 않았고, 세상을 바꾸는 일에 몰두했다. 남편도 이제 귀화해 엄연한 한국 사람이고, 나 없이도 한국 생활을 무리 없이 하는 법을 알아야 한다면서 말이다.

그때부터 난 돈을 쓰기만 하는 아내가 되었다. 자기펌하일지 몰라도 내가 벌어들이는 돈은 나 쓰기에도 바빠 살림에는 보탬이 될 수 없었다. 특별한 활동비를 지급받지 않았기 때문에, 특강이나 대학교 시간강사를 해서 버는 부정기적인 수입이 있을 뿐이었다. 이것으로는 자동차 유지비도 감당하기 어려운 수준이었다. 나는 언제나 수입보다 지출이 많았다. 내가 빈 지갑을 채우기 위해서는 목구멍까지 꽉 차오르는 비굴함을 감추고 남편에게 손을 벌리는 수밖에 없었다. "여봉~ 나 돈 좀 주고 가라~" 하면서 받는 몇만 원으로 활동비를 충당했다. 속사정을 모르는 사람들은 남편이 돈을 잘 버니 활동도 자유롭게 한다면서 '배불러서 하는 활동'이라고 뒤에서 수군거리기도 하고, 내가 아무리 돈이 없어서 힘들다고 해도 곧이곧대로 듣지 않았다.

아이들 등하교 때문에 산 중형차만 보고 부잣집 사모님이라고 생각하는 사람도 있는 모양이지마는, 실은 아들이 축구선수로 활동하며 전지 훈련이나 지방 경기에 다닐 때 남한테 기죽지 말라며 남편이 신경 쓴 결과이다. 남편 인생의 처음이자 마지막 허세였다. 덕분에 지금 그 차는 나의 소중한 운송수단이 되었지만. 남편의 차는 몇십 년째 밴이다. 앞좌석을 제외하고는 뒤 칸 전체가 짐을 싣기 위해서 존재하는 화물용이다. 한겨울에 시동도 잘 걸리지 않을 만큼 낡은 차를 10년 넘게 타고 다녔다. 남들은 사업을 시작하면 좋은 차부터 뽑는다는데, 그는 애초부터 허세가 없는 사람이었다. 중고 소형 밴을 단돈 150만 원에 구입해 시작한 사업은 날로 번창해서 어느 정도 기반을 잡았지만, 그는 자신을 위해서 좋은 차를 뽑아본 적이 없다. 오히려 내가 차를 여러 번 바꿔 탔다.

내가 NGO활동을 시작하고, 우린 많이 다투었다. 파키스탄 남자인 그에게 돈을 벌기는커녕 써가며 해야 하는 시민사회운동은 이해하기 어려운 것이었다. 말끝마다 "돈도 안 되는 일을 한다"면서 구박을 했다. 하지만 그는 내가 워크숍이나 회의, 연수를 핑계로 이곳저곳, 이 나라 저 나라를 돌아다니며 외박을 일삼아도 그것 때문에 나를 괴롭힌 적은 단 한 번도 없었다. 그는 내가 지금 하는 활동의 에너지를 자신의 사업에 쏟아서 사업을 번창시키는 일에 보태주지 않는 것을 아쉬워할 뿐이다.

향신료 수입업계의 독보적인 존재였던 그를 위해 아낌없이 나의 에너지를 투자했던 시절이 남편은 그립나보다. 하지만 내가 사업을 돕는 것은 포기했는지 "당신은 당신이 하고 싶은 일을, 나는 내가 하고 있는 일을 하는 수밖에 없어"라고 체념하며 살고 있다.

그는 더욱 일 중독자가 되어갔고, 나는 점점 더 열정적인 NGO활동가가 되었다. 우린 저녁 즈음에야 잠깐 얼굴을 볼 수 있었고, 가끔 밥을 같이 먹거나 심심한 대화를 몇 마디 나누다 잠자리에 드는 부부가 되었다. 오늘도 난 아침 일찍 나가는 그의 뒤통수에 대고 어김없이 한마디를 날린다.

"여보 돈 좀 주고 가라~~"

그는 나가다 말고 지갑을 열어 돈을 내밀고는 사라졌다. 어디에 쓸 것인지는 물어보지도 않고…….

* **섭외사법(涉外私法)** 1962년 1월 15일 법률 제966호로 제정되었고, 2001년 4월 법이 개정되어 「국제사법」으로 법명이 변경되었다. 1994년 당시 국제결혼과 관련된 혼인은 「섭외사법」의 적용을 받았다. 이때 혼인의 성립은 각 당사자의 본국법에 의하며, 혼인의 효력은 부(夫)의 본국법에 의한다고 하는 부분이 부계혈통중심의 성차별적이라는 지적 때문에 부부 양쪽의 본국법을 준거법으로 삼을 수 있도록 했다(시사상식사전, 박문각).

** **할랄** 이슬람 율법하에서 무슬림이 먹고 쓸 수 있도록 허용된 제품을 말한다. 금지된 식품(예: 돼지고기)을 하람(haram)이라고 한다(시사상식사전, 박문각). 할랄은 도살 방식에서 생명 존중이라는 회개 과정을 거친 음식이라고 할 수 있다. 도살은 곧 생명을 앗아가는 일이므로 신의 이름으로 행한다는 의미이다[이희수, 『이희수 교수의 이슬람』(서울: 청아출판사, 2011)].

_ 정혜실

내 남편은
안 그래요

한국에서 결혼생활을 하기로 마음먹은 우리의 최대 고민은 생계를 어떻게 꾸려나갈 것인가 하는 부분이었다. 1990년대 초반은 이슬람 국가인 파키스탄이나 방글라데시 사람들의 먹거리가 한국 시장에 유통되지 않던 때였다. 남편은 그 점에 착안해 식료품 수입업을 시작했다. 무슬림에게 금기시되는 음식이 있고, 그들은 할랄이라 불리는 특별한 과정을 거친 음식만 먹을 수 있다는 사실 자체가 한국 사회에 알려지지 않았던 시절이었다. 그러니 당시 한국의 무슬림들은 고향 집에서 조금씩 부쳐주는 식재료에 의존할 수밖에 없었다. 남편은 이것이 사업 가치가 있다고 판단했던 모양이다.

초기에는 향신료 수입처인 파키스탄이나 콩 또는 육류 구매처인 오스트레일리아, 뉴질랜드가 주 거래처였다. 하지만 이주노동자들의 국적이 다양해지면서 우리가 다루는 식품의 목록과 사업파트너도 다양해졌다. 타이, 미얀마, 인도네시아, 스리랑카, 베트남 등으로 수입처가 확대되었고, 품목도 점점 늘어갔다.

해외에서 식료품을 수입해 판매하기 위해서는 한국의 무역 시스템에 대한 이해가 필수였으니, 나는 자연스럽게 남편의 사업파트너 역할을 맡았다.

사업은 날로 번창했다. 틈새 아이템이 대박을 친 셈이었다. 사업이 번창하니 우리 부부도 덩달아 신바람이 나지 않을 수 없었다. 그러던 어느 날, 이 사업은 내가 원하던 일이라기보다 남편이 원하던 일이라는 생각이 나를 엄습했다. 그리고 무언가에 이끌리듯이 나는 이제 내가 가고 싶은 길을 가야겠다고 결심했다. 하필이면 그것이 여성학이었다. 대학원 공부를 다시 시작하면서, 나는 여성이라는 이유로 받아야 하는 차별과 억압에 새삼스레 눈떴고, 세상의 편견에 맞서 싸우는 여성 해방의 주체가 되리라는 사명감에 불타올랐다.

그 불똥의 최대 희생자는 남편이었다. 아주 유능했던 자신의 사업파트너가 하루아침에 사사건건 여성 차별과 성 해방을 운운하며 덤벼드는 싸움닭으로 급변한 것이다.

"왜 똑같이 일하고 들어왔는데, 나는 밥하느라 바쁘고, 당신은 소파에 앉아만 있는데?"

"밥은 내가 차리지만 당신이 설거지 좀 하면 안 돼? 어?"

내가 화를 벌컥 내면, 그 역시 지지 않고 비꼬며 말했다.

"페미니즘은 남자 설거지시키는 거야?"

그러면 나는 더 화가 치밀어 소리를 질렀다.

"뭐라고? 페미니즘을 어떻게 보고. 이 사람이!"

그는 가사 분담을 시키려는 나에게 저항했고, 난 어떻게든 가사 분담을 시키려고 필사적으로 노력했다. 그러나 그것이 쉽게 고쳐질 리가 없었다. 파키스탄에서 장남으로 자란 그는 집안의 왕자나 다름없었다. 외출했다 돌아오면 반갑게 맞아주는 어머니를 필두로, 여동생들이 그의 셔츠며 바지를 빳빳하게 다림질해서 대령해놓는 것은 당연한 일이었다. 먹고 싶은 것을 말만

하면 그 즉시 대접받았던 그에게 나의 요구는 도저히 용납될 수 없는 것이었고, 흡사 재앙과 같았을 터였다. 그의 입에 붙은 말은 언제나 '밥'이었다.

"밥도 잘 해주지 않으면서."

사실 다른 문제로 불만이 생겨도, 그는 늘 나의 불성실한 주부 역할을 깨우치려는 듯 '밥' 타령을 했다. 그럴 때마다 나는 말도 안 되는 억지라며 쏘아붙이곤 했다.

"내가 밥순이로 보여? 엉? 내가 당신 서번트(servant)냐?"

이런 싸움이 꽤 오래 계속되었던 것 같다. 지금 우리는 밥 때문에 싸우지 않는다. 더는 밥을 요구하지 않는 남편은 가끔 내가 차려주는 성찬을 감사히 먹는 처지가 되었고, 자신의 옷은 자기가 알아서 빳빳하게 다려 입고 다닌다. 여전히 양육이나 가사노동의 상당 부분은 내가 해야 하는 상황이지만, 남편이 남자가 손 하나 까딱하지 않아도 모든 일상이 해결되는 파키스탄 출신이라는 것을 감안하면, 가끔이지만 요리도 해 먹고, 스스로 다림질까지 해 옷을 입는 것만으로 대단한 일이라고 엄지를 치켜세워 줄 만하다. 가족 생계 부양의 엄중한 책무를 완벽하게 수행하고 있는 자신에게 내조는커녕 가사 분담까지 요구하는 페미니스트 아내는 절대 사절하고 싶은 게 그의 속마음일 것이다. 그러나 나는 그런 태도가 얼마나 모순적인지 콕콕 짚어주는 사람이다.

"파키스탄에서는 여자들이 이렇게 일을 많이 안 하잖아?"

"일도 잘하고 가사도 잘 돌보라고 하는 것은 부당하지 않아?"

내가 너무했나 싶을 때도 가끔 있다. 하지만 외국 신랑은 요리도 잘하고 가사도 잘 도와주는 사람일 거라는 생각으로 남편을 극진하게 환영했던 할머니를 생각하면 기가 차곤 했다. 지금은 돌아가셨지만 할머니는 남편을 정말 예뻐하셨다. 친정만 가면 베개를 내주시면서 무조건 누워 쉬라고 하셨고, 맛있는 과일을 깎아 오라고 야단이셨다. 내가 남편이 가사를 도와주지 않아 짜증 난다는 말이라도 할라치면, 그렇지 않아도 힘든 남편에게 바가지를 긁는다고 잔소리를 하셨다. 여자의 적은 여자라 했던가! 할머니나 어머니는 오히려 바깥으로 도는 나를 못마땅하게 여기셨고, 아내가 대학원을 다녀도 용납해준다며 남편을 감싸셨다. 심지어 내 남동생은 무식하게 묻기도 했다.

"페미니즘, 그거 공부하면 나중에 이혼하는 거 아니야?"

그렇기도 했다. 전투적으로 페미니스트 변신에 열을 올렸던 초창기에는 뭐든 싸워서 쟁취해야 한다고 생각했고, 남성 중심적인 사회에서 살아가야 한다는 사실이 참으로 견디기 힘들었다. 그래서 세상을 바꾸기는 힘들어도, 내 남편은 어떻게든 고쳐보려고 무진 애를 썼던 불협화음의 시절이었다. 남편에겐 나의 태도가 마치 배신과도 같았을 것이다. 사업을 도와주고 자신을 위해 헌신적으로 일했던 아내가 페미니즘 공부가 깊어질수록 자신을 마치 적인 양 대했으니 말이다. 당시 우리의 모습은 그야말로 '적과의 동침'이었다.

그러나 세월이 흐르고, 그도 변하고, 나도 순한 페미니스트가 되었다. 협상의 기술이 늘었고, 일정 부분은 포기했다. 그렇게 가족이라는 울타리를 유지하며 살고 있다. 남자 형제처럼 느껴질 정도로 피붙이 같은 느낌이 되어 비록 두근거리는 남녀관계를 회복하기는 어렵게 되었지만, 없는 것보다는 낫다는 심정일까? 아니면 아이들 때문일까? 아무튼 우리는 서로를 참아내며 살고 있다. 그가 더 많이 참는 쪽일 수도 있고, 내가 더 참고 산다는 착각 속에 사는지도 모르겠다.

　우리 집안에서는 여전히 초가부장적인 남편이지만, 파키스탄 남자들 사이에서는 자신들의 권위와 보수성을 위협하는 특이한 자유주의자로 경계 대상이 되어버린 남편.

　남편은 나는 물론이요, 아이들에게도 종교를 강요하지 않는다. 그 어떤 것도 강요하지 않는다. 그런 그의 자유로움 때문에 그의 친구들이 불편해한다.

　누군가 묻는다.

　"파키스탄 사람 다 그렇지 않아요?"

　나는 단호히 대답한다.

　"아니! 내 남편은 안 그런데!"

그냥
하던 대로

우리 가족에게는 가사노동 분담의 원칙이 있다. 아마 한국에 살았더라면 내가 부엌일을 하는 것은 '선택'에 가까웠을 것이다. 그런데 일본에 살면서 부엌일은 내게 선택이 아닌 '필수'가 되었다. 아내는 직장생활을 중단할 수 없는 입장이었고, 나는 새로운 나라에 적응하는 시간이 필요한 입장이었다. 즉, 좀 더 자유롭게 가사에 전념할 수 있는 사람은 나라는 뜻이었고, 자유시간의 활용 차원에서 나는 적극적으로 집안일에 참여했다.

집안일의 재미는 쏠쏠했다. 직장에서 파김치가 되어 돌아오는 아내에게 따뜻한 음식을 만들어줄 수 있다는 것이 가장 행복했다. 내가 총각 시절에 적당히 해 먹었던 음식들은 일본으로 건너와 '요리'로 둔갑하는 과정이 재미있었다. 떡볶이 요리, 라면 요리, 부대찌개 요리, 순두부찌개 요리, 김치찌개 요리 등 내가 일상적으로 해먹던 음식은 모두 '특선요리'로 대접받고 있었다.

"떡볶이 요리는 무슨 양념을 넣었어? 양푼 비빔밥 요리는 언제 먹는 거야? 오빠가 만들면 다 맛있다."

아내는 저녁마다 내 특선요리를 맛보는 데 푹 빠져들었다. 애로사항이 없

는 것은 아니었다. 나날이 집안일의 기량이 향상되는 나와는 반대로, 아내
는 점점 가사 능력을 상실하고 있었다. 주말에 요리를 하면서 아내는 내가
신혼 이래로 지금까지 장만한 온갖 요리 도구들을 말 그대로 '무지막지하
게' 다루었다.

가사를 전담하면서 부엌은 내게 특별한 의미가 있는 공간이 되었다. 비록
조그마한 공간이지만, 아내 몰래 이것저것 사들여서 나만의 '힐링' 공간으
로 만들어내는 데 성공했다고 나름대로 자부하고 있었다. 생선회 칼부터 캠
핑에서도 사용할 수 있는 독일제 프라이팬, 요리를 할 줄 아는 사람이라면
하나씩은 갖고 싶어 한다는 프랑스제 주물 냄비, 압력솥의 벤츠라고 불리는
밥솥에 이르기까지 빼곡하게 부엌에 채워 넣은 것이다. 이 보물들이 가사에
숙련되지 않은 아내의 손에 의해서 '학대'를 받는 것이었다.

가장 마음이 아팠던 것은 '전자밥통 사건'이 일어났을 때였다. 아내의 친
구가 전자밥통을 결혼 선물로 주었다. 밥맛이 좋다는 소문이 자자한 밥통
이었다. 우리는 이 밥솥을 이용해 바나나 케이크를 만들기로 했다. 둥근 밥
통에 팬케이크 가루와 바나나를 으깨어 반죽해서 넣고 스위치만 누르면, 바
나나 냄새가 물씬 풍기는 향긋하고 쫄깃한 바나나 케이크가 만들어진다.
아내는 밥통에서 케이크가 완성되었다는 소리가 나자마자 케이크를 네 등
분으로 나누어 가지고 왔다. 불길한 예감이 나를 엄습했다. 순간 나는 아내
가 어떻게 케이크를 잘랐을지 상상했다. 내 예감은 적중했다. 아내는 과도
로 갓 익은 바나나 케이크를 잘랐고, 날카로운 과도의 날은 바나나 케이크
를 관통하여 밥솥의 코팅을 사정없이 벗기며 상처를 냈던 것이다. 밥통 바
닥에는 거룩한 십자가가 새겨져 있었다. 나는 지금도 그 밥통을 잘 열어보
지 않는다. 열면 마음이 슬퍼지니까.

우여곡절 끝에 우리는 우리만의 독특한 가사 분담의 규칙을 만들고 있다. 서로의 한계를 인정하고 자기가 잘하는 것을 잘하자는 것이다. 나는 집안일 중에서도 힘쓰는 일은 잘하지만, 자질구레한 정리정돈은 딱 질색이다. 요리하는 시간도 15분이 넘어가면 슬슬 신경질이 나기 시작한다. 그래도 김치를 담그거나 고기를 손질해서 불고기를 만드는 것처럼 손이 많이 가지만 스케일이 큰 요리는 잘하는 편이다. 무엇보다 요리 중에는 신선한 생선을 사서 잘 다듬어 회를 뜨는 과정을 좋아한다. 빨래는 빨랫감을 세탁기에 돌리고 건조대에 너는 것까지는 괜찮은데, 빨래를 개고 정리하는 것에는 도무지 의욕이 생기지 않는다.

이런 나와는 다르게 아내는 거칠고 더러운 일을 정말 하기 싫어한다. 시간이 오래 걸리는 요리를 하는 것을 좋아하고, 이렇게 만든 요리를 손님에게 접대하는 것을 즐긴다. 빨래를 해서 너는 것은 귀찮아하지만, 마른빨래를 개켜 옷장에 차곡차곡 정리하는 것을 잘한다. 그냥 평소에 하던 대로 하는 것이 우리 집만의 가사 분담 규칙인 셈이다.

얼마 전 일요일은 우리의 규칙이 가장 잘 적용된 날이었다. 일요일 아침 모처럼 집에 손님이 찾아왔다. 몇 개월 전에 태어난 우리 아이를 보기 위해서 아내와 친한 직장 선배들이 방문한 것이다.

어느 집이나 마찬가지겠지만 우리 집 역시 손님이 오는 날은 대청소를 하는 날이다. 청소는 아내의 몫이다. 아내는 손님이 오는 날엔 어디에서 그런 힘이 나는지 아침부터 정신이 없다. 이날도 아내는 아침부터 청소와 요리로 분주했다. 얼마 전만 해도 집에 손님이 오면 내게 이것저것을 만들어달라고 부탁하던 아내였는데, 이제는 어지간한 준비를 혼자서 척척 해낸다. 손님을 대접할 메뉴는 잡채와 비빔밥이었다. 잡채와 비빔밥은 삼계탕과 함께 아내의 고정 메뉴이다.

　나의 활약은 손님들이 식사를 끝내고 시작된다. 나는 식사가 끝나고 손님들에게 대접할 커피를 준비했다. 커피를 직접 갈아 증기를 이용해 내려 대접하는 게 나의 특기다. 커피를 마시며 두세 시간 정도 담소를 나눈 손님들이 자리를 떴고, 나는 또 다른 나의 특기인 뒷정리를 시작했다. 뒷마무리를 내가 맡는 것은 일석이조의 효과가 있다. 요리와 접대로 피곤해진 아내의 부담을 덜어줄 수 있고, 내가 원하는 방식대로 부엌 살림을 정돈할 수 있다. 부엌은 은밀한 나만의 힐링 공간이 아니던가.

　정리는 가능하면 빠른 시간에 그리고 효율적이고 덜 파괴적인 방식으로 착착 진행된다. 예를 들자면 이렇다. 가급적이면 가스레인지 옆에는 아무것도 올려두지 않는다. 싱크대가 깨끗이 정돈되어 있어야 요리를 할 수 있는 상상력이 쉽게 발휘되기 때문이다. 그리고 젖은 접시와 도마는 냉장고 가까이에 둔다. 냉장고에서 나오는 열기가 자연스럽게 물에 젖은 접시와 도마를 말려주기 때문이다.

　사실 나의 가장 중요한 역할은 이제부터다. 나는 손님 접대의 전쟁이 끝나고 깨끗이 정돈된 부엌에서 저녁식사를 준비했다. 일종의 의식과도 같은 시간이다. 그날은 점심을 좀 과하게 먹은 듯해 가볍게 먹을 수 있는 메뉴를 선택했다. 비장의 메뉴는 오징어회와 꽁치회이다. 인터넷에서 배운 대로 횟감을 정성스럽게 손질해서 맥주 한 잔과 함께 수고한 아내에게 저녁상을 진상했다. 생선회를 다루는 나의 실력에 아내는 마치 처음 본 것처럼 다시 한 번 감탄했다.

 _ 여광균

언어 장벽,
그 편안함과 즐거움

"사랑해요!"

"보고 싶어요!"

아내는 집 안이 쩌렁쩌렁 울릴 정도로 소리친다. 그래야 감정이 제대로 전달된다는 식으로. 식탁 한쪽에서는 나와 아이들이 아침식사를 하고 있다.

"안녕히 주무세요!"

아내는 다시 한 번 환한 웃음을 지으며 컴퓨터 화면에 대고 소리친다. 일주일에 한 번씩 하는 영상 통화다. 뉴욕은 토요일 아침이지만, 한국은 저녁이다. 화면 속에 떠 있는 분은 지구 반대편에 계신 어머니. 한국에서는 며느리가 그렇게 불편해한다는 시어머니.

아내의 스스럼없는 감정 표현은 미국에서 자랐기 때문은 아니다. 감성적인 아내지만 자신의 감정을 남에게 표현하는 데는 무척 서툴다. 실제로 친정 부모나 형제, 자매들에게 "보고 싶어"나 "사랑해"라고 하는 경우는 별로 없다. 나와 오래 살면서도 "사랑해"라는 말은 거의 하지 않는다. 하지만 어머니와 이야기할 때는 서로 "사랑해", "보고 싶어요"가 정규 레퍼토리다. 재미있는 것은 우리 어머니도 다른 며느리나 아들들에게는 잘 못하는 이 말을 큰며느리인 내 아내에게는 매번 웃으면서 하신다는 것이다.

언어가 다르면 여러 가지로 생활하는 데 불편하다. 의사소통이 제대로 안 되니 답답하다. 심하면 언어가 다른 사람과는 부담이 돼서 만남 자체를 꺼리게도 된다. 결혼해서 가족이 되었다지만 이런 문제가 사라지는 것은 아니다. 하지만 이런 불편함이나 어색함을 지나고 나면 언어 장벽이 주는 편안함과 이점도 적지 않다. 여기에는 외국어가 주는 역설적 편안함도 있고, 말 실수에서 오는 오해를 줄일 수 있는 경우도 있다. 처월드는 중국어와 타이완 어, 시월드는 한국어, 그리고 아내는 영어를 쓰는 우리 가족은 그런 언어 장벽이 주는 불편함과 편안함을 항상 경험하며 산다. 지금은 웃으며 이야기할 수 있지만, 당시에는 아슬아슬했던 경험들이 있었다.

결혼식 전날, 처음으로 양가 상견례가 있었다. 장소는 서울의 한정식집. 테이블 한쪽 편에는 아버지, 어머니, 동생들, 그리고 장소를 마련해주신 외삼촌 내외분이 앉으셨다. 반대편에는 전날 뉴욕에서 날아오신 장인어른, 장모님, 처제와 며칠 전 미리 들어와서 결혼식 준비를 하던 아내가 앉았다. 새신랑이지만 통역사 역할을 해야 하는 내가 중간에 앉았다.

"아드님을 잘 키우셔서 좋으시겠어요."

"따님이 아름답고 착해서 감사할 따름이지요."

다른 상견례 자리와 다름없는 덕담이 오가고 분위기가 무르익어 갈 무렵이었다. 술을 좋아하시는 아버지가 장인어른에게 덕담 한마디를 더 하신다.

"가져오신 양주가 무척 맛있어서 이 자리에서 한 병을 다 마시겠는데요."

이미 약간 얼큰해지신 장인어른이 나의 통역을 듣고 기다렸다는 듯이 중국어로 받으신다.

"네, 그게 면세점에서도 400달러는 줘야 살 겁니다. 한국에서 사면 더 비쌀 거예요."

평소에도 가격이 비싼 만큼 좋은 것이라고 생각하시는 장인어른이 상견 례 자리에서 말실수를 하셨다. 옆에서 장모님과 아내, 처제가 불안한 표정 으로 내 얼굴만 바라보았다. 그런 사돈댁을 보고는 우리 부모님과 외삼촌 내외도 무슨 말씀을 하셨는지 더 궁금해져서 내 입만 보고 계셨다.

"아아, 그게, 저……. 장인어른 말씀이 귀한 술이라서 사돈어른과 함께 마 시려고 일부러 가져오셨다고 하시네요."

아버지가 파안대소하시며 장인어른께 한 잔을 더 권하셨다. 내 영어 통역 을 듣고서야 장모님과 아내의 얼굴이 폈다.

몇 년이 지나서 이번엔 우리 부모님이 뉴욕에 오셨다. 처음으로 본 손녀 딸을 안아보기 위해서다. 외숙모님과 큰제수씨가 함께 와서 오랜만에 양쪽 집안이 모여 즐거운 시간을 보냈다. 뉴욕 교외에 있는 처가에서 며칠 묵으 실 때였다. 널찍한 집과 정원, 그리고 주변 경치를 한참 칭찬하시던 어머니 가 나를 보며 한마디 하셨다.

"그런데 카펫이 깔려 있어서 쉽게 지저분해지고 갓난아이한테는 안 좋 겠네."

옆에 서 계시던 장모님이 '카펫'이라는 단어를 알아들으시고는 궁금한 표 정으로 나를 응시하셨다.

"아, 저기…… 어머니께서 카펫이 깔려 있어서 아이한테 안전하겠다고 하 시네요."

장모님은 수긍하시는 얼굴로 웃으시며, 그래도 아이가 더 크면 깨끗하게 나무 마루로 바꾸려 하신다고 덧붙이셨다. 뒤따라오던 아내와 외숙모님은 두 사돈이 사이좋게 웃는 소리에 함께 웃으셨다. 하지만 내 등에선 살짝 식은땀이 흘렀다.

우리가 살고 있는 오하이오 주 콜럼버스에 장인 장모님이 처음으로 오셨다. 이제 다섯 살과 세 살이 된 외손녀와 외손자를 보고 싶어서 찾아오신 것이다. 내가 오하이오 주립대학교에서 강의를 시작하면서 우리 가족은 1년 전에 이곳으로 이사를 왔다. 학교 근처에 작은 아파트를 세를 내서 살고 있던 차였다. 아내가 정성스레 마련한 아침식사를 하며 장인 장모님과 이런저런 이야기를 나누고 있었다. 미국에 찾아온 경제 위기, 타이완과 중국의 최근 관계, 아이들 학교 생활 등등. 그러다 갑자기 장인어른께서 타이완 어로 말을 바꿔 장모님과 한참 이야기를 하셨다. 내 이름도 간간이 들렸다. 하지만 타이완 어를 전혀 모르는 나는 무슨 말인지 도통 알아들을 수가 없어 옆에 있는 아내 얼굴만 쳐다보았다. 아내는 아무 말도 하지 않고 궁금해하는 내 얼굴을 못 본 척 넘어갔다. 장인어른과 장모님께서 뉴욕으로 돌아가신 날, 공항에 모셔다드리고 집으로 돌아오면서 아내에게 물었다.

"그날, 아침 먹다가 두 분이 무슨 말씀 하신 거야?"

"응? 뭔데. 난 기억도 안 나."

한참 기억을 되살려줘도 잘 모르겠다고 둘러댄다. 결국 약간의 삐침, 으름장, 협박을 듣고서야 별것 아니라며 말을 꺼낸다.

"엄마 아빠가 우리 사는 거 보고 앞으로 대학교에서 가르치면서 공부만 해서 먹고살 수 있겠냐고 그러셨어. 우리 아빠 잘 알잖아. 신경 쓰지 마."

'그래서, 갑자기 타이완 어로 바꿔 말씀을 하셨구나.' 그전에 사돈 간 엉터리 통역을 하던 내 자신이 생각나 씁쓸히 웃고 말았다.

언어 장벽은 우리 가족에게 불편함을 주기도 하지만, 쓸데없는 오해를 피하게 만들어주기도 한다. 그리고 역설적으로 타인에 대한 배려와 의사소통의 적극성을 가져오기도 한다. 언어가 다르고 문화가 다르니까 그만큼 오해가 생길 소지가 많음을 잘 알고, 그래서 자신의 감정을 적극적이고 명확하게 표현하려고 노력하게 만든다. 자신의 의사를 더 세심하게 신경 써서 표현하려고 한다. 표현을 하는 목소리의 톤과 억양, 얼굴 표정에 더 솔직하려한다. 잘 보이려고 한다거나 정말 미워서 하는 말이 아니라, 서로 더 이해하고 싶고 사랑하기에 하는 말이라는 것을 그대로 드러내도록 말이다.

어머니에게 "사랑해요"를 자신 있게 외치는 아내를 보며 난 부러울 때가 많다. 철들고 나서 부모님께 해본 적이 거의 없는 말이기 때문이다. 외국 생활을 하면서 한국에 있는 부모님이나 동생들이 사무치게 보고 싶을 때가 있다. 하지만 전화를 걸어도 "보고 싶어서 전화했어요"라는 말은 못하고 "식사하셨어요?"라는 말로 대신한다. 새벽 시간에 생뚱맞게 전화한 내 심정을 말 안 해도 알아주시길 기대하고 마는 것이다. 동생들과 오랜만에 긴 통화를 하다가 그리움이 넘칠 때가 있다. 하지만 "그래, 정말 보고 싶어서 전화했어"라는 말은 입 밖으로 나오지 않는다. 그저 '내 마음을 알아주겠지' 하며 수화기를 내려놓는다.

이러한 한국적 숨김의 미가 어울리는 때도 있다. 하지만 어머니와 아내의 관계를 지켜보고 있으면 드러냄의 미가 필요한 것 같다. 동일한 언어를 사용하는 데서 오는 '불편함'이 아니라 언어 장벽이 주는 '편안함'이 더 좋다. 처음엔 그토록 우리 결혼을 반대하시던 어머니가 이제는 큰며느리를 정말 좋아하신다. 옆에서 인사를 자주 드리는 것도 아니고, 매달 용돈을 보내드리는 것도 아닌데 말이다. 그저 잘해야 일주일에 한 번 정도 전화를 드리고, "사랑해요"를 외치는 며느리인데 말이다. 하지만 서툰 한국어로 가장 직설적이고 효과적으로 자신의 감정을 표현하고 있다는 것을 어머니는 잘 알고 계신 것 같다. 그래서 어머니는 말도 잘 통하지 않는 외국인 며느리가 편하신가 보다. 오늘 아침에도, "응, 사랑해. 큰애야" 하고 말씀하시는 어머니의 목소리가 활기차다.

달라서
가능해요

　타인과 타인이 만나, 혹은 '화성에서 온 남자와 금성에서 온 여자'가 만나, 혹은 '말을 듣지 않는 남자와 지도를 읽지 못하는 여자'가 만나 연인이 되고 결혼을 하고 가족이 되는 과정은 이해할 수도 저항할 수도 없는 미스터리 그 자체이다. 미스터리하다는 점에서는 보편적이고 공통적이다. 왜 하필 그 둘이? 많고 많은 사람 중에 어쩌다가 그 둘이?

　지구인 커플이 사는 모습도 크게 다를 바가 없다. 연인에서 부부로, 부부에서 가족으로. 나의 삶이 너와 나의 삶으로, 너와 나의 삶이 우리의 삶으로 변하는 과정에서 사람들은 비슷한 환희와 시련, 즐거움과 좌절을 경험하게 마련이다.

　사랑에 빠져 있는 연인에게는 온 세상이 천국이다. 그렇지만 부부라면 사정은 조금 달라진다. 일단, 낙원에 사는 천사는 더 이상 존재하지 않는다. 거의 매일매일 같은 공간에서 우리는 천사가 인간으로 변신하는 모습을 지켜봐야 한다. 아프다. 그런데 그것이 전부가 아니다. 전 세계 어떤 지도에도 표시되어 있지 않은 기이하고 터프한 신천지, 새로운 세계에서의 서바이벌 게임도 통과해야만 한다. 쉽지 않다. 적지 않은 한국인 부부가 이 게임에서 패배하여 안타깝게도 남남이 되고 만다. 이름 하여 시월드와 처월드. 이 두 가지 관문 앞에서 사람들은 말한다. 연인 같은 부부? 꿈 깨!

지구인 커플들은 이 두 가지 관문을 어떻게 통과할까? 정답은 제각각이다. 지구인 커플만이 특별하게 공유하는 부부 되기 혹은 가족 되기 매뉴얼은 없다.

된장녀와 카레 씨 커플은 감성적이고 순응적이다. 아무리 "끄악!" 소리가 나오는 황당한 상황에서도 된장녀는 이렇게 말할 수 있다.

"아, 그랬구나. 내 생각이 짧았네."

옥과 로버트 커플은 이성적이고 개혁적이다. 시월드가 제출한 시험 문제가 마음에 안 들 때, 옥은 이렇게 말한다.

"시험 문제가 이상해요. 문제 바꿔요."

정과 자비드 커플은 전투적이고 독립적이다. 인간으로의 변신이 이제 막 시작된 한때 천사였던 자비드를 향해 정은 '돌직구'를 날리는 스타일이다.

"왜 당신만 그래야 하는데? 우리 각자 제 길로 가자(각자 스타일대로 살자)."

광네 부부는 낭만적이고 복고적이다. 없는 것도 많고 통하지 않는 것도 많다. 그래도 둘은 이렇게 속삭일 수 있다.

"세상에 소중한 것이 많잖아. 같은 생각을 할 수 있어서 우리 행복하다. 그치?"

진네 부부는 시크하고 '쿨'하다. 국가대항전에 버금가는 가사 분담 젠더 쟁탈전을 한바탕 치렀을지언정 그들은 이렇게 말할 수 있다.

"저녁 메뉴는 꽁치회, 어때?"

"콜!"

토종 한국인과 토종화된 이주민 출신 한국인 커플(나는 해주 오 씨인데, 해주 오씨의 시조는 오인유라는 송나라 사람으로 서기 984년 고려로 이주해 황해도 해주 지방에 정착했다고 한다)인 우리 부부의 경우는 어떨까? 다 조금씩 섞여 있는 것 같다. 아니, 그럼 우리만의 스타일이 없다는 건가?

아무튼 지구인 다섯 커플의 스타일은 우리 부부가 사는 방식에도 조금씩 섞여 있지만, 꼭 집어서 어느 커플과 '싱크로율'이 제일 높다고 말하기도 어렵다.

그런데 지구인 커플과 우리 커플 사이에는 재미있는 차이가 하나 있다. 좌절과 시련에 대처하는 기술 면에서 지구인 커플은 우리가 상상하는 것보다 훨씬 많은 선택지를 가질 수 있다는 점이다. 나를 포함한 국내결혼, 곧 동일 문화권 커플들이 넘을 수 없는 벽을 느끼며 쓰러지는 지점에서 지구인 커플들은 얼마든지 새로운 길을 열어갈 수 있다.

만약 인터넷 포털사이트 부부 상담 코너에 다음과 같은 상담글이 올라왔다고 가정해보자. 우리 지구인 가족들의 '레알' 경험을 짜깁기해 재구성한 내용이다.

고민녀 너무너무 힘들어서 고민방 문을 두드려요. 시댁 문화 정말 쩔어요. 초가부장적이에요. 남편은 전직 왕자 출신인지 손 하나 까딱 안 해요. 친정에 와서는 방귀나 뿡뿡 뀌고, 자기 하고 싶은 대로 다 하고 다녀요. 우리 집은 아직 단칸 원룸인데, 시어머니께서 정기적으로 우리 집을 방문하세요. 게다가 오셨다 하면 3개월이 기본이고요. 우리 부부 사이, 시어머니 지정 잠자리에요. 시어머니, 시아버지는 저더러 어머니, 아버지라고도 부르지 말래요. 저 어떻게 하죠?

고민남 아내는 전업 직장인이에요. 저는 잠깐 쉬고 있어요. 쉬는 김에 집안일을 좀 도와주려고 하는데, 아내가 집안일을 몰라도 너무 모르니까 계속 사고를 쳐요. 아내 때문에 부엌이 엉망진창이 되곤 해요. 아내랑 우리 어머니는 말이 거의 안 통해요. 저도 장인 장모랑 그렇게 썩 잘 통하는 편은 아니지만, 아내는 저보다 훨씬 심각해요. 시부모님도 부모님인데, 도대체 이렇게 말이 안 통해도 되는 건가요? 저 어떻게 하죠?

어떤 댓글들이 달릴까? 한번 상상해보자.

"고민녀는 완전 무시당하고 있네요. 마초 가문 귀신이 되기 전에 차라리 정리하는 게 좋을 것 같아요. 시어머니께서 부부 사이에서 잔다는 건 부부관계를 하지 말라는 노골적인 메시지인데, 바보예요? 그건 당신을 며느리로 인정하지 않는다는 거잖아요. 미련 버리시고 '쿨'하게 새 출발하세요. 아니, 그리고 아버지를 아버지라 부르지 말라니 무슨 홍길동 집안이에요? 그쪽이 마음에 들지 않지만, 또 그런 이야기를 대놓고 이야기하는 것도 싫다는 뜻이네요. 눈치 없이 계속 버티면 그쪽만 손해니까, 먼저 접는 게 상책이에요. 고민남, 한번 밀리면 영원히 밀리는 거예요. 세게 나가세요. 이에는 이, 눈에는 눈! 확실하게 응징해서 '깨갱' 하며 아내 분이 밑으로 들어오게 만드세요. 아내와 어머니가 말이 안 통한다는 건 다 돈 문제예요. 돈을 벌어 오세요. 떼돈을! 그러면 아내 입에서 아마 방언이 터질 거예요, 100% 장담합니다."

아마 나라도 비슷한 생각을 했을 것 같다. 그렇지만 우리 지구인 다섯 커플의 선택은 달랐다. 국내결혼 커플이라면 진지하게 고민했음 직한 댓글의 제안을 발칙하게 무시해주고, 그들은 당당하게 살아남았다. 그들은 시댁과 남편을 바꾸려는 생각을 내려놓았다. 시어머니의 철벽같은 방어막을 뚫고, 둘째를 임신했다. 아버지를 아버지라 부르지 않았다. 전업 하우스 허즈번드(house husband)가 되었다. 돈을 벌어 오는 대신 소통의 매체를 언어에서 감정으로 바꾸었다.

그들에게 말이 안 통하는 것은 더 많은 스킨십을 나눌 기회였다. 소통할 수 있는 공통의 어휘가 몇 가지 없었기에 "사랑해요"라는 말을 조금 더 자주 할 수 있었다. 젠더에 대한 사회적 통념에 구속될 필요가 없었기 때문에, 집안일에 소홀한 아내를 응징하기 위한 작전을 짜느라 시간을 허비하는 대신에 전업 하우스 허즈번드가 되는 것을 선택할 수 있었다. 덕분에 부엌 꾸미기와 횟감 뜨기 기술 연마라는 새로운 취미를 덤으로 얻었다. 때로는 당황스럽고 때로는 곤혹스러운 시월드와 처월드. 그렇지만 '이분들 문화가 원래 이런가?' 하는 생각이면 충분했다. 그들을 바꾸려는 생각을 내려놓아도 '내가 졌다. 지고 말았어'라는 자괴감 대신에 '내가 컸네, 음, 컸어'라는 담담한 자부심을 맛볼 수도 있었다.

동일 문화권 커플들에게는 심각한 위기가 될 상황 속에서 지구인 가족들은 의외로 여유를 누릴 수 있는 셈이다. 물론 반대의 경험인들 왜 없겠는가. 중요한 것은 바로 이 반대의 경험만 과장되어서는 안 된다는 점이다.

그런데 우리가 이해하기 어려운 이러한 반전은 어떻게 가능한 걸까? 대답은 간단하다.

"달라서 가능해요."

그렇다. 다르니까 가능하다. '아, 당신은 나와 다른 사람이었지'라고 서로의 다름을 인정하면 우리는 더욱 관대해질 수 있다. 일방적인 허세나 비굴한 겸손의 강박에서 자유로워질 수 있다. 이런 점에서 국제결혼 커플이나 국내결혼 커플의 차이점은 있을 수 없다. 국제결혼 여부는 우리 사이에 있을 수 있는 수만 가지의 다름 가운데 한 가지일 뿐이다. 이 책의 주인공들과 우리 사이에 차이가 있다면, 그것은 국제결혼 커플이냐 아니냐의 차이가 아니다. 당신과 나, 우리 사이의 다름을 인정하느냐 인정하지 않느냐의 차이일 뿐.

_ 오경석

05
지구인의 탄생

"모든 아이는 같다. 동시에 아이들은 모두 다르다."
존재 자체로 완전하며, 존중받아 마땅하며, 마음껏 사랑받고 안전하게 자라
날 수 있어야 한다는 점에서 모든 아이는 '같다'. 하지만 어떤 아이도 똑같은
방식으로 자라고 꿈꾸며 노래하지 않는다는 점에서 모든 아이는 '다르다'. 베
트남 엄마를 둔 아이라고, "개~한민국"을 외치는 아이라고, 당신을 꼰대로 생
각하는 아이라고, 이 사실이 달라지는 것은 아니다. 우리 모두는 같다. 동시
에 다르다. 그렇지 않은가?

_ 이선옥

아동 학대와 문화 차이는
한 끗 차이

초보 엄마에게 육아의 세계는 탐험에 탐험을 거듭해야 하는 미지의 세계, 알아도 알아도 끝이 없는 세계이다. 아이가 자라면서 새로운 상황이 계속해서 펼쳐지기 때문이다. 그러니 아이를 낳고 기르는 것 자체가 모든 엄마에게는 신세계로 진입하는 것이다. 그런데 내게는 복병이 하나 더 있었으니, 그것은 바로 이름 하여 '동서양의 문화 차이'다. 아이를 낳기 전에는 알 수 없었던 문화 차이가 임신과 육아 과정에서 드러나기 시작했는데, 이게 참 묘하고 애매했다. 어떤 날은 이 문화 차이가 별것 아닌 것 같은데, 어떤 날은 문화 차이라고 항변해도 아동학대범으로 오해받아 잡혀갈 수도 있다. 참 어렵다.

아직 아이를 낳기 전의 일이다. 밴쿠버에서 아이를 출산한 경험이 있는 사람을 알고 지냈던 터라, 당시 초보 임산부로서 궁금한 것이 많았던 나는 그녀와 출산 및 육아에 대한 이야기를 많이 나누었다.

"아기 낳기 전에 만나던 주치의가 없다면, 아기를 낳고 바로 정기적으로 만날 수 있는 가정의를 정해놓는 것이 좋아요. 밴쿠버는 아기를 낳고 처음 3주는 정부에서 파견한 간호사가 가정방문을 하니까 괜찮지만, 3주 후부터는 우리가 병원을 방문해서 아기의 건강 상태를 확인하도록 되어 있어요.”

“아, 그렇군요.”

“저희도 주치의가 없어서 아기를 낳고 급하게 수소문을 해서 집 근처에 있는 병원에 다녔는데 어려움이 많았어요.”

“아기가 너무 어려서 데리고 다니기가 힘드셨나 봐요”

“그런 게 아니고요, 경찰에 아동 학대로 고발당했어요.”

엥? 이건 또 무슨 소리?

“한국에서는 아기 낳고 나서 ‘삼칠일’이라고 해서 21일 동안 갓난아기는 밖에 안 데리고 나가잖아요. 3주가 되어야 아기의 면역력이 좀 좋아진다고 보는 거죠. 그래서 저희도 아이를 3주 동안 집에서 잘 돌보고 있었어요. 그리고 3주째가 되어서 아기 정기검진차 병원에 데려갔지요. 의사가 이것저것 물어보더라고요. 밖에는 좀 데리고 나갔냐고 물어보길래, 아직 밖에는 안 데리고 나갔다고 했죠. 그리고 집에 돌아왔어요. 그런데 그다음 날인가 경찰에서 전화가 온 거예요. 깜짝 놀랐어요.”

“네? 경찰이 전화를 했다고요.”

이건 웬 귀신 씻나락 까먹는 소리인가?

“경찰이 그러더라고요. 어제 우리가 찾아갔던 의사가 경찰에 아동 학대로 우리를 신고했다고요.”

“아동 학대요? 그럴 만한 건수가 없는 거 같은데?”

“그러니까 말이에요. 저희도 무슨 소린지, 이게 무슨 상황인지 전혀 알 수가 없었어요. 경찰이 그러더라고요. 갓난아이를 3주 동안이나 밖에 데리고 나가지 않은 것은 방치에 해당하고, 아동 학대로 해석될 수 있다고요.”

“그래서 경찰서에 가셨어요?”

"정말 어이가 없었죠. 그게 아동 학대가 될 줄은 꿈에도 몰랐거든요. 어쨌든 경찰관에게 한국 문화에 대해서 설명을 했죠. 아동 학대가 아니라 문화 차이일 뿐이라고요. 그랬더니 알겠다고 하더라고요. 그래도 여기는 캐나다니까 아이를 데리고 바람 쐬러 자주 나가라고 하더라고요."

"아유, 미리 알려줘서 고마워요. 이 이야기 안 들었으면 저도 아동학대범으로 몰려 잡혀갈 뻔했네요."

한없이 작고 연약한 갓난아기를 애지중지 돌보고 있었을 텐데 아동 학대라니 얼마나 황당했을까? 이렇게 문화가 다른 곳에서 아이를 키우는 것은 내게 대단한 도전이었다.

돌이켜 생각해보면, 육아에서의 문화 차이뿐만 아니라 출산 과정에서의 문화 차이도 만만치 않았다. 캐나다 사람들도 한국의 출산·양육 문화가 낯설겠지마는, 캐나다에 살아보니 한국에서라면 기겁할 일을 캐나다 엄마들은 아무렇지도 않게 할 때가 있다. 지금도 나는 캐나다 엄마들을 생각할 때 늘 존경스럽다. 내가 출산 후 기모 바지에 긴팔 스웨터를 입고 집 안에 누워 쉬고 있었을 때, 캐나다 엄마들은 세상에 나온 지 일주일밖에 안 된 갓난아기를 유모차에 태우고 민소매 티셔츠에 반바지만 입고 장을 보러 슈퍼마켓까지 날아다녔다. "어떻게 그게 가능하지? 캐나다 여자들은 몸이 다른가 봐." 한국 엄마들끼리 만나면 하는 말이다. 우리는 출산 후에 이불 푹 뒤집어쓰고 뜨거운 미역국에 밥을 말아 먹어야 몸이 확 풀리는데 말이다.

미역국 이야기가 나왔으니, 이 이야기는 꼭 해야겠다. 다른 산모들은 아기를 낳으면 병원에서 2~3일 정도 지내다 퇴원을 하는데, 나는 아이를 낳자마자 바로 퇴원을 하고 집으로 돌아왔다. 그 결정적인 이유는 바로, 밥! 기나긴 진통 끝에 아이를 낳고 나니 왜 이리 기진맥진한지. 진통 때문에 제대로 밥도 못 먹었고, 지친 상태에서 병원까지 가 아이를 낳았으니 기력이 바닥 날 만도 했다. 정말이지 너무너무 배가 고팠다.

"간호사님, 저 너무 배고파요. 먹을 거 좀 있으면 가져다주세요."

"오케이. 조금만 기다려요. 휴게실에 먹을 만한 게 있을 거예요."

'아, 이제 뭔가 먹을 수 있게 되는구나.' 당시 나는 소 한 마리라도 먹어치울 수 있을 것 같은 배고픔을 느끼고 있었다. '먹을 것들이여, 오기만 와라! 다 먹어줄 테니.' 나에게 음식을 먹일 수 있어서 행복하다는 듯이 해맑은 미소를 지으며 담당 간호사가 음식이 담긴 쟁반을 들고 왔다. 아주 바짝 잘 구운 토스트와 얼음을 동동 띄운 사과 주스와 함께. '아, 바싹 구운 토스트여! 얼음 동동 띄운 사과 주스여! 해산하고 처음 만나는 너희, 나는 너희가 참 낯설다.' 토스트 한 조각을 베어 물고, 차디찬 사과 주스를 한 모금 마시는 순간, 갑자기 어머니가 당부한 말이 떠올랐다. "산모는 차가운 거 먹으면 몸에 바람 든다. 차가운 건 절대 먹어서는 안 돼, 알았지?"

"간호사님, 얼음이 너무 차가워서 안 되겠어요. 혹시 따듯한 음료가 있나요?"

"그럼 차를 좀 가져다줄까요? 어떤 차 마실래요? 커피가 있고, 재스민 차, 홍차가 있어요."

'아, 쫌! 그런 거 말고 다른 건 없나?' 속으로는 절규하며, 그러나 겉으로는 웃으며 말했다.

"재스민 차로 주세요."

그냥 맹물을 마시는 것이 나을 뻔했다. 재스민 차를 마셔보려 했지만 몸이 약해졌는지 그것조차 속이 쓰려서 넘길 수가 없었다. 먹는 것을 포기하고 '폭풍 눈물'을 흘리며 잠시 눈을 붙였다 일어나니, 드디어 식사 시간이 되었다. '이제야 밥을 먹는 것인가? 산모의 첫 식사이니 미역국은 아니더라도, 최소한 치킨수프 정도는 주겠지. 따뜻한 국만 먹을 수 있다면 나는 오케이야.' 그러나 산모의 첫 식단은 또다시 바싹 구운 토스트, 요구르트, 사과 한 알, 시원한 우유 한 잔, 그리고 얼음 동동 주스였다. 병원 시설은 좋았지만 더 있다가는 속을 버릴 것 같아 냉큼 짐을 싸들고 집으로 와 미역국을 한 사발 들이켰다. 그제야 좀 살 것 같았다.

그러나 산후 조리의 문화 차이는 여기서 끝나지 않았다. 캐나다에서는 산모와 갓난아이는 열이 많은 상태이기 때문에 시원하게 열을 내려줘야 몸조리가 잘된다고 생각한다. 그래서 열을 내리는 차원에서 얼음까지 동동 띄운 음료수를 주는 것이었다. 그런데 한국에서는 차가운 기운이 몸에 닿으면 뼈에 바람이 든다고 생각해 온몸을 따뜻하게 만들어주어야 한다는 게 보편적인 상식이 아닌가.

내가 아기를 낳았을 당시 친정어머니께서는 밴쿠버에 오실 수 없는 상황이었고, 시부모님께서도 비행기로 다섯 시간이나 떨어진 도시에 살고 계셨기 때문에 나는 산후조리사의 도움을 받기로 했다. 산후조리사는 미역국이며 돼지 뼈를 고아주었고, 밴쿠버의 6월은 약간 공기가 쌀쌀해 산모에게 해롭다며 보일러를 틀어 방 안 온도를 24도로 맞춰주었다. 또 몸에 찬바람이 들세라 목이 올라오는 스웨터를 주었는데, 답답하다고 벗으면 나를 혼내기까지 했다. 아주 제대로 한국식 산후조리를 하고 있었던 것이다.

아기를 낳은 지 2일째가 되던 날, 정부에서 파견한 간호사가 방문 진료를 하러 찾아왔다.

"하이, 잘 지냈어요? 아기가 잘 크고 있는지 보러 왔답니다. 아유, 그런데 집이 너무 덥네요. 가끔 보면 다른 문화에서 온 엄마들은 더운 온도를 선호하는데 아기 건강에 좋지 않답니다. 창문도 모두 닫혀 있네요. 신선한 바람이 필요해요. 자, 보일러를 끄고 창문을 열도록 해볼까요?"

"음, 그런데 아직 밖이 좀 쌀쌀한 것 같아요. 창문을 열면 찬바람이 들어와서 아기가 추울 거 같은데요."

"오, 노! 걱정하지 말아요. 지금은 6월이잖아요. 여름이에요. 괜찮아요."

"그래도 바깥 기온이 겨우 22도인데요."

"걱정 말아요. 아기도 옷을 너무 많이 입었네요. 더워하는 것 같지 않아요? 아기 옷을 전부 벗겨야겠어요."

천진난만한 간호사는 아기 옷을 홀딱 벗겨버리고야 말았다.

"오, 마이 뷰티풀 베이비! 아기들은 참 신비롭답니다. 환경에 금방 적응하거든요. 아기가 즐거워하는 것이 보이나요?"

"아니, 아기가 즐거워하는지는 잘 모르겠고, 좀 추워 보이기는 하는데요."라고 반박하고 싶었지만, 간호사가 당연하다는 듯 말하는 통에 어떻게 손을 써볼 도리가 없었다. 그때, 부엌 한 귀퉁이에서 가자미눈을 뜨고 간호사를 감시하던 산후조리사는 간호사가 안 보는 틈을 타 보일러를 켜놓고는 했다. 산모와 갓난아기에게 바람이 들면 안 된다는 게 한국인의 상식인데, 문을 다 열어놓고 아기를 벗겨놓았으니 한국이었다면 캐나다 간호사가 산모 학대 및 아동 학대로 고발당했을지도 모를 일이다.

이런 에피소드들이 지금은 깔깔거리며 웃고 넘길 수 있는 재미있는 이야깃거리가 되었지만, 한편으로는 내가 캐나다에서 겪은 일들이 한국에 살고 있는 이주민들이 겪을 일과 그리 크게 다르지 않을 거라는 생각도 든다.

수년 전에 한국에 있는 이민자단체에서 자원봉사를 할 때 있었던 일이다. 당시 그 단체는 어린 아기가 있는 이주민 가정을 방문하는 봉사 프로그램을 운영했다. 그 프로그램에 참가한 한 자원봉사자가 안타깝다며 내게 말했다. 스리랑카나 방글라데시와 같이 상대적으로 더운 지역에서 이민을 온 엄마들에 대한 이야기였다.

"오늘 자원봉사를 다녀왔는데, 마음이 많이 안 좋았어요."

"무슨 일 있으셨어요?"

"최근에 아기를 낳은 집이 있어서 다녀왔는데, 그 엄마가 좀 더운 나라에서 왔거든요. 오늘 기저귀와 분유를 가져다주러 갔더니, 아직 추운 봄인데 아기 옷을 홀딱 벗겨놓은 거예요. 자기 나라에서는 아기를 낳으면 그렇게 하는 모양이에요. 그런데 여기는 한국이잖아요. 그래서 제가 기겁을 했죠. 제가 아기 옷도 다시 따듯하게 입히고 방 온도도 더 높여놓고 왔어요."

"이런, 너무 안타까워요. 외국인 엄마들이 육아 측면에서 좀 무지한 데가 있었네요. 그런 일이 재발하는 것을 막으려면 외국인 엄마들에게 한국식 양육 방식을 교육하는 게 좋겠어요."

이런 말을 했던 장본인이 바로 나다. 한국에 사는 외국인 엄마들의 양육 방식이 무지에서 비롯된 것이라고 생각했던 10여 년 전의 나. 그런 내가 캐나다에서 아기를 낳았더니, 당연히 해야 하는 줄로만 알았던 한국식 양육법이 아동 학대가 되기도 하고, 과학적이지 못한 것이 되기도 했다. 아동 학대와 문화 차이는 정말 한 끗 차이다. 어쨌거나 나는 내 방식대로 아이를 키우며 살고 있고, 우리 아이는 감기 한 번 안 걸리고 무럭무럭 자라고 있다.

_ 이선옥

당당한 짬뽕 아가,
알렉산드라 하늘

"선옥, 나는 추어탕 좋아. 밴쿠버에 추어탕 하는 곳 있나?"

"몰라. 감자탕은 내가 해줄 수 있는데."

"오~ 그럼 우리 감자탕 먹자. 감자탕이 진짜 음식이지."

한국어를 잘하는 로버트와 하늘이 덕분에 집에서는 매일 한국어를 사용하고, 또 희한하게도 청국장, 홍어회 같은 하드코어 한국 음식을 좋아하는 남편 덕분에 우리 가족은 한국 음식도 자주 먹는다. 그래서 중고 김치냉장고까지 구비해놓고 매년 로버트를 머슴으로 부려 김장도 담근다. 캐나다에 살아도 집에서만큼은 한국어와 한국 음식으로 도배를 하니 로버트를 비롯한 캐나다 친구들은 우리 집에 놀러 오면 꼭 한마디씩 한다.

"여기는 밴쿠버인데 이 집만 오면 한국에 온 것 같아."

그러면 로버트는 능청을 떤다.

"몰랐어? 이 집에 들어오는 순간 여기는 한국 땅이야. 한국말 하고, 소파 놔두고 바닥에 앉아서 TV 보고, 설거지도 한국식으로 하고, 한국 음식까지 먹으니 한국이지."

그러면 나는 또 이렇게 맞받아친다.

■ 큰고모 잉헤(Inge)의 베이비샤워(baby shower)에 참석한 하늘이와 줄리엣(Juliet) 고모.

“나는 우리 집만 벗어나면 모든 것이 낯선 외국 땅이잖아. 나도 조금 마음 편한 공간이 필요하지 않겠어?”

밴쿠버의 한국이라지만 우리 집이 완전히 한국식인 것은 아니다. 남편이 캐나다인인데 어떻게 오롯이 한국식으로 살 수 있겠는가? 정확히 말하자면 이것저것 섞인 ‘짬뽕’이라고 보는 게 맞다. 캐나다에서 캐나다인 로버트와 살고 있으니 캐나다 문화가 없을 리 없다. 나는 한국인이니 한국 문화를 집 안 곳곳에 흩뿌려 두었다. 여기에 1970년대 중반에 각각 독일과 네덜란드에서 캐나다로 이민 오신 이민 1세대 시부모님의 영향으로 독일과 네덜란드 문화가 살짝 배어 있다. 여기서 끝이 아니다. 아시아계 이민자가 많이 거주하는 밴쿠버(밴쿠버 인구의 40% 이상이 아시아계이다)의 분위기 때문인지 우리 집에는 아주 옅게 중국, 인도, 베트남 등등의 문화가 스며들어 있다.

그런데 온갖 것이 섞인 짬뽕 문화는 캐나다에서 아주 흔하다. 많은 캐나다인이 캐나다인의 정체성이 무엇이냐고 물으면 쉽게 대답하지 못한다. 질문을 받은 당사자가 이민자인 경우도 허다하고, 부모나 조부모가 이민자인 경우가 많아 캐나다인들 스스로도 무엇을 캐나다인의 정체성이라고 해야 할지 애매한 모양이다. 그래서 어떤 사람들은 '다문화'가 캐나다인의 정체성이라고 말하기도 한다.

'다문화'의 나라 캐나다. 세계에서 유일하게 다문화가 법으로 제정되어 있는 나라(캐나다에는 Canadian Multiculturalism Act라는 법이 있다). 이러한 다문화 정책 때문인지 캐나다는 미국이나 오스트레일리아보다 상대적으로 인종 차별이 적고 이민자에게 호의적이라는 평판이 자자하다. 우리 아이 알렉산드라 하늘은 '다문화의 나라'에서 태어났다.

하늘이도 짬뽕이다. 하늘이는 머리카락 색이 금발에 가까워 외모만 보면 버터 바른 빵만 먹을 것처럼 생겼는데, 의외로 상당한 '된장녀'다. 말 그대로 쌀밥에 된장국을 제일 좋아하는 밴쿠버 '된장녀'이다. 어린이집에 도시락을 싸 가는데, 쌀밥에 구수한 된장국을 담아 간다. 된장을 많이 먹어서인지 영어보다는 한국어를 조금 더 잘한다. 하늘이가 한국어를 하면 사람들은 여지없이 두 가지 반응으로 나뉜다.

"원더풀! 두 가지 언어를 할 수 있다는 것은 축복이에요. 세계는 점점 넓어지니까 여러 가지 언어를 할 수 있다는 것은 큰 자원이죠."

"그래도 캐나다에 살고 있으니 영어를 해야 하지 않아?"

나는 아이에게 영어뿐만 아니라 한국어도 가르치고 싶었다. 우리 아이가 한국에 있는 외가 식구를 만났을 때 서로 대화할 수 있길 바랐기 때문이다.

또 나는 세세한 감정까지 영어로 표현하기에는 분명 한계가 있다. 나에게 가장 자연스러운 한국어를 놔두고 애써 어색한 영어로 아이와 소통하고 싶지도 않다. 그리고 아이가 한국어를 할 수 있다면, 나중에 커서 언젠가 엄마에 대해 더 알고 싶어질 때 도움이 될 것이라는 기대도 있다. 게다가 밴쿠버 보건소에서 받아 온 육아 책자에는 어머니가 자신의 모국어로 아이와 소통하는 것이 아이 정서 발달에 좋다고 권하고 있다!

남편의 한국어 수준도 중급 이상인지라 하늘이에게 한국어를 가르치는 것은 어렵지 않았다. 한국어 공부를 열심히 해준 남편에게 늘 감사한 마음이다. 하늘이는 캐나다에서 태어났지만 한국어가 모국어다. 말도 다른 아이들보다 빨리 시작해서 아주 잘하는 편이다. 그렇다고 영어를 못하는 것은 아니다. 영어도 잘한다. 나에게 한국어로 말하다가도 얼굴을 돌려 할머니께는 영어로 이야기기할 정도니까. 두 가지 언어를 잘하는 기특한 아이인데, 어느 날 모르는 남자에게서 아이의 언어 발달이 늦다며 지청구를 들은 일이 있었다.

사건의 전말은 이렇다. 집 근처 슈퍼마켓에서 같이 엘리베이터를 기다리던 중년의 백인 남성이 말을 걸어왔다.

"아이가 아주 귀엽네요. 얼굴과 눈동자 색은 동양적인데 금발이라 신기하군요."

"아, 네."

"아버지가 캐나다 사람인가요?"

"네."

"아기랑 해변에 놀러 다녀오셨나 봐요. 아니면 아기 피부색이 원래 약간 까무잡잡한 건가요?"

"네, 어제 근처 바닷가에 다녀왔어요."

아이가 귀엽다고 말해 기분이 나쁘지는 않았지만, 초면에 아이의 겉모습만 집어서 이야기하니 좀 애매한 기분이 들었다. 우리 아이가 동물원 원숭이도 아닌데 말이다. 그러다가 갑자기 아이의 언어 발달에 관한 질문을 던지는 것이 아닌가.

"아이가 몇 살인가요?"

"이제 두 돌이 막 지났어요."

"말은 좀 하나요?"

"네, 말을 빨리 익힌 편이라 아주 귀가 아플 정도로 수다가 많아요. 주로 한국어를 한답니다."

"음, 한국어가 아니라 영어를 가르쳐야죠."

"네?"

"그나저나 아기 엄마는 캐나다에 산 지 몇 년이나 되었나요?"

그리고 내가 말할 때마다 발음이 어색한 부분을 지적하기 시작했다. '아, 신이시여! 저에게 왜 이런 오지랖 넓은 이웃을 주신 겁니까?' 남자와 더 이상 말을 섞고 싶지 않아 자리를 빠져나왔다. 한 방 쏘아붙이지 못한 것을 후회하면서.

한국어와 영어 둘 다 할 수 있는 하늘이가 말도 못하는 뒤처진 아이가 되어버린 순간이었다. 그 백인 남성은 하늘이의 언어 발달이 지체된 원인이 바로 한국어를 하는 엄마 때문이라는 속내를 전하고 있었던 셈이다. 하지만 그건 사실이 아니잖아, 아저씨 혼자 상상일 뿐이라고!

한국의 어느 시골 마을에 살던 필리핀계 이주여성이 필리핀인 엄마를 둔 탓에 아들의 한국어가 신통치 않다며 동네 어르신들이 찾아와 자기 아이를 동네 바보로 취급했는데, 막상 아들이 학교에 들어가니 1등을 해 오더라는 이야기를 해준 적이 있다. 남의 이야기인 줄만 알았는데, 내가 그 이야기의 주인공이 될 줄이야. 시어머니께 말씀드렸더니, 나보다 더 화를 내셨다.

"그때 하늘이가 그 남자한테 한마디 쏴주었으면 참 통쾌했을 텐데. '아저씨, 저 한국어도 잘하고 영어도 아주 잘하거든요!' 하고 말이야."

"그러게요. 뭐라고 한마디 했어야 했는데 당황해서 아무 말도 못하고 나왔어요."

이때 옆에 있던 시누이가 거들었다.

"그 남자 되게 이상하다. 처음 보는 사람한테 그런 말 하는 것도 예의 없고. 미묘하게 차별인 거 같은데……."

여기에 시어머니의 한 말씀.

"그게 미묘한 차별이니? 대놓고 차별하는 거지."

시어머니께서 이렇게까지 열을 내시는 이유는 당신이 처음 이민 오셨을 때 비슷한 경험을 하셨기 때문이다. 시부모님은 1970년대 캐나다로 이민 오셔서 스코틀랜드 사람들이 주로 사는 어느 시골 마을에 정착하셨는데, 당시 마을의 유일한 새 이민자 가정이었다. 당시만 해도 캐나다 시골은 이주민 소수자들에게 아주 배타적이었다고 한다. 시누이와 남편은 캐나다에서 나고 자랐는데도, 독일어 단어를 조금 섞어 쓴다고 동네 아이들한테 "부모가 외국인이니까 이 아이들도 외국인"이라며 놀림을 당했다고 한다.

"선옥, 그래서 내가 여기 초등학교 교장선생님을 찾아갔지 않겠니?"

"교장선생님까지 찾아가셨어요?"

"응, 우리 아이들이 놀림 당하는 것이 부당하다고 생각했거든. 그래서 찾아갔었어. 더 이상 부당한 대접을 받지 않도록 조치가 필요할 것 같아서 상담하고 싶었거든. 그런데 그 교장선생님은 내 영어에 악센트가 있다는 것을 바로 알아채고 일부러 내가 잘 모르는 아주 학술적인 용어만 골라서 말했어. 기분 너무나도 나빴고, 모욕감마저 들었단다. 그게 거의 30년 전 일이야. 그때는 그런 일도 있었어."

"제가 보기엔 스코틀랜드 출신이나 독일, 네덜란드 출신이나 다 같은 백인인데, 그 안에서도 구별짓기를 했나보네요. 저한테는 그게 더 의외예요."

"응, 작은 시골 마을이다보니 도시랑은 좀 달랐어. 도시는 다양한 사람이 모여 살았지만 그곳은 달랐지. 그래도 나는 항상 기죽지 않고 당당하게 살려고 노력했어. 내 영어에 악센트가 있다고 의사소통을 못할 정도는 아니잖아? 다양한 사람이 모여 사는 만큼 다양한 악센트가 있는 것은 당연한 거라고 생각해."

남편 로버트가 말을 받았다.

"어머니가 우리 어릴 적에 언제나 당당하게 행동하신 거 있잖아요. 어릴 때는 다른 아이들이 우리를 다르게 볼까봐 신경이 많이 쓰였어요. 어머니가 좀 창피할 때도 있었고요. 그런데 어른이 되고 나니 지금은 어머니가 이해되고, 참 대단하셨다는 생각이 들어요. 고맙기도 하고요."

"그랬니? 그게 참 어려운 일이더구나. 그래도 나는 어머니로서 당당한 모습을 보이는 게 아이들한테도 좋다고 생각했어. 선옥, 너도 언제나 당당하게 행동해. 영어에 악센트 있다고 기죽지 말고, 알았지?"

"네! 안 그래도 그렇게 하고 있어요. 저 터프한 여자잖아요. 부당한 일이 있으면 되는 영어 안 되는 영어 다 섞어서라도 해내니까 걱정하실 것 없어요."

기죽지 않고 당당하게 사는 거! 그게 핵심이다.

캐나다는 나름대로 다문화주의가 잘 정착되어 있는 편이라, 상대적으로 새로운 문화 유입에 대해 포용력이 넓은 편이고, 한국어 같은 소수 언어를 소중한 문화 자원으로 보는 시각이 있다. 그러나 한편으로는 시부모님께서 이민을 온 시점에서 30년이 지난 지금도, 나는 여전히 비슷한 문제들에 부딪히고 있고, 또 헤쳐나가야 한다. 우리 아이도 자라면서 로버트가 그랬듯 다른 캐나다 아이들과 다르다고 느끼고 방황할 수도 있다. 물론 아닐 수도 있고. 하늘이가 자신을 한국인으로 생각하든, 캐나다인으로 생각하든, 혹은 제3의 무엇으로 생각하든 그 또한 우리 아이가 헤쳐나가야 할 과제가 아닐까. 물론 당당하게.

 _ 여광균

나는 뉴욕에 사는
한국인-타이완인-미국인입니다

뉴욕 시 외곽에 있는 우리 집의 아침은 항상 시끌벅적하게 시작한다. 그냥 시끄러운 것이 아니다. 3대에 걸친 식구가 세 가지 언어로 이야기하고, 세 개의 문화가 섞인 하루가 시작되기 때문이다. 아직도 40대처럼 바쁘게 일하시는 장인 장모님께서는 타이완 어로 대화하시며 출근 준비를 하신다. 뉴욕에서 나고 자란 아내는 아이들의 등교 준비를 도우며 영어로, 장인 장모님과는 중국어로 바쁘게 이야기한다. 난 아이들 아침을 먹이면서는 한국어, 장인 장모님과는 중국어, 아내와는 영어를 섞어가며 말한다. 우스갯소리로 '333'한 하루가 시작되는 것이다. 3대가 3개 국어로 말하는 3가지 문화가 뒤섞인 아침이니 말이다. 그런데 이렇게 정신없고 분주한 아침 시간에 자주 반복되는 대화가 있다. 대화는 항상 장인어른께서 막내에게 질문을 던지며 시작된다.

"Adam, are you a Korean or Taiwanese?"

초등학교 1학년인 손자에게 아침마다 "넌 한국 사람이니, 타이완 사람이니?" 하고 묻는 것이다. 아이가 말귀를 알아듣기 시작하면서 계속된 질문이니 질릴 만도 하실 텐데, 농담인지 진담인지 모르게 매번 같은 질문을 던지신다. 아내나 나는 '또 하루가 시작되었구나' 하고 속으로 생각하면서도, 이 번엔 아이가 어떤 대답을 할지 살짝 궁금해진다. 재미있는 것은 아이의 대 답이 나이가 들어가면서 바뀐다는 것이다.

아이가 다섯 살 때는 그때그때 기분에 따라 대답이 달랐다. "Korean!"이 라고 외치는 날이 있으면, "Taiwanese!"라고 자신 있게 대답하는 날도 있 었다. 아니면 뚱딴지같이 "똥꼬빵꼬!"라며 웃어넘겼다. 여섯 살이 되어 유치 원을 다니면서부터는 "American!"이라고 대답하는 날이 많았다. 학교에서 백인 친구들과 주로 놀고, 백인 선생님들을 보면서 '미국인'이라는 생각을 하는 듯했다. 그러던 녀석이 작년에 싸이의 「강남스타일」에 푹 빠지고부터 는 거의 열 번이면 열 번 "Korean!"이라고 딱 잘라 말한다.

그런데 이 질문은 대답을 하는 아이보다 질문을 하고 대답을 기다리는 어른들에 대해서 더 많은 것을 드러낸다. 1960년대 말 타이완에서 대학을 나온 후 미국에 정착한 장인어른의 눈에 한국인 사위의 아들인 손자는 타 이완인 아니면 한국인, 둘 중의 하나여야 한다. 하지만 부계 사회 원칙에 따 라 평생을 살아오신 장모님께 손자는 당연히 한국인이다. 그런데 미국에서 소수민으로 자란 아내는 타이완인, 한국인 혹은 중국인보다는 '아시아인'이 라는 정체성이 더 마음에 든단다. 반면, 1980년대 한국에서 성장한 나는 우 리 아이들이 미국에서 자라지만 한국인으로 살아주기를 은근히 바라고 있 다. 그래서 아이의 대답이 바뀔 때마다 우리 어른들의 표정도 살짝 달라진 다. 약간 실망하기도 하고, 내심 흐뭇해하기도 하고.

흥미로운 것은 아침마다 벌어지는 '정체성' 질문을 옆에서 듣고 있던 두 살 많은 딸아이의 대답이다. 딸아이도 어렸을 때는 질문을 받을 때마다 기 분 내키는 대로 대답하고는 했다. 그런데 얼마 전에 생각지도 못했던 대답

■ 아들 인준과 집에서 함께한 Father's Day Project(왼쪽). 딸 예림과 브루클린 다리 앞에서(오른쪽).

으로 모두를 놀라게 했다. 아마도 어린 동생이 매번 대답을 바꾸는 걸 보면서, 그게 아니라고 말해주고 싶었던 모양이다.

딸아이는 조금은 심각한 표정을 짓더니 이내 자신 있는 표정으로 이렇게 말한다.

"No, we ARE Korean, Taiwanese, AND American!"

어리둥절해 있던 동생을 쳐다보면서, 자신 있게 다시 한 번 반복한다.

"아니야, 우린 한국인, 타이완인, 그리고 미국인이야!"

그리고 자기 나름대로 설명까지 덧붙인다.

"엄마는 타이완인, 아빠는 한국인이잖아. 그런데 우린 미국에 살고 있으니까 우리는 한국인, 타이완인, 미국인 다인 거지."

아홉 살 딸아이가 나이도 많고 인생 경험도 많은 어른들보다 지혜롭게 상황을 정리한다. 자신이 살아온 삶과 경험이 다양하고 다채로운데, 그중에 한 부분만으로 자신의 정체성을 결정해야 한다는 것이 불공평하다고 느꼈나보다. 아니면 자기가 지금 살고 있는 환경과 느낌에 대해 정직하게 말한 것일지도 모른다.

미국에 사는 시간이 길어지면서 가끔 한국에 들어올 때면 나도 비슷한 질문을 받는다. "너는 한국 사람이니, 미국 사람이니?" 하는 조심스러운 질문부터 "미국에 오래 살았으니 이젠 미국 사람이네" 하고 단정 짓는 질문 아닌 질문까지 말이다. 이 질문들은 지금 나의 국적을 묻는 질문임과 동시에 아이들의 정체성을 묻는 질문이기도 하다. 그리고 앞으로 아이들을 한국인으로 키울 것인지, 미국인으로 키울 것인지를 잘 생각해야 한다는 은연중의 충고이기도 하다.

그때마다 난 고민한다. 여권이나 서류로 국적을 구분하는 것은 쉬운 일이다. 하지만 남들이 말하는 것처럼 아이들을 미국인이나 한국인으로 키우려면 어떻게 해야 하는지는 감이 잘 안 잡히기 때문이다. 21세기를 살아가는 아이들이 꼭 한국인이나 미국인만 되어야 하는 것인지도 의문스럽다.

몇 년 전에 한국 신문 기사를 보다가 황당했던 적이 있다. 기사에 '코시안'이란 표현이 있었다. 처음 들어보는 말이라 찾아봤더니, '코리안'과 '아시안'을 합성해서 만든 말이었다. 한국에 외국인과 결혼해서 자녀를 낳아 키우는 다문화 가정이 늘고 있다. 그중 백인이나 흑인과 결혼해서 태어난 아이들은 쉽게 구분이 간다. 하지만 동남아인이나 일본, 중국인과의 사이에서 태어난 아이들은 한국인과 겉으로 구분이 쉽지가 않다. 그래서 만든 신조어라고 했다.

황당했다. 한국에서 나고 자란 그 아이들은 한국어가 모국어이고, 한국 학교에서 한국 친구들과 생활하면서 지낼 텐데, 왜 이들을 다른 한국 아이들과 구별하려고 했을까? 왜 '베트남인이고 한국인', '중국인이고 한국인', '필리핀인이고 한국인'이라고 하지 않고 굳이 '코시안'이라는 이상한 말로 구분하려고 했을까?

이유야 여러 가지가 있겠지만, 한 가지 확실한 것은 '코시안'이란 단어는 다문화 가정의 아이들을 보듬는 말이 아니라는 것이다. 오히려 한국 사회의 닫혀 있는 사회적 분위기를 드러낼 뿐이다. 마치 장인어른께서 우리 아이들에게 "넌, 한국인이니 타이완인이니?" 하는 1960년대식 질문을 던지고 하나를 선택하기를 기다리듯이 말이다.

하지만 아홉 살짜리 아이도 그런 질문이 얼마나 답답한지를 잘 안다. 그리고 스탬프를 찍듯 결정되는 정체성이 아니라, 자신이 느끼고 경험하며 살아가면서 하나씩 만들어가는 정체성은 왜 안 되느냐고 되묻는다. 그래서 아침마다 "나는 한국인이고, 타이완인이고, 미국인 다예요!"라고 자신 있게 대답하는 것이다. 그런 딸아이를 보는 것은 나의 큰 즐거움이다.

우리 아이들이 더 자랐을 때 한국에서 '코시안'이 아니라, '중국 사람이고 한국 사람'인 공무원, '베트남 사람이고 한국 사람'인 선생님, 그리고 '미국 사람이고 한국 사람'인 친구들을 많이 만날 수 있다면 얼마나 좋을까. 이제 나는 우리 아이들이 한국인이 되기보다는 '한국인이고 타이완인이고 미국인 다'로 자라주기를 바란다.

_ 정혜실

네 인생은
너의 것

신혼의 재미가 쏠쏠하던 20대 후반에 난 아이를 빨리 갖고 싶었다. 잘생긴 남편과 한 미모(?)를 자부하던 우리 사이에 태어난 아이가 얼마나 예쁠지 궁금했기 때문이다. 그러나 금슬이 좋아도 너무 좋았던 그때, 아이는 쉽게 내 품에 들어오지 않았다. 옛말에 부부 사이가 너무 좋아도 아이가 안 생긴다고 했던가?

결혼 후 1년이 지날 때쯤, 조바심에 인공수정까지 생각했던 나는 마음을 편히 먹어야 아이가 생긴다는 엄마의 조언을 받아들여 새롭게 직장을 구했다. 그런데 채 몇 달을 근무하지도 않았는데 덜컥 임신을 했다. 감기가 온 것처럼 으슬으슬 춥고 떨리던 것이 바로 임신 초기 증상이었다. 심한 입덧으로 임신 후에 오히려 몸무게가 줄어들었다. 동네의 모든 냄새가 코로 들어오는 것 같은 고통을 안겨주며 임신 기간 내내 나를 괴롭히더니, 세상에 나오는 순간까지 하늘이 노래지는 아픔이 무엇인지 뼈저리게 알려준 첫딸 사라가 태어났을 때, 그렇게 행복하고 좋을 수가 없었다.

사라를 낳아주어 고맙다며 남편은 반지를 선물했다. 딸만 다섯인 집에서 장녀로 자란 나는 외동딸 하나만 낳아서 공주처럼 예쁘게 키우겠다고 마음

먹었고, 둘째는 내 사전에 있지도 않았다. 그러나 놀랍게도 나는 불과 1년 만에 아들을 낳는 기적을 보여주었다.

왜 기적이냐고? 단칸방에 살던 시절 딸을 낳고 채 몇 달도 되지 않아서 한국에 오신 시어머니께서는 아들과 며느리 사이에 주무셨고, 나는 모유 수유 중이었으므로 임신은 불가능(?)하다고 여길 수밖에 없는 상황이었기 때문이다. 그런데 3중, 4중의 '악조건'에도 아랑곳하지 않고 보란 듯이 아들이 생겼으니, 남들 눈에는 가히 기적으로 보이기도 했을 것이다. 모두의 상상과 추측이 난무하는 가운데 태어난 아이들을 정신없이 키워놓고 보니, 이제는 훌쩍 자라 벌써 10대 청소년들이 되었다.

아이들은 누가 봐도 눈에 띄는 외모를 가지고 태어났다. 까무잡잡한 피부에 이국적인 얼굴, 그리고 아빠의 좋은 유전자 덕분인지 긴 팔다리를 자랑한다. 덕분에 아들 녀석은 긴 다리로 온갖 운동을 섭렵했고, 취미를 넘어 프로선수에 도전하기도 했다. 딸은 늘씬한 몸매를 십분 활용해 어린 나이에 새내기 모델로 활동 중이다.

"감사해라, 이것들아!"

아이들의 출중한 외모는 엄마가 아빠를 선택한 덕이라며, 나는 기회가 있을 때마다 아이들에게 생색을 내곤 한다. 생색의 대가는 아이들이 아니라 다른 사람들로부터 온다. 우리 아이들을 본 사람들 대부분은 이렇게 말한다.

"아이들이 엄마는 안 닮았나봐요!"

"예, 예……. 뭐, 아빠가 잘생겼죠. 흐흐흐."

아들의 꿈은 박지성 선수와 같은 성공한 축구선수가 되는 것이었다. 아들이 축구를 결심했던 때는 초등학교 5학년 말쯤이었다. 2학기에 전교 부회

장에 선출된 잘나가던 녀석이었다. 나는 6학년 때는 전교 회장 출마라도 시켜볼 욕심을 은근히 품었지만, 아들은 보란 듯이 나의 야무진 생각에 찬물을 끼얹었다. 취미로 하던 축구를 선수로 하고 싶다고 선언한 것이다. 그리고 나에게는 입단 테스트만 받아보겠다고 집을 나섰는데, 돌아올 때는 손에 코치 명함을 한 장 들고 와서 입금하라며 코앞에 내밀었다. 축구선수로 성공해서 입구부터 건물까지 차로 30분은 족히 걸리는 집을 사주겠노라고 공수표를 남발하면서.

딸도 초등학교 시절 내내 학급의 리더 역할을 하던 영리한 아이였다. 그런데 어쩐지 중학교 생활이 몸에 맞지 않은 듯했다. 학교를 그만두고 싶다고 했다. 담임선생은 자퇴는 신중해야 한다며 만류했지만, 우리 모녀는 탈학교를 결행했다. 덕분에 우리 딸과 나는 전국의 대안학교를 검색하고 찾아다녔고, 새로운 모험과 도전에 한껏 들뜨기까지 했다. 지금 딸아이는 자신의 바람대로 방송연예예술 고등학교의 패션모델학과에 재학 중인데, 나름 잘나가는 새내기 학생 모델로 맹활약하고 있다.

축구가 아니면 큰일 날 것 같았던 아들 녀석은 중학교 2학년 때 축구를 그만두었다. 아빠를 닮아 현실적인 판단이 빠른지, 제주도에 전지훈련을 다녀오더니 축구를 그만두겠다고 선언해 나를 충격에 빠뜨렸다. 훈련과 경기를 치를 때마다 장거리 운전을 해가며 응원한 나의 노력과 길바닥에서 버린 시간, 그리고 뒷바라지에 들어간 돈까지! 내가 아무리 '불량 엄마'라고 해도 아들이 원하는 진로를 응원하며 성공시켜볼 마음에 나름 욕심을 내며 정보를 찾고, 건강보조 식품도 먹이고, 비싼 축구화에 트레이닝복까지 사주면서 몇 년을 쫓아다녔던가. 넓고 좋은 집을 사준다고 큰소리를 쳐놓고 갑자기 그만둔다고 하니 괘씸한 마음도 들었다. 투자 대비 손실이 컸던 것이다.

고등학교에 진학하면서 컴퓨터 공학자가 되겠다고 목표를 수정했던 녀석은 지금 프로게이머에 도전 중이다.

아이들을 너무 자율적으로 키웠던 것일까? 두 아이들 모두 놀라울 정도로 독립적이다. 남편과 나는 우리가 원하는 것을 가르치거나 강요한 적이 한 번도 없었다. 무엇이든 자신들이 원하는 것을 스스로 하도록 내버려두었다. 남들은 '뭐 저런 대책 없는 엄마, 아빠가 있느냐'면서 핀잔을 줄지 모르겠지만, 아이들 스스로 자신의 인생을 뜻대로 결정하고 책임지는 마음을 갖는 것이 문제될 것은 없다고 생각한다. 시행착오와 실수는 누구나 겪는 것이고, 공부가 싫다며 다른 것이 하고 싶다는 아이를 억지로 책상 앞에서 고문당하게 할 수는 없는 것 아닌가.

그 대신 우리에겐 다른 철칙이 있다. 모든 선택의 책임은 그 선택을 감행한 아이들 자신에게 있음을 주지시킨다. 부모를 원망하는 것은 있을 수도 없으며, 설사 원망해도 받아주지 않겠다고 선언했다. 다만 금전적으로나 물질적으로 필요한 부분은 아이들 스스로 수입이 생길 때까지 지원하기로 했다.

탈학교를 감행하고 자기가 하고 싶은 일을 하는 딸아이와 남들이 가고 싶어 하는 인문계 고등학교에 진학했다는 것을 무기로 공부는 뒷전이고 게임에 몰두하는 아들. '스펙'이 우선인 한국 사회의 잣대로 보면, 우리 아이들이 어떻게 해석되고 판단될지 뻔하다. 그래서 나는 가끔 우스갯소리로 아이들에게 말한다.

"너희 공부 못하면, 다른 사람들은 너희가 다문화 가정 아이들이라 그렇다고 할걸!"

아이들이 내게 반박한다.

“다른 사람들이 말하는 게 뭐가 중요해. 내 인생인데!”

그래 이것들아, 네 인생은 너희 것이다. 그러니 무슨 일이 있어도 부모를 원망하지 마라. 모든 책임 역시 너희 것이니 말이다. 내가 할 일은 축구선수였던 아들의 기사 노릇을 했듯이, 멀리 강남으로 학교를 다니는 딸아이 마중을 위해 기사 노릇을 충실히 해주는 일일 뿐이다. 그리고 남편은 ‘열린 금고’이면 그만이다.

_ 진성원

한일 커플의
육아분투기

　올봄에 식구가 한 명 늘었다. 아이가 태어나자마자 아이를 둘러싼 '문화 주도권 전쟁'이 한바탕 벌어졌다. 가톨릭 영세를 받았고, 신사참배를 했으며, 한국식 이름을 붙였다. 그리고 일본과 한국이라는 범상치 않은 두 나라의 국적을 동시에 취득했다. 그러나 이것은 시작에 불과했다. 육아를 둘러싼 보이지 않는 문화 충돌과 충격은 매일매일 이어지고 있다.

　여름인데 초저녁부터 아내는 창문을 닫았다. 아기 우는 소리가 집 밖으로 새어 나가는 것이 싫기 때문이랬다. 나는 이런 아내의 행동이 무척 당황스러웠다. 푹푹 찌는 여름날, 초저녁부터 창문을 닫으면 어떻게 하란 말인가! 온종일 에어컨 바람을 쏘이다 조금이나마 선선해진 밤공기를 맞으려 열어놓은 창문인데. 아이가 울면 울음소리가 새어 나갈까봐 안절부절못하는 아내 덕에 아무리 푹푹 찌는 날씨에도 저녁만 되면 창문을 닫을 수밖에 없었다.

　아내의 철저한 '공동체 의식'은 수영장 나들이에도 걸림돌이 되었다. 나는 어린아이는 태어나서부터 수영을 할 수 있다는 기사를 읽은 적이 있어서 우리 아기를 데리고 꼭 한번 수영장에 가보고 싶었다. 집과 가까운 곳에 수영장도 있었다. 하지만 아내는 수영장 나들이를 결사반대했다. 이유는? 아기가 수영장에서 응가라도 하면 어쩌느냐는 것이었다. 나중에 방수기저귀가 있다는 것을 알았지만, 아내가 이렇게 말한 이후로 아이를 데리고 수영장에 가자는 말은 다시 꺼내기 어려웠다.

얼마 전에 도쿄 근교에 있는 포도원으로 소풍을 갔을 때에도 나는 또 한 번 쓰라린 패배를 맛보아야 했다. 우리가 소풍을 간 곳은 포도를 신 나게 따 먹을 수 있고, 삼겹살 바비큐도 제공되며, 근처 냇가에서 잡은 물고기를 구워 먹을 수도 있는 레저파크였다. 농원에 들어서면 바로 철제 빔으로 짜인 구조물이 설치되어 있었다. 그 지붕 위에 포도가 주렁주렁 매달려 있었고, 포도 송이들 밑에 입장객들이 앉아 고기를 구워 먹을 수 있는 평상이 30여 개 놓여 있었다. 늦은 시간에 도착해서인지 평상에는 손님들이 거의 없었다. 내가 아이의 기저귀를 갈아주려 하자 아내가 한마디를 한다.

"한국에서는 괜찮을지 몰라도 우리 일본에서는 좀 아닌 것 같아. 공공장소에서 기저귀 가는 것 말야. 조금 참았다가 이따가 차에 가서 갈아주자."

'실내도 아니고 주변에 아무도 없는데, 뭐 어때' 하는 마음이 살짝 들었지만 아내의 말을 따르지 않을 수 없었다.

매일매일 패배의 연속이지만, 승리의 기쁨을 맛보는 경우도 더러 있다. 가장 통쾌한 승리는 나의 춤 솜씨에서 나왔다. 어느 날 오후, 나를 뚫어지게 바라보는 생후 5개월 된 딸아이와 눈싸움을 하다가 나는 어깨를 들썩이며 춤을 추기 시작했다. 아이를 웃게 해주고 싶은 단순한 마음에서 비롯된 족보 없는 막춤이었다. 그런데 아이가 나의 엉성한 춤사위를 한동안 뚫어지게 바라보더니 갑자기 어깨를 들썩이고 다리를 쭉쭉 뻗으며 몸을 움직이기 시작했다. 얼굴 표정까지 바꾸어가며 누워서 자기 나름대로 팔을 휘젓고 몸을 움직이며 나의 춤에 반응을 보였다.

아이의 예상외의 반응에 놀란 것은 나의 막춤을 보며 혀를 끌끌 차던 아내였다. 아이의 반응이 신기했는지 아내는 아이의 몸동작을 휴대폰 카메라에 담기 시작했다. 언젠가 아내가 시무룩한 표정으로 고백을 해왔다. 자기도 내가 없을 때 아이 앞에서 내가 했던 대로 춤을 춰보았다는 것이다. 그런네 아이는 미동도 하지 않았다고 했다. 그저 무심하게 물끄러미 엄마의 로봇 춤을 멀뚱멀뚱 쳐다만 보고 있었다나 어쨌다나.

나는 아이를 가급적이면 안아준다. 설거지나 요리를 할 때에도 아이를 등에 업고 하는 편이다. 아이를 업고 몸을 이리저리 움직이면 아이가 뒤에서 꼼지락거린다. 이 느낌이 환상적이다. 일본에 살고 있는 선배와 이런저런 이야기를 하다가 일본 아이들은 뒤통수에 머리카락이 없는 아기들이 태반이라는 소리를 들었다. 아이들을 눕혀놓는 시간이 많기 때문이란다. 아이가 울든 말든 일본 엄마들은 자기 할 일을 꿋꿋이 한다. 우리에 비해 아이와의 유대감 형성과 스킨십이 현격히 떨어진다. 언젠가 아내와 아이 진료를 위해 소아과 병원을 찾아갔더니, 정말 대다수 아이의 뒤통수에는 머리카락이 없었다.

아내는 아이를 데리고 외출하는 것을 꺼린다. 아이와 함께 전철을 타고 이동하는 것도, 외식을 하러 가는 것도 모두 내켜하지 않는다. 이유는 단 하나다. 아이가 울면 어떻게 하느냐는 것이다. 전철이나 식당과 같은 공공장소에서 아이가 울면 주변 사람에게 폐를 끼치고, 아내는 그것이 너무나도 싫다고 했다. 일본에서 살다보니 아내의 말이 일면 수긍이 가기도 한다. 일본 사람들은 행여 공공장소에서 아이가 울기라도 하면 정말로 싫은 표정을 짓고 보란 듯이 다른 곳으로 자리를 옮긴다. 얼굴이 두껍지 못한 아내 입장에서는 그런 무안을 당할 걱정이 아이와 함께 있고 싶은 마음보다 조금 더 큰 것이다.

하지만 내 생각은 달랐다. 아이가 울 것이 걱정되어 전철도 못 타고 식당도 못 간다는 것은 이해가 되지 않았다. 그래서 외출할 때마다 아이를 안고 다니는 역할을 내가 자처했다. 중년 남성인 내가 아이를 안고 다니는 것이 이상해 보였는지 힐끔힐끔 쳐다보는 사람도 더러 있었다. 아이가 울 때는 더 했다. 그때마다 나는 아랑곳 않고 태연스럽게 아이를 달랬다.

아이와 함께 우리 부부가 식당에서 요리를 즐기기 위해서는 조금 더 긴 훈련 기간이 필요했다. 처음에 식당에서 아이가 울었을 때는 일본인 아내에 비해 훨씬 뻔뻔한 나로서도 당황스러웠다. 일본에서는 혼자 식사를 하러 오는 사람도 많은데, 식사 중에 아이가 울음을 터뜨리면 주변의 눈초리가 보통 불편한 것이 아니었다.

몇 번의 시행착오 끝에 아이와 함께 우리 부부가 외식을 즐길 수 있는 매뉴얼이 어느 정도 완성 단계에 이르렀다. 식당까지 가는 길에 아이는 대개 잠이 든다. 식당에 도착해서는 식사 속도를 최대로 높여야 한다. 물론 아이를 안고 있는 내 경우에 한한다. 처음엔 15분 걸리던 식사 시간이 이제 10분이면 충분하다. 자리를 잡고 앉아 음식을 먹는 10여 분 동안, 아무런 움직임이 없으면 아이는 슬슬 눈을 뜬다. 그리고 뒤척이면서 옹알이를 시작한다. 그때쯤 나는 이미 숟가락을 놓은 상태! 밖으로 나와 노천카페에서 커피를 마시면서 아이와 논다. 아내는 40여 분에 걸친 혼자만의 만찬을 마치고 만면에 웃음을 짓고 나오기만 하면 된다.

당신은 누구세요?

어느 날, 전국적으로 한국인 아동 감별 행사가 진행되었다고 생각해보자. 그리고 한국인 아동의 네 가지 기준이 다음과 같이 제시되었다고 가정해보자.

1. 김치가 없으면 밥을 못 먹는다.
2. 세종대왕을 존경한다.
3. 독도를 한국 땅이라고 생각한다.
4. 축구를 보면서 "대~한민국"을 외친다.

당신 혹은 당신의 지인의 자녀 가운데 이 기준을 통과해 완벽한 한국인 칭호를 받을 만한 아이는 과연 몇 명이나 될까? 아마 아이들 대부분이 이 기준에 부합하기는 어려웠을 것이다. 더구나 우리 아이가 북한이 도발을 주저할 정도로 두려운, '원수'와 '천사' 사이를 하루에도 열두 번씩 오락가락하는 질풍노도의 '중2'라면, 예외 없이 '비한국인'으로 분류되고 말았을 것이다.

그들은 김치 때문에 밥을 먹으려 하지 않고, 세종대왕을 '해동요순'이라 평가받는 성군이 아닌 만 원짜리 지폐에 나오는 인물 정도로 알고 있을 것이다. 김장

훈의 팬클럽 회원이거나 회원의 친구가 아니라면 독도가 한국 땅이든 아니든 관심이 없을 것이고, 기분이 별로라거나 결과가 별로일 때는 축구를 보면서 "대~한민국"이 아니라 "개~한민국"이라 외치는 만행을 스스럼없이 자행할 수도 있기 때문이다. 그런 아이들이 지극히 정상적이고 표준적인 대한민국의 아이들이다. 당신과 나의 아이들 말이다.

그런데 한 광고는 우리 아이를 '대한민국의 아이'가 아니라고 말한다. 김치를 안 먹고, 세종대왕을 존경하지 않는 우리 아이들은 한국인 자격이 없다는 것이다. 희한한 것은 이 광고에 발끈하는 부모가 없었다는 점이다. 궁금하지 않은가? 광고 내레이션을 처음부터 들어보면 의문이 단숨에 풀린다. 잔잔한 음악이 흐르는 모노톤의 화면 속 놀이터, 아이와 엄마의 얼굴이 교차하면서 내레이션이 시작된다.

"베트남 엄마를 두었지만 당신처럼 이 아이는 한국인입니다. 김치가 없으면 밥을 못 먹고 세종대왕을 존경하고 독도를 우리 땅이라 생각합니다. 축구를 보면서 대한민국을 외칩니다. …… 당신처럼."

아, 그랬구나, 그랬던 거구나. 이 광고가 제시한 한국인 감별 기준은 대한민국 아이 모두를 대상으로 하는 것이 아니다. 대한민국 아이들 가운데 단지 일부만이 귀담아들으면 되는 광고이다. 그게 누굴까? 왜 그 아이들만 이 기준을 통과해야 하는 걸까? 시청자들은 굳이 궁금해할 필요도 없다. 광고는 꼭 집어서, "베트남 엄마를 둔 아이"라고 대상을 정확히 제한하고 있기 때문이다.

그런데 당신의 아이가 이 발칙한 시험에서 면제되었다고 환호할 일도 아니다. 왜냐하면 광고는 우회적으로 이 특별한 아이들이 한국 아이들 대부분은 거들떠보지도 않는 어려운 기준을 통과하기 위해 참고해야 할 모델로 바로 '당신'을 제시하고 있기 때문이다. 그래서 당신은 조금만 생각해보면, 당신 자신이 곤경에 처해 있다는 사실을 발견할 수밖에 없다.

당신은 이 광고가 주장하듯이, 베트남 엄마를 둔 아이들이 따라 해야 할 ‘한국인’이라는 모델이다. 그것은 가문의 영광일 수 있지만, 동시에 당신의 자녀들에게 당신이 전혀 말이 안 통하는 ‘우리 꼰대’가 될 개연성이 거의 100%로 증폭된다는 이야기일 수도 있다. 자식에게 ‘꼰대’ 대접을 받는 당신, 자녀들이 결코 따라 하거나 닮고 싶어 하지 않는 당신, 그러나 "베트남 엄마를 둔 아이"들이 롤 모델로 삼아야 하는 당신.

결국 이 광고는 이렇게 묻고 있는 셈이다.

"당신은 누구세요?"

미국의 초등학생이라면 이렇게 말했을 것이다.

"나는 30%는 아일랜드인, 20%는 독일인, 20%는 인디언, 20%는 이탈리아인, 10%는 영국인이야."

아르헨티나의 초등학생이라면 아마 이랬을 것이고.

"스페인인 20%, 인디오 20%, 메스티소(mestizo) 20%, 이탈리아인 10%, 폴란드계 유대인 10%, 레바논인 10%, 프랑스인 10%, 아마 그게 내가 아닐까?"

우리의 천사, 점심 도시락에 아욱국을 싸 가는 밴쿠버 어린이집의 빅 마우스, 알렉산드라 하늘이라면 이렇게 말했을 것이다.

"나는요, 엄마가 한국인이니까 한국인 40%, 아빠가 캐나다인이니까 캐나다인 40%, 그리고 할아버지가 독일인이니까 독일인 10%, 할머니가 네덜란드인이니까 네덜란드인 10%, 이 정도예요. 그런데 엄마는 이런 복잡한 걸 싫어해요. 엄마는 내가 그냥 ‘짬뽕’이래요. 당당한 짬뽕. 나쁘지 않네요. 히히히."

뉴욕에 사는 인준이라면, 그날의 컨디션에 따라 대답이 왔다 갔다 했을 것이다.

"내가 누구냐는 아침에 일어났을 때의 기분에 따라 달라져요. 정직하게 말하면, 나한테 잘해주는 사람에 따라 달라지죠. 나는 어느 날은 한국인이고, 어느 날은 타이완인이고, 어느 날은 미국인이에요."

조금 더 의젓한 이자벨이 '333' 집안의 정체성 논란을 어떻게 한 방에 정리했는지 우리는 잘 알고 있다.

"나는 한국인이면서 타이완인이면서 미국인이에요. 그 셋 다예요."

부모의 방치 아닌 방치 속에 무럭무럭 자라고 있는 자유의 아이들, 사라와 요셉의 대답은 안 들어도 뻔하다.

"내가 누구냐고요? 그걸 질문이라고 하세요? 나는 그냥 나예요. 나라고요."

아무도 이들의 대답에 무어라 할 수 없다. 모두 정답이니까. 그런데 굳이 '베트남 엄마를 둔 아이'들만은 예외다. 그들만은 자기 자신에 대한 분명한 기준이 있어야 한다. 이 나라 저 나라 사람이 자신 안에 섞여 있다고 생각해서도, 이 나라 사람일 수도 저 나라 사람일 수도 있다고 생각해서도, 이 나라 사람도 저 나라 사람도 아니라고 생각해서도, "짬뽕"이라고 생각해서도, 이것도 저것도 다 필요 없이 그저 나는 나라고 생각해서도 안 된다. 그렇게 생각하는 순간, 그들은 가련한 환자로 전락할지도 모른다. 정체성의 혼란.

그런데 광고는 나지막하게 말한다. 그 모델이 당신이라고. 동의하는가? 동의하지 않는다면 참지 말고 발끈해야 한다. 왜 내가 치명적인 아동·청소년 질병 유발자가 되어야 하느냐고. 광고 제작자들과 광고가 방송되었던 2008년 당시에 말 한마디 못하고 한순간에 꼰대이자 정체성 혼란 유발자로 전락해버렸던 당신과 내가 세상을 향해 들어야 하는 피켓에 이렇게 쓸 수 있어야 한다.

"모든 아이는 같다. 동시에 아이들은 모두 다르다."

존재 자체로 완전하며, 존중받아 마땅하며, 마음껏 사랑받고 안전하게 자라날 수 있어야 한다는 점에서 모든 아이는 '같다'. 하지만 어떤 아이도 똑같은 방식으로 자라고 꿈꾸며 노래하지 않는다는 점에서 모든 아이는 '다르다'. 베트남 엄마를 둔 아이라고, "개~한민국"을 외치는 아이라고, 당신을 꼰대로 생각하는 아이라고, 이 사실이 달라지는 것은 아니다. 피켓에 여유가 있다면 한 문장을 더 써도 무방할 것이다.

"어른도 마찬가지다."

우리 모두는 같다. 동시에 다르다. 그렇지 않은가?

_ 오경석

06

싸움의 기술과 갈등 격파술

공통점이 아주 많은 부부이고 싶은가? 그렇다면 이제부터 열심히 만들어가면 된다. 공통점을 만들어가는 과정에서 우리, 나를 포함한 이 책의 주인공들은 조금 덜 싸우고 조금 더 사랑하게 되었다. 공통점을 만들어가기 위해 나와 다른 사람을 좀 더 찬찬히 들여다봐야 했고, 그러다 나 자신도 새롭게 발견할 수 있었다. 당신이 나와 아주 많이 다른 사람이어서 참 고맙고 행복하다. 이제 안다. 우리가 만들어가야 할 공통점의 목록이 많다는 것은 앞으로도 우리의 사랑이 깊어질 가능성이 여전히 크다는 말이라는 것을.

_ 이정민

치카치카 쓱쓱
프로젝트

결혼 후 문화 차이, 언어 차이에서 몇 가지 갈등이 있으리라고는 짐작했다. 그런데 우리 부부 사이에 첫 위기를 불러온 종목은 아주 뜻밖이었다. 남편 카레 씨가 잠자기 전에 이를 안 닦는다는 것. 어린 시절, 화장실이 집에서 멀리 떨어져 있었기 때문에 자기 전에 이를 닦는 것이 상상도 할 수 없었던 일이었단다. 결혼 전부터 다른 건 다 참아도 입 냄새 나는 남자는 최악으로 여겼던 내게 남편의 습관은 거의 재앙이었다. 이를 닦지 않고 침대로 기어들어 오는 남편과 이를 닦아야만 침대에 눕게 했던 나 사이에 그럭저럭 평화가 오기까지 무려 2년의 시간이 필요했다.

나는 연애를 해보기 전에는 나름의 이상형을 그려놓고 이상형에 근접한 남자 친구를 만나는 것이 꿈이었다. 그리고 연애를 몇 번 해본 후 결혼을 생각할 즈음엔, 이상형보다는 '절대 용납할 수 없는 몇 가지'에만 해당하지 않으면 괜찮다고 생각하며(내 나이 또래의 '괜찮은 남자'는 이미 임자가 있었고, 나는 노처녀였으니까!) 나만의 소소한 기준을 세워두었다. 언젠가부터 이상형의 남자를 만나 불꽃같은 사랑의 결실로 결혼을 한다는 것은 거의 불가능하다는 걸 깨달은 것이다. 그리고 세상에 완벽한 남자가 없다는 것도 알아버린 굉장히 현실적인 여자였다.

내 남편 카레 씨를 만났을 때도 상황은 비슷했다. 첫눈에 반했다든가, 눈에 콩깍지 씌운 드라마틱한 사랑과는 살짝 거리가 있었다. 그렇지만 만나면서 정이 들었고, 어느 날 사랑이라는 감정으로 바뀌어 있었다. 그렇게 싹튼 사랑이 우리 둘만의 운명이라는 이름을 얻은 것이었다. 우리 부부도 특별하지 않았지만 특별해진 만남과 사랑과 결혼의 과정을 거쳤다는 점에서 여느 부부와 별 차이가 없다.

당시 내가 남편 후보들에게서 절대 용납할 수 없었던 두 가지는 부분 대머리와 입 냄새였다. 딱히 타당한 이유가 있는 것은 아니었다. 개인의 취향일 뿐이었다. 남편은 다행히 이 두 가지에 해당되지 않는 사람이었고, 그래서 연애 시절 우리의 애정 전선에는 이상이 생길 여지가 없었다.

오히려 나는 그의 숨은 매력에 서서히 빠져들고 있었다. 몸에 털이 너무 많은 남편은 매주 한 번 정기적으로 이태원에 있는 무허가 가게 같은 곳에 찾아가 '가슴 털 왁싱'을 하곤 했다. 그의 왁싱 욕구를 잠재우기 위해 나는 "털 많은 남자가 좋아요"라는 닭살 돋는 고백을 한 적도 있었다. 남편은 담배도 피우지 않았고, 치아도 아주 예쁜 편이었다. 남편의 입에서는 향기까진 아니었지만, 악취가 나지 않는다는 점은 분명했다.

그런데 신혼 첫날, 바로 위기가 닥쳤던 것이다.

'이런, 배신자!!!!!'

남편은 저녁을 먹고, 자기 전에 이도 닦지 않고 얼굴도 씻지 않은 채 스르륵 뱀 기어오듯 이불 속으로 들어왔다. 처음엔 '피곤한가?', '내가 안 보는 사이 분노의 양치질이라도 했나?' 하며 그저 의심만 할 뿐이었다. 아침에 스멀스멀 풍기는 꼬리한 입 냄새를 하루 이틀 정도 참았다. 일주일이 지나, 2주일이 지나도 단 한 번도 양치질 소리가 감지되지 않자, 조심스레 물어봤다.

"당신, 혹시 자기 전에 이 안 닦아?"

그러자 아주 당연하고, 심지어 우렁차게!

"어!"

"왜?"

"나 이렇게 살아온 지 35년도 넘었어. 자기 전에 이 닦은 적 없어. 우리 인도 사람들은 고기를 안 먹어서 괜찮아."

베지테리언은 이를 안 닦아도 된다는 건 무슨 논리인가? 게다가 본인은 이미 "족발에 쌈장 찍어 쌈 싸 먹는 게 제일 맛있었어요", "등산 후 막걸리에 해물파전이 최고죠~"를 부르짖는 육식 마니아로 제2의 인생을 살고 있으면서.

"으악! 어쩐지 아침마다 입에서 구린내가 난다 했어. 속았어, 난 속았어! 방귀 냄새는 참아도 입 냄새는 못 참아!"

나는 입 냄새는 둘째 치고, 이를 닦고 잔 적이 한 번도 없다는 남편의 말에 경악했다. 도대체 왜 그랬던 것인지 이유를 따져 물었다. 남편이 어릴 때 살았던 집은 화장실이 집 안이 아닌 집 밖에 있었다고 한다. 더군다나 인도는 보통 밤 9시가 넘어서야 저녁을 먹으니, 식사가 끝난 후 야심한 밤에 세수와 양치질을 하기 위해 으스스한 야외 뒷간으로 가는 것이 어쩌면 더 이해가 안 가는 행동이었을지도 모르겠다.

남편은 인도에서 이를 닦고 자는 사람은 어려서부터 굉장한 부자여서 화장실이 집 안에 있었던 경우였을 거라고 주장하며, 대부분의 중산층 이하의 가정에서는 다들 본인과 같을 거라고 항변했다. 그러고는 본인의 건강하고 새하얀 이를 자랑하며, 고르지도 않고 누런 데다 드문드문 썩어서 때운 이들로 지뢰밭인 나의 치아를 가차 없이 공격했다.

이때부터 나는 내일모레가 불혹인 남편 '이 닦고 재우기 프로젝트'에 돌입했다. 이 문제는 '서로 달라요', '문화가 다르잖아요', '그동안 살아온 환경에 익숙해요' 등의 문화 차이를 빙자한 변명이 통하지 않는, 우리 가족의 '치아 건강'과 '의료비 절약', 그리고 '아내의 개인 취향' 측면에서 무조건 남편이 양보해야 하는 문제였다.

예를 들어, 남편이 어려서부터 푹 빠져 있는 크리켓*에 여전히 목숨을 걸면서, 퇴근하면 자기 전까지 크리켓 경기가 나오는 TV프로그램을 보고, 주말마다 크리켓 선수로 경기에 나가는 것, 즉 남편의 취미 생활에 대해서는 이해하고 존중하려고 노력한다(물론, 빨랫방망이 같은 걸 휘두르며 봉 사이를 왔다 갔다 하는 경기를 이해하기란 쉽지 않지만). 하지만 이 닦기 프로젝트는 내가 양보할 일말의 여지가 없는 우리 부부의 중대사였다.

40년 가까이 이를 닦지 않고 잤기 때문에 충치가 생기지 않도록 이미 면역이 되었고, 자기 전에 이를 닦아도 아침에는 누구나 입 냄새가 나기 마련이라고 강력히 주장하는 남편. 몇 년 전부터 고기를 먹기 시작했으니 치아가 쉽사리 썩을 것이며, 자는 동안 남편이 숨을 쉴 때마다 입 냄새 때문에 잠을 설치게 되었다고 살짝 거짓말을 보태어 이 닦기의 필요성을 강력하게 주장하는 나.

팽팽한 기싸움이 시작되었다. 차라리 아들이면 꿀밤을 때려가며 자기 전 '치카치카 실시!'를 구호라도 외치게 할 텐데. 나보다 나이도 많은 남편에게 꿀밤을 때릴 수도 없었고, 개인적인 취향이 관련된 문제라 논리적으로도 밀리는 것만 같았다. 남편은 기세등등했고, 심지어 나에게도 씻지 말고 그냥 자라며 꼬드기기까지 했다. 그런 남편에게 처음에는 "악! 더러워! 더러워! 저기 멀리 떨어져서 자!"라며 수선을 피워댔지지만, 매주 금요일 우리 부부의 '무비 나이트' 시간이 되면 사정이 달라졌다. 우리는 일주일에 한 번은 집에서 심야 영화를 보며, 땅콩과 팝콘을 곁들여 시원한 맥주 한잔을 하고는 했다. 자정이 넘어 알딸딸해지고 몸이 천근만근 늘어지면, 부창부수가 삶의 지혜이고 남편 말씀은 곧 하늘이라며 나까지 그냥 자버리기가 하루, 이틀…….

몇 달이 지나고, 일이 터지고야 말았다. 내가 치통을 호소하기 시작한 것이다. 치통의 고통은 안 겪어본 사람은 모른다. 이 하나 때문에 하루 종일 온 신경이 다 이로 가고, 아무것도 할 수 없다. 외국에서는 치과 치료에 보험 처리가 안 되어 치료비가 상상을 초월한다. 나는 나중에 한국에 들어가서 치료를 받겠다고 억지를 부리며, 버틸 수 있을 때까지 버텼다. 그러다 결국 치통은 두통으로 이어졌고, 진통제 과다 복용으로 위까지 다 헐었는지 속까지 쓰렸다. 내 입에서 내가 그토록 증오하던 썩은 입 냄새가 나는 것 같아 도저히 견딜 수 없었다.

참다 못한 나는 치과 치료를 받기로 했다. 치과에 간 김에 남편의 치아 상태도 검사를 해보았다. 그럼 그렇지, 나보다 훨씬 더 많이 썩은 상태였다. 이럴 때는 부부가 참 쿵짝이 잘 맞는다. 치과 치료에 쏟아부은 돈을 생각하면 화병이 생길 것만 같았다. 이 사건 이후로 남편은 저녁만 먹으면 바로 욕실로 달려가 이를 닦는다. 본인이 닦고 나오면 나에게 "더럽다, 냄새 난다"면서 유난을 떤다. 어휴, 한 대 쥐어박을 수도 없고!

재미있는 것은, 우리 부부는 집 안에서는 서로 흉보고 약점 들추고 혼내고 충고하며 서로의 면면을 다 까발리지만, 함께 친구를 만나거나 모임에 나가면 입에 침도 바르지 않고 상대방을 칭찬한다는 점이다. 물론, 거짓말이 아닌 모두 사실이지만, 둘이 있을 때는 단 한 번도 겉으로 인정하지 않았던 감정이나 존경을 나타내는 칭찬 릴레이가 시작되는 것이다.

"저는 정말 다혈질인데, 이 사람은 한 번도 먼저 화를 내본 적이 없어요."

"우리 부모님께 얼마나 예의 바르게 행동하는지 몰라요."

"단 한 번도 거짓말을 한 적이 없고, 항상 진심으로 대해줘요."

"다시 태어나도 이 사람과 결혼할 거예요!"

이때가 서로의 진심을 드러내는 유일한 순간이다. 서로의 앞에서 다정하게 말해주면 더없이 좋겠지만, 막상 둘만 있을 때는 간지러운 이야기를 하기 힘들다. 그런데 다른 사람 앞에서는 둘 다 애정 어린 말이 청산유수처럼 나온다. 이래서 너무나도 다른 우리가 운명이 된 걸까? 그래서 우리가 이토록 사랑하게 된 건가?

 _ 이선옥

방귀의 자유를
허하라

로버트는 명예 한국인이다. 그만큼 한국을 사랑하고 한국 문화를 잘 이해한다고 자부한다. 그가 전하는 한국인 아내와 사는 방법, 그것은 바로 부부간에 분쟁이 일어났을 때 일단은 황희 정승처럼 "네 말이 맞다. 네가 옳다"라고 해주는 것이다. 그는 이 사상을 일컬어 '올치 올치(옳지 옳지) 철학'이라 이름 짓고 주변에 널리 전파하고 있다. 로버트는 '올치 올치 철학'이야말로 가정에 평화를 가져와 널리 세상을 이롭게 할 철학이라고 믿어 의심치 않는다. 그러나 '올치 올치 철학'의 주창자인 로버트도 결혼 초기에는 자신이 옳다고 핏대를 세웠던 적이 있었다. 그랬던 그가 어떻게 '올치 올치 철학'으로 전향한 것일까?

하루는 캐나다 남자와 한국 여자 커플을 만나 이야기를 나누었다. 캐나다와 한국을 오가며 결혼을 염두에 두고 진지하게 만나고 있는 커플이었다. 아주 뜨거운 연애를 하고 있었지만, 사사건건 부딪치는 일이 많다고 했다.

"선옥과 로버트는 어떻게 결혼까지 간 거예요? 가끔 서로 사고방식이 너무 다르다는 생각이 들어요. 그래서 저에게 하는 행동이 이해가 안 되어서 뭘 어떻게 해야 할지 모르겠어요."

"개인주의 느낌 같은 거죠? 남자 친구가 누구 만나러 간다고 할 때, 누구 만나냐고 물어보면 왜 사생활에 간섭하느냐고 싫어하고. 비싼 물건을 사고는 샀다는 말도 안 하고. 그렇죠?"

"네, 맞아요. 그거예요. 나한테 허락을 받으라는 게 아니라 뭐하고 있는지 궁금하고, 또 남자 친구가 물건 살 때 나도 의견 보태고 싶고 그런 건데. 혼자 다 하니까 좀 섭섭하더라고요. 한국 남자들은 그 정도까지는 아니었던 거 같은데. 그리고 싸울 때 한마디도 져주지 않고 받아주지도 않으니까 숨이 턱턱 막혀요. 남자 친구 성격인가 싶기도 하고요."

"와, 옛날 로버트랑 완전 똑같아요. 신기해, 신기해."

결혼 초기에 로버트도 그랬다. 그러니까 꼭 개인의 성격 탓은 아닌 모양이다. 로버트도 신혼 초에는 져주는 것을 모르는 남자였다. 자기의 영역이 확실했던 남자, 그래서 그 선을 넘어오면 불쾌해하던 남자였다. 말하자면, 매너 좋고 말도 부드럽게 하지만, 개인주의적이라 가끔은 정 없게 느껴지는 캐나다 남자. 일단 자라온 환경이 다르니 남녀 관계 역시 한국과 다를 터였다. 결혼 초기, 남들도 그렇듯 싸움은 사소한 것에서 시작해 〈사랑과 전쟁〉에 맞먹는 수준으로 끝이 났다. 한창 싸우다보면 진이 빠지고, 내가 무슨 논리로 설득하고 공격하고 반박했는지 기억도 나지 않는다. 그러면 답답한 마음에 한마디 한다.

"아, 쫌! 그냥 좀 져줘. 남편이 아내한테 져주는 때도 있어야지. 안 그러면 여자가 너무 기죽어서 어떻게 살아. 지는 게 이기는 거라는 말도 몰라?"

"응, 나는 그런 말 모르는데?"

어, 그런 말 모른다고? 이런, 이 사람은 그런 말 모르는구나.

"캐나다에 그런 말 없어? 뭐 비슷한 거라도?"

"없어. 그리고 난 네가 무슨 소리 하는지 아예 이해가 안 돼. 넌 우리가 지금 싸우고 있다고 말하는데, 싸우는 거 아니야. 너랑 나랑 의견 차이가 있어서 지금 대화를 하고 있는 거잖아."

뭐? 우리 지금 대화하는 거야? 싸우는 게 아니라고?

"선옥, 잘 들어. 지금 우리는 싸우는 게 아니고, 서로 의견 차이를 조율하고 있는 거야. 그래서 서로 누구 말이 더 타당성 있는지를 보고, 타협 지점을 찾고 있는 거잖아. 잘못한 게 있으면 사과하면 되는 거잖아. 무슨 말인지 알겠어?"

로버트는 이성적이고 논리적이다. 그에 반해 나는 좀 욱하는 성질이 있다.

"어, 어, 로버트. 당신 말은 맞아. 그런데 나는 왠지 그 말에 기분이 더 나쁘고, 감정이 상해."

"그래? 그게 더 이상하다. 내 말이 옳다고 생각하는데 왜 기분이 나쁘지? 내 말이 맞으면 받아들이면 되잖아. 그리고 의견 조율에 이기고 지는 게 어디 있어. 전쟁도 아닌데 이기고 지는 게 무슨 소용이야. 선옥, 네 말대로라면, 남자가 더 권력을 많이 쥐고 있으니 져주는 척해달라는 뜻으로 해석되는데, 그런 거야? 그러면 너는 우리 관계를 권력관계로 본다는 말인데, 너 스스로를 밑이라고 생각하고, 나를 권력자로 보는 거야?"

"몰라, 몰라, 그냥 좀 져줘. 누가 더 논리적이고 누구 말이 더 맞는지가 무슨 소용이야. 집안의 평화가 목적이라면 기분 상한 사람 마음을 달래서 풀어줘야지."

이날의 싸움은 나에게 평등한 부부관계가 무엇인지에 대해 진지하게 되돌아보는 소중한 기회가 되었다. 이날은 일단 로버트에게 "네가 져줘"라고 우기긴 했지만, 로버트의 말이 틀린 것은 아니었다. 반성했다. 가능한 한 평등한 부부관계를 만들기 위해 노력하고 있다고 생각했는데, 내 정신은 평등하지 못한 상태였던 것 같다. 나도 모르게 습관처럼 나를 더 이해해주기를, 나를 더 받아주기를, 내가 말하지 않아도 알아서 해주기를 기대하고 있었음을 깨달았다.

이런 자세로는 진정한 평등 부부가 되기 어렵다. 평등 부부란 맞벌이를 하는 것이나 가사를 공평하게 분담하는 것만이 아니라, 정신적으로도 서로를 평등한 존재로 대해야 한다. 그런데 나도 한국의 뿌리 깊은 가부장적 사고방식에 익숙해졌던 것 같았다. 말로는 평등한 부부관계를 지향한다면서 정신적으로는 그와 나를 동등하게 생각지 않았으니까.

캐나다 남편에게는 변화를 요구하면서 나는 바꾸려 하지 않는 것은 불공평하다. 그래서 이제는 '싸울' 일이 생기면, 최대한 자세하고 친절하게 내가 왜 기분이 상했는지, 앞으로 어떻게 해주었으면 좋겠는지 설명하려 애쓴다. 싸움이 아니라 대화로 해결하려고 노력 중이다. 물론 그렇다고 해서 언제나 성공하는 것은 아니지만 말이다. 로버트도 한국 여자와 살기 위해서는 가끔 '져주는 게' 실용적이라는 사실을 깨달은 것 같았다. 이제 막 서로에게 적응하고 있던 캐나다 남자와 한국 여자 커플에게, 특히 캐나다 남자에게 로버트가 진심 어린 충고를 해주었다.

"한국 여자와 살려면 '올치 올치 철학'을 배우셔야 합니다. 한국 여자들이 좀 욱하는 성질이 있잖아요. 겉으로 보기에는 여성스러운데 시간이 지나면 별로 안 그런 것도 아시죠? 고집도 좀 세요. 그러니까 분쟁이 일어나면 시시비비를 따지지 마시고, 그냥 '당신이 옳소, 내가 잘못했소'라고 하세요. 그게 바로 '올치 올치 철학'이에요. 이 '올치 올치 철학'을 항상 염두에 두시면 집안에 평화가 옵니다."

"네? 왜 그래야 되죠?"

"이들은 다른 나라 여자도 아니고, 한국 여자예요. 자, 따지지 마시고, 일단 한번 해보세요. 그럼 내가 왜 그렇게 말했는지 알 거예요."

로버트의 말을 들은 캐나자 남자는 미심쩍은 표정으로 고개를 꺄우뚱할 뿐이었다. 그러나 나중에 같이 살다보면 지금의 '올치 올치 철학'의 효험을 깨달을 날이 오겠지.

'올치 올치 철학'을 바탕으로 한국 여자와 잘 살아온 로버트이지만, 로버트도 도저히 참을 수 없는 것이 있었으니! 그것은 바로 방귀를 남발하는 아내였다. 나라고 뀌고 싶어서 그랬겠는가? 세상에는 어쩔 수 없는 상황이 있게 마련이다. 내가 임신 8개월이 되었을 즈음이었다. 임신을 하고 배가 많이 불러오면 내 의지와는 상관없이 방귀 횟수도 많아지고 냄새도 심해진다. 당시 밴쿠버는 아직 초봄이라 비가 많이 내렸고 날씨도 쌀쌀해 창문을 계속 열어둘 수 없었다. 자기 전 침대에 누워 육아 관련 책을 읽으며 남편이 들어오기를 기다리는데, 그날은 다른 날보다 조금, 아주 조금 심한 방귀가 연속으로 나왔다.

뿡~

뿡~

뿡~

세수를 하고 방으로 들어오던 로버트는 갑자기 얼굴이 사색이 되어 울부짖었다.

"Oh my god! What the hell!"

단말마의 비명을 지르더니 바로 창을 활짝 열었다.

"선옥, 이거 네가 그런 거야? 어떻게 사람이 이런 짓을 할 수 있지? 이 공기를 좀 봐. 공기가 아주 파란 색이야. 이런 것이 가능하다니! 숨을 쉴 수가 없잖아."

"미안, 어쩔 수 없었어. 내 의지로 안 되는 일이야. 임신하면 그래."

"어쩔 수 없다고 쳐. 그럼 이 방에서 같이 지내는 사람을 위해서 방귀는 화장실에 가서 해결할 수도 있잖아. 화장실에 가거나 밖에 나가서 해결하고 와."

"뭐? 나보고 이 무거운 몸을 이끌고 화장실에 가서 방귀를 뀌라고? 방귀가 얼마나 자주 나오는데, 그때마다 화장실에 가라고? 그럼 난 잠을 자지 말라는 얘기야?"

"어쨌든 이건 너무 심하잖아!"

임신을 하면 호르몬 분비가 활발해져 감정 기복이 심하고, 아주 사소하고 쓸데없는 것으로 분노하거나 슬퍼지거나 울게 되는 경우가 많다. 나도 그랬다. 이 경우는 100% 내가 사과해야 할 일인데, 이놈의 호르몬 때문에 그랬는지 로버트의 말이 너무 서운했다.

"왜? 임신한 부인의 방귀도 못 참아줘? 그게 그렇게 어려워? 냄새나도 좀 참으면 안 돼?""

"아니, 말이 되는 소리를 해. 이건 참고 아니고의 문제가 아니라 숨을 쉴 수 있느냐 없느냐의 문제라고. 내 생명이 걸린 문제야."

나는 분을 참지 못해 눈물을 폭풍처럼 흘리며 말했다.

"꺽, 꺽, 꺽. 나는 임신해서 몸도 무겁고, 네 시간마다 깨서 화장실 가느라 잠도 제대로 못 자고, 밤마다 다리에 쥐나고, 혈액 순환도 잘 안 돼서 손가락 발가락이 다 쑤시고 저린데. 나보고 이 몸을 이끌고 화장실에 가서 방귀를 뀌라니. 꺽, 꺽, 꺽. 네가 임신했어도 그런 소리가 나오나 보자. 한국 남자라면 너처럼 매정하게 말하지 않았을 거야. 꺽, 꺽, 꺽."

말을 할수록 나의 분노는 하늘에 닿을 듯 커져만 갔고, 하지 말아야 할 말을 하고 말았다.

"로버트, 나는 네가 아버지가 될 준비가 된 건지 의심이 들어. 네가 아버지가 될 준비가 되어 있지 않다면, 나는 우리 관계에 희망이 없다고 생각해. 그렇다면 난 이 결혼에 대해 회의적이야."

어머나, 이 무슨 폭탄선언인가. 방귀 뀌었다고 한마디 했다가 이혼까지 갈 기세다. 말을 내뱉은 나도 놀라고, 로버트도 놀랐다. 그러나 이미 뱉은 말을 주워 담을 수는 없었다. 우리는 방귀 냄새 나는 방에서 등을 돌리고 누워 서로에게 서운한 마음으로 밤을 보냈다. 그리고 다음 날, 로버트는 어젯밤 일을 바로 사과했다.

"선옥, 어제는 정말 미안해. 방에 들어왔는데 공기 자체가 너무 파란 색이라서 너무 놀라서 그랬어. 너를 비난하거나 화나게 하려고 한 게 아니라, 그냥 숨쉬기가 힘들어서 좀 놀리려고 한 말인데 네가 너무 많이 울어서 나도 마음이 안 좋았어. 미안."

"나도 네가 한국 남자가 아니라서 매정하다고 말해서 미안해. 그리고 우리 관계가 회의적이라고 말한 것도 진심이 아니었어. 화가 나서 그냥 한 소리야. 미안해."

"응, 그 부분에 대해 사과해줘서 고마워. 사실 상처 많이 받았어. 이제부터 방귀 마음껏 뀌어. 침실에서 뀌어도 돼. 냄새가 참을 수 없으면 내가 창문 열고 환기를 시키면 되니까."

"응, 고마워. 이제 네 눈치 안 보고 마음껏 뀔 수 있겠다."

'올치 올치 철학'의 끝은 도대체 어디까지인가! 호르몬의 교란으로 감정 조절이 안 되는 임신한 부인의 어처구니없는 요구까지 들어주고 감싸줄 수 있는 로버트의 '올치 올치 철학'. 나는 돈도 없고 집도 없지만 밴쿠버에서 제일로 행복한 여자이다. 로버트가 '올치 올치 철학'을 버리지 않는 이상, 나는 문제없어.

_ 진성원

아내가
집을 나갔다!

다른 신혼부부들도 그럴까. 우리 부부도 곧잘 싸운다. 다른 부부들과 차이가 있다면 우리의 부부 싸움은 살짝 국가대항전의 성격을 띨 때도 있다는 것이다. 부부 싸움이지만 그 아래에는 일본과 한국의 밀고 당기기가 벌어지는 셈이다. 어느 순간 한쪽이 밀리면서 대형 싸움으로 확전되기도 한다.

얼마 전에 일어난 사건도 그랬다. 첫딸 유희가 태어난 이후 우리 부부는 거의 매일 저녁 아이를 데리고 동네 주변을 산책한다. 아이에게 바깥바람을 쐬어주고 싶은 마음도 크지만, 매일 집 안에 있는 아내에게도 운동할 기회가 필요하기 때문이다. 그날은 마침 보름달이 떴고, 공기도 맑아서 산책을 하기에는 최고의 날씨였다.

우리 가족의 산책로는 차도 옆으로 난 무척 좁은 인도다. 자전거도 인도를 이용하기 때문에, 사람들은 나란히 서서 걸을 수 없고 한 줄로 걸어야만 한다. 그 길을 통과하며 아내를 돌아보았는데, 아내가 갑자기 불같이 화를 냈다. 산책을 나와서 이제야 자기에게 처음으로 눈길을 주었다는 것이다. 내가 요즘 자신에게 통 관심을 기울이지 않는다고 했다.

나는 아내의 말을 도무지 이해할 수 없었다.

'내가 아내를 돕는다고 얼마나 육아에 심혈을 기울이고 있는데, 왜 이렇게 말도 안 되는 소리를 하는 거지? 지금 우리가 함께 산책하는 이 상황은 도대체 뭐라고 생각하는 거야? 자기가 답답해할까봐 시간을 내가며 매일같이 산책을 하고 있는 건데. 그리고 엊그제 뭘 했는지 잊은 거야? 외식까지 했잖아. 마음 편히 밥 먹으라고 나는 급하게 밥을 먹고 나와 유희를 보았고. 그리고 그 전날에도 같이 산책 겸 쇼핑을 하지 않았나? 세상에 아내와 아이를 위해 이토록 많은 시간을 헌신적으로 보내는 남편이 어디 있단 말인가?'

이런 생각을 말로 꺼내봐야 소용이 없었다. 화가 단단히 난 아내는 집으로 돌아오는 길에 나를 외면하고 혼자 걸었다. 내가 앞서 가고 있으면 어느새 다른 길로 혼자 걸어갔다. 집에 도착하자마 아내가 단호히 선전 포고를 한다.

"나 오늘부터 스트라이크(파업)한다. 분말 우유 있으니까 유희는 그거 타서 줘."

아내의 태도에 나도 덩달아 화가 났다. 나는 대꾸도 하지 않고 2층으로 올라갔다. 혼자 마음을 가라앉히고 있는데 1층에서는 무언가 부스럭거리는 소리와 식기가 덜그럭대는 소리가 들렸다. 이 와중에도 아무 일 없다는 듯이 밥을 챙겨 먹는 아내가 내는 소리였다. 얼마나 지났을까. 조용히 현관문이 열리더니 덜컹 닫히는 소리가 들렸다. 진짜로 나갔나? 1층에 내려와 보니 아이가 혼자서 데굴거리며 나를 보고 웃고 있었다.

결혼하고 처음으로 아내가 진짜로 집을 나갔다. 과거에도 말다툼을 하다가 집을 나가겠다고 한 적이 있었다. 그때는 달래고 만류했었다. 그런데 이번에는 왠지 하고 싶지 않았다. 아내의 갑작스러운 분노와 가출이 섭섭하고, 또 너무 황당했기 때문이다. 머릿속에 여러 가지 생각이 복잡하게 떠올랐다.

'도대체 어떤 엄마가 갓난아이를 남겨두고 집을 나가지? 이거 확 경찰에 실종신고를 해버릴까? 아니면 장모님께 전화를 해서 아내가 집을 나갔다고 고자질을 할까? 에이, 화난 김에 나도 집을 나갈까? 이렇게 집을 나갔으니, 토요일에 가기로 한 근교 소풍도 취소된 거네? 그리고 일요일에 오기로 한 선배도 못 오는 거겠지? 그 모임을 취소하면 아내는 정말로 난처해지겠지?'

우리 부부 사이에서 '가출 전략'의 선구자는 나다. 결혼 초기의 주도권 다툼이 심해졌을 무렵, 나는 가출을 선택했다. 그것도 일주일이라는 짧지 않은 기간이었다. 문제는 일본 생활이 얼마 되지 않은 나로서는 가출을 해도 갈 곳이 별로 없었다는 것이다. 게다가 일본은 한국이 아니었다. 한국이라면 아마 찜질방으로 직행했을 것이다. 찜질방에서 여유 있게 목욕을 하고 땀을 빼면서 장기전에 돌입할 준비를 할 수 있었을 것이다.

그러나 내가 살고 있는 곳은 일본. 찜질방 같은 곳은 없다. 인터넷방 혹은 캡슐 호텔과 같은 저렴한 숙박 시설이 있긴 했지만, 그런 곳도 하룻밤을 묵는 데 5만 원가량의 비용이 필요했다. 당시 나에겐 너무 큰 비용이었다. 그래서 비장한 각오를 하고 집에 있던 자전거에 대충 짐을 꾸려 자전거 여행을 시작했다. 아내와의 마지막이 될지도 모르는데 일본까지 왔으니 평소에 하고 싶었던 자전거 여행을 떠나보자는 심정이었다. 코스는 지난 대지진으로 쓰나미의 피해를 본 지역이었다. 비가 부슬부슬 내리는 국도를 따라서 기약 없이 북으로 북으로 페달을 밟았다.

그러나 지금, 나의 가출 여행의 추억에 잠겨 있을 만큼 상황은 여유롭지 않았다. 당장 태어난 지 몇 달 되지 않은 우리 갓난쟁이 유희를 아내 없이 돌보는 일이 급선무였기 때문이다. 아내 없이 어떻게 아이와 하룻밤을 지내야 할까 걱정이 되었다. 아이를 바라보았다. 나를 보고 벙긋벙긋 웃는 딸의 모습을 보니, 집을 나간 아내 걱정은 뒷전으로 밀릴 수밖에 없었다.

일단 배가 고프면 울기 시작하는 유희. 울면 바로 우유를 먹이기 위해 전자레인지에 우유병과 젖꼭지를 넣고 소독 준비를 했다. 분말 우유를 탈 물도 끓였다. 아이에게 우유를 주었지만, 아이는 분말 우유를 먹지 않았다. 모유에 익숙해져 있는 아이가 갑자기 분말 우유를 먹을 리 만무했다. 아이는 젖꼭지를 물려주면 물었다가도 이내 마음에 들지 않는지 고개를 가로저었다. 아이와 옥신각신하다 분유는 차갑게 식어버렸고, 다시 전자레인지에 데우기를 몇 차례 반복했다. 아이는 결국 배가 고파졌는지 분유를 빨기 시작했다. 그러고는 나의 배 위에 올라타 잠들었고, 나 역시 지쳐 일찍 잠에 빠져들었다.

아내가 돌아온 것은 다음 날 정오 무렵이었다. 나는 아기를 나의 가슴 위에 올려놓고 흔들며 잠을 재우고 있었다. 아내가 돌아오면 일전을 불사하겠다는 다짐은 이미 사라지고 없었다. 아내도 피곤할 때가 있는 것이다. 매일 집에서 아이만 보고 있었으니 한번 폭발할 때도 되었다고 생각했다. 아내 말대로 그동안 내가 정말 아이에게만 정신이 팔려 있던 것 같기도 했다.

아내는 나와 아기가 잘 지내고 있는 것을 보고 바로 아이에게 젖을 물렸다. 아내에게 어디에 갔다 왔느냐고 물었더니, 옛날에 살던 동네에 다녀왔다고 했다. 아내는 그동안 나에게 쌓여 있던 불만을 늘어놓기 시작했다. 아내는 나와 좀 더 많은 대화를 하고 싶다고 말했다. 내가 아기와 시간을 보내고 곧바로 2층으로 올라가면 무척 외롭다고 했다.

대화가 부족한 것은 사실이었다. 더구나 요즘은 아내가 일본어를 많이 쓰기 때문에 대화하기가 더욱 힘들었다. 아내가 일본어로 이야기를 시작하면 나는 그냥 "응, 응" 하고 만다. 일본에서 살고 있으니 일본어를 빨리 익히기 위해서라도 자주 사용해야 하는데, 그게 잘 안 되었다. 나는 솔직히 말했다. 아내가 한국어를 사용하면 목소리도 귀엽고 이야기가 잘되는데, 일본어를 하면 너무 차가운 기분이 들어서 더 이야기하고 싶은 생각이 없어진다고. 그러자 아내가 한국어로 말했다.

"그랬구나, 알겠스므니이다, 성원상."

이제부터 아내에게 정말로 더 많은 신경을 써야겠다. 딸도 중요하지만.

이혼,
캬할레?

　대부분의 부부가 그렇겠지만, 우리 결혼생활도 되돌아보면 우울했던 적과 희열이 넘쳤던 적이 반반쯤 되는 것 같다. 결혼 초기에 생활비를 둘러싼 기싸움을 시작으로 티격태격하는 일이 잦았고, 때로는 논쟁이 격렬해져 이혼의 위기에 다다른 적도 있었다. 이혼은 부부 싸움을 유리하게 전개하기 위해 내가 동원하는 무기였다. 내게 이혼 전략이 있다면, 남편에게는 이혼 회피 전략이 있다.

　결혼 초부터 매년 여름 시댁 식구가 방문하는 것은 그들에게는 휴가이지만 나에게는 고통이라며 눈물로 호소해 5년간 '시댁 식구 금족령'을 내리고, 대신 우리가 매년 겨울 시댁을 방문하는 것으로 규칙을 바꿀 수 있었던 것은 '이혼'이라는 나의 무기 때문이었다.

　시댁 식구가 집에 오는 것이 불편하다는 말이 서운하기도 했을 텐데, 남편은 내가 왜 우는지 묻는 시댁 식구들에게 자기가 잘못해서 그런 것이라며 변명을 해주었다. 향신료가 들어간 음식만 먹어 한식에 굶주린 나에게 밥과 찌개를 사주며 달랬고, 기꺼이 내가 요구한 '시댁 식구 금족령'을 받아들였다. 그리고 이혼 철회의 조건인 나의 대학원 진학을 수용했고, 학비도 지원해주었다.

'시댁 식구 금족령' 사건 때, 이혼은 내가 결혼 이후 처음으로 사용한 충격요법이었다. 사실 정말 이혼할 마음은 없었다. 그러나 살다보니 진심으로 이혼을 고민해야 하는 순간이 찾아왔다. 남들이 보기에 그럴듯한 이혼 사유는 없었다. 남편이 폭력을 쓰기를 하나, 돈을 안 벌어 오기를 하나, 그렇다고 술에 빠졌나, 두 집 살림을 하나. 딱히 꼬집어 말할 수 있는 이유가 없어 보였을지 몰라도 나는 아니었다. 이제는 기억도 가물가물한 여러 이유로 그와 헤어지고 싶었고, 심지어 그를 여행가방과 함께 집 밖으로 쫓아낸 적도 있다. 법원에서 이혼 서류를 가져와 그의 코앞에 내밀며 당장 사인하라고 강짜를 부린 적도 있다.

문제의 핵심은 소통이었던 것 같다. 밤마다 치킨을 즐기는 우리가 '양념이냐, 프라이드냐, 간장이냐'를 놓고 의견을 맞추는 것과는 비교도 할 수 없는 어려웠던 시간이 있었다. 나는 우리의 소통에 버퍼링이 걸릴 때마다 하루에도 몇 번씩 이혼을 고민했다.

남들은 그가 무슬림이니 보수적이고 가부장적이라 힘들 거라고 어설픈 추측을 하겠지만, 그런 부분은 문화 차이라고 말하기 어렵다. 솔직히 돼지고기를 먹지 않는다는 사실만 빼면, 그가 한국 남자가 아닌 파키스탄 남자라서 다르다고 느껴지는 부분은 없다.

우리 부부의 갈등은 많은 부부가 겪는 것과 비슷하다. 나는 아내, 엄마, 며느리, 딸이 아닌, 나 자신이고 싶을 때가 있다. 오롯이 혼자 있고 싶을 때가 있는 것이다. 그래서 나만의 공간이 절실해지는 순간이 있다. 엄마 노릇, 아내 노릇이 지칠 때가 있다. 남편은 그것을 이해하지 못한다. 아마 어쩌면 내 남편만의 문제는 아닐 것이다. 세상 어느 남편도 이해하지 못하는 부분일지도 모른다.

한때 나는 여행사를 운영했다. 돈도 벌고, 좋아하는 여행을 마음껏 할 수 있을 것 같아서 나는 그 일이 참 좋았다. 그런데 남편은 그런 나를 이해하지 못했다. 오히려 내게 "바보"라고 했다. 나의 독립이 불안했던 남편은 날마다 나를 괴롭혔다. 당시 아침저녁으로 싸워대는 우리 부부 때문에 아이들이 많이 힘들었을 것이다. 내가 여행사를 그만두고 대학교 연구소로 자리를 옮겼을 때에야 길었던 싸움이 끝났다.

"아마 우리 이사 간 줄 알 거야, 다른 집에서."

아이들이 시큰둥하게 말했다. 아이들의 말을 듣고서야 우리의 싸움이 얼마나 격렬하고 요란했는지 대충 짐작이 갔다. 나의 만만치 않은 고집 덕분에 아이들뿐만 아니라 남편도 꽤나 상처를 입었을 것이다. 물론 내게도 그만큼의 상처가 아프게 자리 잡았다. 이제 상처는 아물었다. 하지만 문제가 해결된 것은 아니다. 상처는 그냥 덮여 있을 뿐이다.

그의 이혼 회피 전략은 참 대단했다. 그는 내가 가져온 이혼 서류를 제대로 쓴 적이 없었다. 이름을 틀리게 적거나 주소를 잘못 적고는 했다. 다시 서류를 가져오겠다며 나가서 최대로 시간을 끌었고, 다시 돌아왔을 때 그의 손에 서류 따위는 없었다. 은근슬쩍 밀고 들어와 뭉개며 넘어가려 했다. 처음 나의 진지한 이혼 요구에 충격을 받고 소주를 사 들고 와 마시더니, 파키스탄 집으로 국제 전화를 걸어 내가 이혼하자고 했다며 엉엉 울었던 그다. 이제 남편은 내가 이혼이라는 무기를 꺼내 들어도 별다른 반응을 하지 않는다.

생각해보면 격렬한 싸움도, 이혼의 겁박도 헤어지기 위한 몸부림이 아니라 같이 살기 위한 몸부림이었던 것 같다. 요즘 나는 새롭게 배우는 언어의

향연에 빠져 있다. 파키스탄에서 쓰는 공용어인 우르두 어이다. 쓰는 방식은 우르두 어와 힌디 어가 다르지만 소리 말은 같기 때문에 인도영화를 볼 때 가끔 알아듣는 말이 나오기도 한다. 그럴 때는 적지 않은 희열을 느낀다. 파키스탄 커플 모임의 한국인 아내 대부분은 남편의 언어에 호기심이 있다. 그리고 짧은 우르두 어 실력 때문에 시댁 식구와 간단한 안부를 주고받는 것 이상의 대화를 이어갈 수 없다는 아쉬움이 있다.

"앗살라무 알레이쿰(السلام عليكم, 신의 평화가 당신에게)!"

"캬할레(کیا حال ہے?, 어떻게 지내세요)?"

이 두 마디가 대화의 전부였다. 나와 친구들은 남편을 좀 더 이해하기 위해 그의 언어와 문화를 배워보자고 의기투합했다. 무함마드와 샬왓, 두 분의 강사도 초빙했다. 우르두 어와 파키스탄 문화 공부를 계속해가던 어느 날, 나는 남편이 왜 이혼을 말하지 않는지 아주 중요한 정보를 얻을 수 있었다.

파키스탄에서는 결혼식 '샤디'를 3일에 걸쳐 치르는데, 결혼식 마지막 날에는 '니카', 즉 결혼 서약을 해야 한다. 니카를 할 때, 신부는 남편에게 원하는 '메헬(혼납금)'의 액수를 써넣게 되어 있다. 함께 공부하는 파키스탄 커플 모임의 한국인 아내들과 나를 경악시킨 것은, 우리가 남편의 말만 듣고 터무니없이 적은 액수를 적었다는 점이다.

우리가 적은 메헬의 액수는 고작 200달러에 불과했거나, 반지와 팔찌로 대신했고, 최대 200만 원을 넘지 않았다. 파키스탄 여성인 레헤나의 경우는 달랐다. 그녀의 지참금 액수는 7,000만 원이라고 했다. 이런 사기결혼을 봤나? 파키스탄 문화를 모른다는 이유로 혼납금 최저 액수를 쓰게 해놓고 킬킬거렸을 남편들을 생각하니 분노가 치밀었다.

물론 혼납금이 형식에 불과하다는 것을 우리도 잘 안다. 각자의 형편 따라 알맞게 하는 것이라는 점도. 아무튼 혼납금 문제는 우리에게 논란의 불을 지폈다. 바로 혼납금 때문에 무슬림 남편들은 쉽게 이혼을 내뱉지 않는다고 했다. 혼납금은 파키스탄에서 결혼을 유지하거나 파기하는 데 중요한 역할을 한다. 이혼을 하면 남편은 아내에게 혼납금을 일시불로 지급해줘야 하기 때문이다. 그래서 파키스탄 여성들은 화가 나면 이혼하자는 말 한마디만 던져놓고 친정으로 가버린다고 한다. 그러면 남편은 바로 친정으로 뛰어와서 잘못했다고 싹싹 빌게 마련이라는 것이 수업의 결론이었다.

하지만 내 남편에게는 적용되지 않는 관습이다. 우리 부부의 가장 큰 재산인 집을 내 명의로 해준 남편은, 이혼할 경우 오히려 내게 재산분할을 청구할 수 있다.

또 한 가지, 파키스탄에는 남편이 이혼을 세 번 외치면 실제로 이혼이 성립한다는 관행이 아직 남아 있다고 한다. 물론 법적 구속력은 없는 종교적인 관행이다. 하지만 남편이 이혼에 대해 소극적이고 방어적으로 나오는 것은 이러한 관행이 몸에 배어 있기 때문일지도 모른다.

나와 헤어지는 것을 한 번도 상상해본 일이 없다는 그는, 그 증거로 아파트 등기 명의를 내 앞으로 해준 채 살고 있다. 물론 부동산 관련법에 따라 외국인의 주택 소유가 불가능했던 시절에야 그럴 수밖에 없었겠지만, 지금은 법이 바뀌었을 뿐 아니라 한국 국적으로 귀화한 남편이 굳이 그럴 필요가 없다. 남편은 수차례 부동산 거래를 하면서도 일관되게 내 명의로 등기를 올림으로써 나에 대한 신뢰를 증명한다.

부부 싸움을 하지 않고 사는 집이 있을까? 크고 작은 다툼은 있지만 우리 부부가 여전히 같은 공간에 살고 있는 이유, 적지 않은 갈등과 소통의 문제가 있는데도 우리가 함께할 수 있도록 만들어주는 그 무엇, 그것은 '남편의 매력'이다. 내가 아는 한 남편은 파키스탄 남자 중에서 가장 개방적이다. 나를 받아들이는 데도 그러했다. 존중이 지나쳐서 때로는 무관심으로 비추어질 정도이니 말이다. 그것이 때로는 불만이지만, 때로는 나에게 커다란 자유를 선물한다.

  돌아보니 나는 늘 남편에게 잔소리꾼이자 선생이었다. 야단치는 엄마이거나 가르치려드는 선생 노릇을 했던 것이다. 나를, 우리의 관계를 참아낸 사람은 그였다. 자존심에 깊은 내상을 입고도 언제나 가장이자 남편으로서의 책무를 충실하게 이행해온 남자가 아닌가. 그의 인내심으로 인해 나는 여전히 자유를 누리고 있다.

달라서 더 사랑해요 ✏️

출신 국가와 인종, 언어가 다르지만 식성과 하는 일, 음악과 영화에 대한 취향이 비슷한 커플과 출신 국가와 인종, 언어는 같지만 식성과 하는 일, 음악과 영화에 대한 취향이 전혀 다른 커플. 과연 어느 커플 사이에 다툼이 더 볼만할까? 어떤 커플의 금슬이 더 닭살 돋을까? 사람마다 다르다. 커플마다 다르다. 이게 정답이다. 어떤 특정한 차이를 부부 사이의 절대적인 차이로 환원할 수도 없고, 그 차이가 모든 커플에게 똑같은 방식으로 기능하리라고 예단할 근거는 매우 희박하단 소리이다.

남편은 간이 안 된 음식을 좋아한다. 그리고 입도 아주 짧다. 육식보다는 채식을 좋아한다. 못 먹는 음식도 많다. 먹는 것보다는 자는 것을 좋아하는 스타일이다. 아내는 자극적인 음식을 아주 좋아한다. 음식에 대한 호기심과 열망도 강하다. 고기 마니아이다. '맛집'이라면 어디라도 달려가는 스타일이다. 오랜만에 둘만의 오붓한 외식 데이트를 즐기기로 했다. 어떤 일이 벌어질까?

"여보, 나 불닭이나 엽기 떡볶이 먹고 싶어."

"난 너무 매워서 먹으면 배 아파져서 싫어."

"그럼 육회비빔밥은 어때?"

"나 못 먹잖아."

"그럼 내장탕이나 곱창? 맛있겠다, 맛있겠다. 그치?"

"여보, 나 그거 안 먹잖아."

"우이씨."

아내는 정리정돈의 달인이다. 옷, 일상용품, 책, 아이 장난감 할 것 없이 아내 손을 거치면 집 안의 모든 살림살이가 반듯하게 완벽한 질서를 찾는다. 남편은 군대에 대한 트라우마 때문일까? 마치 세상의 모든 '각'을 해방시키는 것이 자신의 임무라고 생각하는 듯하다. 사물들이 삐뚤빼뚤, 뒤죽박죽일 때 그는 안도한다. 둘 사이에 어떤 일이 벌어질까?

"여보, 당신이 내 방 치웠어?"

"응, 깨끗하고 좋지, 내 사랑~"

"아, 뭐야, 일을 못하겠어. 집중도 안 되고. 부탁인데 제발 내 방은 건드리지 않았으면 좋겠어."

"뭐야? 정리해준 사람한테 고맙단 말은 못할망정. 홍!"

남편은 개인적이다. 아내는 공동체적이다. 두 사람이 자란 가족 문화가 그렇다. 남편은 원가족과 직접 만나는 횟수가 1년에 손가락을 꼽을 정도로 적다. 부모님 추도 모임같이 반드시 모여야 하는 일정은 온라인 카페에서 조정한다. 아내는 거의 매일 원가족과 만난다. 전화로 하면 편할 것 같은 일도 굳이 만나서 이야기하는 것을 선호한다. 각자의 삶은 각자가 독립적으로 알아서 살아가야 한다고 생각하는 남편과 달리 무릇 형제간의 우애는 자주 모이는 데서 생긴다고 생각하는 아내. 둘의 저녁 대화다.

"여보, 주말에 엄마네 가자."

"어? 주말에?"

"응, 왜 바빠?"

"아니, 그건 아닌데."

"그럼, 왜? 가는 게 불편해?"

"아니, 그럴 리가."

"그럼 왜 그러는데? 나 삐침, 힝."

아내는 늘 청결을 강조한다. 청결의 리스트도 깨알 같다. 특히 속옷과 양말은 매일 갈아입어야 한다. 자기 전에는 반드시 이를 닦아야 한다. 이를 닦았지만, 음식이 당겨서 먹었다면 자기 전에는 다시 닦아야 한다. 남편은 다르다. 청결한 게 나쁠 건 없지만 그렇다고 '매일매일'이나 '반드시'라는 전제가 붙을 정도로 규범적일 필요는 없다고 생각한다. 그래서 속옷이나 양말의 재활용은 괜찮다고 생각한다. 자기 전에 양치질은 까먹을 때가 더 많다. 잠자리에 들기 전, 거의 매일 같은 상황이 반복된다.

"여보, 이 닦아야지."

"어, 닦았는데."

"닦고 나서 콜라 마셨잖아."

"그럼, 또 닦아야 돼?"

"당연하지."

"(툴툴거리며 화장실을 다녀와서) 자, 됐지?"

"자기 지금 치약 안 묻히고, 물로만 헹구고 왔지? 그건 안 쳐줘, 다시."

"……."

아내는 멜로물을 좋아한다. 그리고 몰입의 귀재다. 드라마나 영화, 만화는 물론이요, 심지어 홈쇼핑을 보다가도 눈물을 흘리고 박장대소를 한다. 공포물이나 액션은 아주 싫어한다. 남편은 반대다. 멜로를 못 본다. 액션이나 공포 장르를 좋아한다. 기왕 선택하라면 공포나 스릴러를 더 좋아한다. 몰입형이 아니어서 영화나 드라마를 보면서도 딴짓을 많이 한다. 중간에 몇 장면 못 본들 어떠냐는 마인드다. 둘이 함께 멜로 영화를 본다.

"여보, 왜 울어?"

"슬프니까 울지."

"슬프긴 뭐가 슬퍼, 영환데."

"……."

"어, 과자 포장지가 안 뜯어지네, 이것 좀 뜯어줘."

"(순간 아내는 영화 속 비련의 여주인공으로 빙의, 남편을 화면 속 바람둥이 나쁜 남자로 동일시한다) 뭐야, 뭘 뜯어달라고? 지금 그게 나한테 할 소리야? 뭐야, 뭐."

"……."

이 부부는 지금 어떻게 되었냐고? 신혼 때에는 혜실과 자비드 못지않게 거의 매일 〈사랑과 전쟁〉을 방불케 하는 크고 작은 전투를 치렀지만, 지금은 그야말로 태평성대를 구가하면서 부부 만세를 외치고 있다. 완전 실화다. 누구네 이야기냐고? 바로 우리 집이다. 한국에서 나고 자란 나와 역시 한국에서 나고 자란 내 아내의 이야기.

모든 부부는 싸운다. 중요한 것은 사랑하는 만큼 싸움의 기술만이 아니라 싸움을 피하는 기술도 발전한다는 것이다. 차이보다는 공통점을 발굴하고, 그것에 더 큰 중요성을 부여하는 방식이 된장녀와 카레 씨 부부, 옥과 로버트 부부의 방법이라면, 성원과 쇼우코, 혜실과 자비드는 각자의 개성을 그 자체로 인정하는 쪽에 좀 더 가깝다. 그렇게 공통적인 것을 포기하면 큰일 나는 것 아니냐고? 걱정할 필요 없다. 그 어떤 차이도 둘이 부부라는 공통점을 압도할 수는 없을 테니까. 혜실과 자비드, 아주 잘 살고 있다.

우리 부부는 절충형에 가깝다. 나는 매운 것을 먹을 수 있게 되었고 아내는 덜 즐기게 되었다. 그리고 내 방 청소는 스스로 할 수 있는 자치의 권한이 주어졌다. 내가 "여보, 주말에 장인 장모님이랑 저녁 먹자"고 하면, 아내가 "아니야, 지난주에도 다녀왔잖아"라는 식으로 반전이 이루어졌다. 잠자기 전 이 닦기 규칙을 나는 자발적으로 실행하고, 아내는 관대하거나 둔감해졌다. 자다 말고 내가 벌떡 일어나면 아내가 묻고 내가 답한다. "어디 가?", "이 닦고 오려고." 최근 우리가 함께 본 영화는 〈웜 바디스(Warm Bodies)〉이다. 좀비와 인간의 사랑 이야기.

그래도 나는 여전히 아내만큼 먹는 것을 즐기지 않고, 방 청소의 자치권을 거의 행사하지 않는다. 가족과의 만남을 아내만큼 들떠하지 않으며, 잠자기 전 벌떡 일어나 자발적으로 욕실에 갔음에도 물로만 이를 헹구곤 한다. 영화를 보면서도 내용에 몰입하기보다는 과자를 떨어뜨린 것에 더 신경을 쓴다. 그러나 아내는 전처럼 발끈하지 않는다.

"같이 사는데 그렇게 공통점이 없으면 어렵지 않아? 사사건건 부딪치게 될 테고 말이야. 그렇게 계속 갈등이 증폭되면 가족 해체 상황이 올 수도 있는 거고."

누군가의 이러한 노파심은 우리와는 별 관계가 없다. 걱정과 염려가 따뜻한 마음에 근거하고 있음을 잘 안다. 그러나 그런 걱정을 하는 사람들이 미처 생각하지 못하는 중요한 부분이 있다. 사랑하는 사람 사이에, 부부 사이에, 공통점이라는 것은 원래부터 존재할 수 없다는 점이다. 국제결혼 가정이라고, 다문화 가정이라고 다르지 않다.

공통점이 아주 많은 부부이고 싶은가? 그렇다면 이제부터 열심히 만들어가면 된다. 공통점을 만들어가는 과정에서 우리, 나를 포함한 이 책의 주인공들은 조금 덜 싸우고 조금 더 사랑하게 되었다. 공통점을 만들어가기 위해 나와 다른 사람을 좀 더 찬찬히 들여다봐야 했고, 그러다 나 자신도 새롭게 발견할 수 있었다.

당신이 나와 아주 많이 다른 사람이어서 참 고맙고 행복하다. 이제 안다. 우리가 만들어가야 할 공통점의 목록이 많다는 것은 앞으로도 우리의 사랑이 깊어질 가능성이 여전히 크다는 말이라는 것을. 아내에게 제일 많이 했던 말이다.

"여보, 나는 당신이 나와 달라서 정말 좋아, 사랑해."

_ 오경석

발효된 카레와
3분 요리 된장

그동안 귓속 청소 한 번 안 해본 사람처럼, 혼자 귀지 청소를 못한다며 매주 면봉을 들고 내 앞에 나타나는 남편. '세일'이라는 간판만 보면 아줌마 본능이 튀어나와 쑤시고 뒤집고 헤엄치며 무엇이든 하나라도 건져 와 머리를 쓰다듬어 달라는 남편. 드라마를 보다가 어깨를 들썩거리며 흐느끼고 결국 엉엉 울어버리는 남편. 그렇게도 좋아하던 맥주를 서서히 멀리하고, 막걸리와 약주로 갈아타고 있는 남편.

나를 만나기 전에는 혼자서도 잘만 했을 귀지 청소, 관심도 없던 세일 쇼핑, 세상에서 제일 따분하다고 여겼던 드라마 시청, 그리고 맥주만이 세계 최고의 술이라고 자부했던 그였다. 이 사람, 나를 만나고 참 많이 변했다. 처음 만났을 때 진하게 풍겨왔던 생소한 인도 향신료 냄새가 지금은 우리 집 마당 장독대에 잘 숙성된 된장같이 퀴퀴하고 푸근한 냄새로 바뀌고 있다.

나도 그만큼 변했을까? 궁금하여 뜬금없이 물어봤다.

"여보, 내가 당신 만나고 달라진 게 뭐야?"

"나랑 피부색이 비슷해져가."

부부는 닮는다는 말이 진짜인지, 뽀얗던 내 피부가 어느 순간부터 구릿빛으로 변했고, 나의 영어 발음에도 강한 인도식 악센트가 무의식적으로 스며들었다.

"아니, 그거 말고는 없어?"

"나처럼 배도 조금씩 나오는 것 같고……. 아, 이젠 방귀도 스스럼없이 잘 뀌잖아. 물론 냄새는 나보다 더 고약하지만."

"뭐야!!"

"푸하하하하하."

서로의 변해가는 모습들을 들추어내며 소파에서 데굴데굴 구르며 한바탕 웃어젖혔다. 신혼의 달콤함을 너무 오래 느낀 걸까, 양가 부모님께서 된장과 카레의 주니어를 보고 싶다며 서서히 압박을 가하신다. 생기지도 않은 아이는 벌써부터 뜨거운 논란에 휩싸였다. 이름은 어떻게 지어야 하며, 국적은 무엇일지, 어떤 언어를 모국어로 쓸지, 종교는 또 어떤 쪽을 따를지 등 어른들의 이야기에 혼란스러워하며 세상에 나오길 좀 미루고 있는 듯하다. 미래의 할머니, 할아버지들의 염려와 걱정과는 달리, 정작 부모인 우리는 "아이한테 선택권을 줘야죠" 하며 아직은 태평하게 기다리고 있지만, 사실 조금 궁금하긴 하다.

된장 같은 카레와 카레 같은 된장이 합쳐지면 무슨 맛이 날까?

_ 이정민

그 느낌~
아니까

로버트에게 물어보았다.

"나랑 살아서 뭐가 제일 좋아? 한국인 부인과 살아서 재미있는 일은 뭐야?"

대답이 좀 거시기하다. 첫 번째가 한국어로 된 구수한 욕을 배운 점이란다. 자기 생각에 영어 욕보다 한국어 욕이 깊이가 있는 것 같단다. 로버트가 한국 욕에 조예가 깊어진 것은 물론 내 덕분(?)이다.

가끔 로버트와 대화를 하다가 표현이 잘 안 되어서 답답해지면, 혹시 도움이 될까 싶어 한국어 속담이나 시골 할머니나 쓸 법한 표현을 영어로 직역해서 사용할 때가 있다. 로버트가 늦잠을 자고 있으면 "아니, 해가 중천에 떴는데 똥구멍을 지질 때까지 누워 있는 사람이 어디 있어?"라든가, 집에 늦게 돌아왔을 때 "집에 일찍일찍 안 들어오고, 어딜 그렇게 벌 쏘인 놈마냥 빨빨거리며 돌아다니는 거여"라고 쏘아붙이는 식이다.

내가 이럴 때마다 로버트는 무슨 말인지 당최 모르겠다는 얼굴이거나, 아니면 뒤로 넘어가면서 배꼽을 잡고 웃는다. 캐나다나 미국에 비하면 한국의 문화가 오래되어서인지 다양한 상황을 해학적으로 표현하는 말이 아주 많은 것 같다며, 로버트는 그런 표현들이 정말 좋다고 한다.

로버트가 두 번째로 꼽은 것은, 나와 해외여행을 다니면 전 세계 어디에서든 가격이 저렴하면서도 서비스가 좋은 한국인 민박집을 이용할 수 있다는 것이다. 로버트는 전 세계 구석구석 어느 곳이든 한국인이 살고 있으며, 한국인이 사는 지역에는 어김없이 민박집이 있다는 사실에 늘 놀란다. 우리는 여행을 할 때마다 거의 한국인이 운영하는 민박집을 이용하는 편인데, 현지 호텔이나 B&B보다 조금 싸고 서비스도 좋다.

함께 사는 데에 국가 문화나 민족 문화의 차이가 개입할 여지가 많지 않다는 게 로버트와 나의 생각이다. 우리 부부는 각각 출신국과 민족이 다르지만, 정말 많은 다른 부분을 공유하고 있다. 예를 들면, 직업 문화, 계급적 정체성, 음식 취향, 여가 활동, 정치적 성향, 그리고 돈에 대한 가치관도 매우 유사하다. 한국인이냐 아니면 캐나다인이냐는 것보다 더욱 중요한 요소들이 우리의 삶에 늘 가득 차 있다. 로버트는 말한다.

"내 생각에는 선옥과 나는 매우 많은 공통점이 있어. 좋아하는 음악은 70% 정도, 영화는 80%, TV 프로그램은 90% 정도 일치하는 것 같거든. 음, 특히 음식은 100% 일치하는데, 그 이유는 집에서도 식당에서도 나에게 음식 선택권이 없기 때문이야. 선옥이 주는 대로, 선옥이 주문한 대로 먹어야 한다는 거. 크크크."

로버트의 말을 들으면 가끔 깜짝 놀란다. 내 생각도 똑같기 때문이다. 부창부수라고 했던가? 혹시 내 귀에 도청장치를 단 것은 아닌지. 눈을 씻고 찾으려 해도 공통점이라고는 찾을 수 없었던 우리 둘이 이렇게 조금씩 닮아가고 있다. 그런데 문득 궁금해진다. 금발에 초록색 눈동자를 가진 로버트와 까만 머리칼에 까만 눈동자를 가진 내가 닮아간다면 나중에 도대체 우린 어떤 얼굴이 될까. 불현듯 참 궁금해진다. 국경도 민족도 초월한 제3의 얼굴 표정이 만들어지려나? 그럴 수도 있다. 우린 그 느낌~ 아니까요.

_ 이선옥

'다문화'가
필요 없는 세상

지금 생각하면 진땀이 나는 순간들이다. 똑같은 이름을 가진 전철역 세 개 앞에서 허망하게 무너진 나의 '동물적' 방향감각, '비-루'가 맥주가 아닌 빌딩을 의미하는 섯임을 알았을 때 몰려온 허망함. 문화충돌론의 실험실 같았던 나의 '전통' 결혼식, 달밤에 느닷없이 육아 파업을 선언하고 뛰쳐나간 아내의 뒷모습.

매일매일이 이러한 당혹스러움의 연속이었다면, 아마 아내와 나는 1년도 버티지 못하고 각자 짐을 쌌을지도 모를 일이다. 하지만 일상의 당혹스러움을 웃어넘길 수 있을 정도로 우리의 하루하루는 새로운 감동과 에너지로 충만하다.

우선, 자유로움이 있다. 비록 토끼장 같은 좁디좁은 집에서 다람쥐 쳇바퀴 돌 듯 하는 일상을 꾸리고 있지만, 항상 자유롭다는 느낌이 든다. 마치 여행지에서 매일 아침을 맞이하는 기분이랄까. 익숙했던 사회관계에서 벗어나 새로운 관계를 탐색하는 사람만이 누릴 수 있는 양가적인 감정이다.

자유로움은 자신감으로 이어진다. 지난 2년여의 일본 생활에서 나는 적지 않은 실패를 맛보았다. 아르바이트 면접에서, 연구 프로젝트 응모에서, 운전면허 실기 응시에서 떨어졌다. 심지어 운전면허시험은 세 번 연속 낙방했다. 운전 경력이 15년인데도 말이다. 하지만 이렇게 실패를 거듭해도 별로 실망하지 않았다.

오히려 어딘가에서 자신감이 솟아나고 있다.

자유로움과 자신감이 합쳐져 삶의 형식이 달라진다. 나와 아내는 해왔던 대로 살지 않는다. 우리의 삶은 작은 창조의 연속이다. 그 안에서 아내와 나는 일상의 예술가가 된다. 어느 쪽 문화도 고집하지 않고 섞고, 타협하고, 만들어가면서 사는 재미란 당혹감을 압도한다. 우리 집에는 우리 집만의 창조적인 스타일이 존재한다.

얼마 전에 식구가 한 명 늘었다. 첫째 딸 유희가 태어난 것이다. 새로운 생명의 탄생은 우리 부부의 삶의 차원을 몇 단계나 업그레이드시킨 사건 중의 사건이다. 아이의 탄생은 우리 부부에게 더 많은 자유와 자신감, 창조적인 인간으로서의 평화를 느끼게 해주었다.

조심스럽지만 이렇게 생각해본다. 결혼생활 초기에 우리가 느꼈던 당혹스러움, 그것은 '다문화'라는 것을 너무 의식했기 때문이 아닐까, 문화 차이를 벽으로만 생각하고 긴장했던 탓에 혼동하고 혼란스러워하고 진땀 흘렸던 건 아닐까?

아내와 내가 요즘 가장 많이 하는 대화의 주제는 당연히 우리 딸 유희이다. 아내가 묻는다.

"우리 딸 유희는 이다음에 커서 어떤 사람이 될까?"

"걱정하지 마. 너같이 멋진 여성이 되어서 나 같은 멋진 남성을 선택할 거야!"

나의 대답에 아내는 눈을 흘기기는 하지만 기분이 나쁜 것 같지는 않다. 이제 막 세상살이를 시작한 아이가 방긋방긋 웃고 있다. 아이의 해맑은 미소를 바라보며, 내 딸아이가 살아갈 시대는 '다문화'라는 말을 쓸 필요가 없는 세상일지도 모른다는 즐거운 상상을 해본다.

_ 진성원

당신의 언어로
통하기까지

　20년을 향해가는 결혼생활. 이제는 남편을 알 만큼 알게 되었다고 생각하지만, 사실 아직도 속을 알 수 없을 때가 있다. 남들에겐 좀생이 구두쇠 남편으로 매도하며 그에 대한 험담을 늘어놓지만, 흰머리가 늘어가는 나와 그의 모습을 보면 연민이 생기는 게 사실이다

　마른 몸매 덕에 한때는 날씬하다는 소리도 꽤나 듣고 살았는데, 아무도 믿어주는 이가 없어서 방콕에서 찍었던 30대 초반의 내 모습을 SNS에 올린 적이 있다. 모두의 경악과 당황스러운 멘션을 잠시 즐겼다. 남편과 밤마다 먹어댄 치킨 탓이라며 원망해보지만 누가 믿어주기나 했던가?

　그리고 보니 그와 함께 산 세월은 내 삶에서 격동의 시기이다. 학교-교회-집을 반복하다 학교-직장-교회-집으로, 다시 대학원-집-교회를 반복했던 20대 후반의 나에게 다른 삶을, 파란만장한 인생을 선물해준 남편이다.

　그를 알았고, 그와 살았기에 난 조금 멋진 여자가 되었다. 외모지상주의를 경배하던 내가 외모보다는 내면의 아름다움과 삶의 가치에 무게를 두는 페미니스트가 되었다. 남편의 종교와 문화에 대해서조차 완전한 무식쟁이였던 내가 이제는 나름 잘나가는 다문화이해 강사가 되었다. 그리고 인권이라는 새로운 삶

의 지평에 당당히 발을 내디딜 수 있었다. 그러거나 저러거나 남편에게 나는 한 결같이 돈이 안 되는 '짓'만 하고 돌아다니는 여자일 뿐이다. 그래도 그의 호주머니에서 나오는 돈으로 나는 차에 기름을 넣고, 책을 사고, 사람을 만난다.

뜨거운 사랑도, 정열적인 다툼도 서서히 사라지고, 그가 파키스탄에서 온 남자라는 사실조차 차츰 비현실적이 되어가는 요즘. 나와 남편 사이에는 새로운 가족애가 만들어지고 있다. 마치 형제와도 같은 느낌. 내일 죽어도 좋을 만큼 강렬했던 사랑은 이제 데면데면한 형제애로 바뀌어가고 있지만, 우리 사이에는 여전히 떼려야 뗄 수 없는 끈끈한 연결고리가 있다. 바로 아이들이다. 바쁜 부모 틈에서 저절로 혼자 큰 아이들.

한국 음식은 입에도 안 댔던 그가, 연어 스테이크와 가자미 생선구이, 그리고 된장찌개와 오이소박이가 놓인 밥상에서 아무렇지도 않게 밥을 먹는다. 사골국은 그가 가장 좋아하는 요리 중의 한 가지이다. 나는 치킨 브리야니(briyani)에 환장하고, 고소한 난을 양고기 카레나 치킨 카레에 찍어 먹는 걸 정말 좋아한다. 우리 아이들은 이 모든 음식을 좋아하고, 원곡동 중국 식당에서 파는 양 꼬치에 반해 밤마다 야식으로 사 오라고 난리도 아니다. 우리 가족의 다국적 음식 생활의 한 단면이다.

음식을 제외한다면, 우리 아이들은 여느 한국의 10대와 전혀 다를 바가 없다. 한국의 대중문화에 푹 빠져 있고, 그 또래가 겪는 고만고만한 스트레스를 겪고 있다. 하지만 아이들의 마음 한쪽에는 아빠의 나라에 대한 그리움과 친할머니와 사촌들에 대한 애틋함이 자리하고 있다. 녀석들은 언어 생활 역시 철저히 단일언어주의를 고수한다. 초지일관 한국말이다. 그게 신기한지 어느 날 집에 놀러 온 남편의 친구가 물은 적이 있다.

"엄마 아빠가 영어도 하고 우르두 어도 하는데, 왜 아이들은 두 언어를 하나도 못하죠?"

우리의 대답이다.

"우린 프리스타일로 교육하니까요!"

친구들이 가고 나자 남편이 한마디 한다. 학원을 오래 다녔는데 어떻게 영어를 못하는지 도무지 이해가 안 간다고. 그러면 나는 다른 질문으로 대답을 대신한다.

"왜 당신은 집에서 우르두 어를 안 가르쳐?"

왜일까? 나는 아직도 그 이유를 잘 모르겠다. 한 가지는 분명하다. 남편의 한국어 실력이 무척이나 뛰어나다는 것. 그러니 남편은 굳이 아이들과 우르두 어로 이야기할 필요가 없다. 아이들은 우르두 어를 배울 기회조차 없다. 언젠가 우리 집 식탁에서 우르두 어가 공용어가 되는 날이 올까? 그날을 위해 나는 무거운 몸을 이끌고 오늘도 우르두 어 교실에 간다.

_ 정혜실

멀리 있는 문화와 가까이 있는 경험,
독일 할머니 케이트

이 책을 쓰면서 내 가족의 이야기를 죽 돌아보는데, 이상하게 예전에 함께 살았던 독일 할머니 생각이 났다. 케이트는 뉴욕에 처음 왔을 때, 내가 세 들어 살았던 아파트의 주인이었다. 80세가 훨씬 넘었는데도 맨해튼 아파트에서 혼자 살고 있었다.

첫눈에도 깐깐해 보였던 케이트는 이사 들어온 첫날부터 내 생활을 간섭하기 시작했다. 방에 열쇠를 달지 못하게 하더니, 시간이 날 때마다 노크도 없이 방문을 열었다. 아파트에 있을 때는 나를 졸졸 따라다니며, 잔소리를 해댔다.

"방에 불 끄고 다녀야 해."

"부엌에서 뭘 먹고 나서는 바로바로 설거지를 해야 해."

"냉장고에 장 봐온 물건을 한꺼번에 너무 많이 두지는 말아."

"쓰레기를 너무 많이 만들지 말고, 잊지 말고 매일 아침 밖에 내다 버리도록 해."

학교 근처 괜찮은 위치에 있는 아파트의 방세가 싼 데는 다 이유가 있었던 것이다. 혼자 외롭게 사는 괴팍한 잔소리꾼 할머니와 같이 지내고 싶어 할 미국 학생들은 없었을 테니까. 나 역시 한 학기만 지내고 이사를 가기로 작정했다. 수업이 끝나고 시간이 나면 이사할 방을 찾아다녔다.

한 3개월쯤 지났을 때였다. 오랜만에 집에서 주말을 즐기고 있는데, 케이트가 현관에서 누군가와 이야기를 하고 있었다. 아파트 로비에서 몇 번 봤던 케이트만큼 나이를 먹은 할머니였다. 누구냐고 물었더니, 나와 조금 익숙해져서 그랬는지 시시콜콜 이야기를 해주었다.

"응, 유대인 할머니인데, 아휴, 너무 지저분해. 냄새도 나는 것 같고. 옷 좀 빨아 입고 다니지. 목욕은 하고 다니나 몰라. 그냥 아는 노인네인데, 가끔씩 들러. 내가 자기 친구인 줄 아나봐. 유대인이라서 그런지 아주 구두쇠야. 아마 숨겨놓은 돈도 많은 것 같아. 옷이나 좀 사서 입지."

쉬지 않고 계속되는 말은 거의 인종차별적인 내용뿐이었다. '그냥 깐깐한 할머니라고 생각했는데, 이제 보니 인종차별주의자네. 그렇게까지는 안 봤는데. 제2차 세계대전 직후부터 뉴욕에서 살았다는데 아직도 히틀러 시절 독일식 사고방식으로 사시는 건가.' 속이 복잡해져서 멍하니 서 있는데, 그녀는 아무렇지도 않다는 듯이 치장을 하고 외출을 했다.

그날 오후, 동네 산책을 마치고 저녁거리를 사서 집으로 돌아오던 나는 놀라운 장면을 목격했다. 가을 햇살이 잘 드는 길가 벤치에는 케이트와 그녀가 그렇게 흉을 보았던 유대인 할머니가 다정히 앉아 담소를 나누고 있었다. 지나가는 사람들의 시선 따위는 아랑곳하지 않고.

그 후 나는 매 주말 그녀의 외출이 오래된 친구를 만나는 소중한 시간이었다는 사실을 알았다. 그녀의 오래된 친구는 바로 유대인 할머니였다. 케이트는 젊어서 외도를 하던 남편과 이혼하고 혼자서 두 딸을 키워낸 여장부였다. 결혼을 한 두 딸은 캘리포니아와 텍사스에서 살고 있었는데, 혼자 사는 엄마를 찾아오는 일은 거의 없었다.

한 학기만 지내고 이사를 가겠다고 생각했던 나는 케이트의 집에서 3년을 더 살았다. 당시가 내게는 가장 힘든 시기였다. 하지만 케이트는 한결같았다. 밤늦게 들어오는 내게 문을 열어주었고, 이런저런 잔소리를 해댔다. 그러나 밀린 방세에 대해서는 아무런 푸념도 하지 않았고, 시간이 절로 해결해줄 텐데 내 고민 따위가 별일이냐는 듯이 언제나처럼 자기 침대에 누워 텔레비전을 보며 시간을 보냈다. 이상하게 그런 케이트의 모습에서 나는 위안을 받고 힘을 얻을 수 있었다.

3년째가 되던 해 겨울, 케이트가 집 앞에서 넘어졌다. 앰뷸런스가 오고 그녀는 근처 유대인 병원 응급실로 옮겨졌다. 의사는 엉덩이뼈가 부러져 입원 치료를 해야 한다고 했다. 병문안을 올 가족도 없는 그녀가 걱정되어 며칠이 지나 병원을 찾아갔다. 침대 옆에 있는 의자에 앉아 몸은 좀 어떤지, 식사는 제대로 하시는지, 이런저런 이야기를 한동안 하다가 일어섰다. 잘 계시라고, 또 들르겠다고 하고 나오는데, 등 뒤에서 옆 침대의 할머니가 묻는 소리가 들린다. 병문안을 오는 사람도 별로 없던 백인 할머니에게 젊은 동양 남자가 찾아와서 궁금했던 모양이다.

"누구야?"

"응, 나랑 같은 아파트에 사는 박사 학생이야. 아주 똑똑해. 내 아들 같은 녀석이지."

케이트는 별일도 아니라는 듯, 당연하다는 듯 말하곤 돌아누웠다. 그리고 한 달 후에 케이트는 퇴원 후 텍사스에 사는 딸네 집 근처 양로원으로 이사를 했다. 아니, 정확히는 딸과 아파트 주인에 의해 이사 보내졌다. 그녀가 살고 있던 아파트는 '렌트 컨트롤' 아파트임을 그때 나는 처음 알았다. 집주인이 원입주자의 방세를 마음대로 올릴 수 없도록 제한된 아파트였다. 그녀는 적어도 수천 달러를 내야 살 수 있는 아파트에 단 수백 달러만 내고 40여 년을 살았던 것이다.

그녀가 입원했다는 소식을 들은 집주인은 바로 텍사스에 사는 딸에게 연락했고, 결혼 후 엄마를 찾지 않던 딸은 집주인이 보상금을 준다는 말에 한달음에 뉴욕으로 날아왔다. 그리고 병실에 있는 엄마를 설득해 텍사스 양로원으로 가도록 했다.

하지만 딸네 근처로 가면서도 케이트는 하나도 기뻐하지 않았다. 모든 일에 평상심을 잃지 않았던 그녀는 평생을 살던 뉴욕을 떠나면서 처음으로 슬픈 모습을 보였다. 아마도 그녀는 잘 알고 있었을 것이다. 그녀와 함께 주말 햇살을 즐기던 유대인 친구도, 매년 명절 때마다 찾아오던 예전에 세를 살았던 방글라데시인 아저씨도, 화장실을 고치러 와서 진한 농담을 하던 히스패닉 수리공 할아버지도, 아파트 현관에서 그녀에게 매일 야단을 맞으며 웃던 이탈리아인 관리인도, 그리고 아파트에서 시시콜콜 그녀와 삶의 이야기를 나누던 한국인 학생도 이 아파트를 떠나면 없다는 것을.

난 그 후 세상 여러 곳에서 다양한 사람들을 만나고 인연을 맺었다. 다양한 사람들을 알아갈수록 그 사람들이 어느 나라 사람이고, 어떤 말을 하는지와 상관없이 서로 비슷한 고민과 희망 속에 살아간다는 것을 배웠다. 가족의 생계를 고민하고, 자녀의 진학을 걱정하고, 연애와 결혼에 가슴 설레고, 새 생명의 탄생에 경외하고, 나이가 들어가는 자신의 건강을 걱정한다. 삶이 주는 스트레스에 주눅이 들어도, 가족과 친구가 주는 작은 행복에 즐거워한다.

삶의 한복판에서 출신 국가의 차이는 아주 사소한 요소에 지나지 않는다. 정말 중요한 것은 그가 내 삶에 얼마나 가깝게 있는가, 나와 얼마나 연관된 삶을 살고 있느냐이다.

그것을 깨우쳐준 사람이 케이트였다. 그녀는 인권이나 평등, 다문화니 문화다양성과 같은 거창하고 어려운 말을 굳이 쓰지 않고도 그렇게 살 수 있음을 내게 몸소 보여주었다. 불현듯 그녀가 그리워진다.

_ 여광균

당신의 이야기,
다문화

이 책이 만들어지는 동안 크고 작은 일이 있었다. 된장녀의 남편 프렘 씨는 크리켓 마니아인데, 원숭이도 나무에서 떨어진다고 했던가, 그가 경기 중 부상을 당해 다리를 다쳤다. 간단한 수술이었는데, 그게 잘못되어 수술 부위가 아물지 않고 계속 재발했다. 결국은 인도네시아와 인도를 왕복하며 서너 차례의 재수술을 받아야 했다. 된장녀는 기꺼이 그의 목발과 휠체어가 되어주고 있다.

좀 더 슬픈 일도 있었다. 광의 아버님이 이렇다 할 지병도 없으신 건강한 분이셨는데 갑자기 돌아가셨다. 비보를 전해 들은 광은 꼬박 열다섯 시간을 비행해 아버지께 날아왔다. 그로부터 한 달여 동안 광과 앤은 기러기 아닌 기러기 가족으로 생활했다. 홀로 남으신 어머님을 광이 돌봐드려야 했기 때문이다. 두어 달 전 광은 다시 뉴욕으로 돌아갔다. 가족과 이별하는 상실감이 처음에는 현실감이 없다가 시간이 흐르면 흐를수록 깊어진다는 점에서, 그는 지금 매우 힘겨운 시간을 보내고 있을 것이다. 그런 그를 지켜주는 것은 매일 아침 어김없이 사랑의 주파수를 맞추는 '333' 패밀리뿐이다.

옥은 다른 일로 사랑하는 가족과 잠시 별거를 하고 있다. 옥은 얼마 전에 한국에 들어와 친정에 머물고 있다. 워킹맘인 옥은 박사 과정에 재학 중인 학생이

기도 하다. 논문 자격시험을 통과했고, 졸업을 위해서는 이제 논문을 쓰는 일만 남았다. 박사 논문 주제가 한국의 이주노동과 인종주의이다. 자료 수집과 현지 조사를 위해 그녀는 앞으로 6개월 정도 기러기 가족 생활을 더 해야만 한다. 요즘 그녀의 주요한 일과는 이주노동자들이 주로 일하는 사업장에 취직하기 위해 인력사무소에 이력서를 뿌리고 다니는 일이다.

정은 가정에서뿐만 아니라 사회생활에서도 용맹스럽고 전투적이다. 이 책을 쓰는 동안 그녀의 영토는 한층 넓어졌다. 정은 국경을 넘는 아시아 여성들의 모임 Women's Network 대표 이외에도 여러 사회단체에서 열정적인 활동을 수행하고 있다. 그녀에게 공부와 연구 프로젝트 수행은 사회활동 못지않게 중요한 일이다. 서너 개의 프로젝트를 동시에 기획하는 것쯤은 그녀에게 아무것도 아니다. 이제 막 청년기에 진입하려는 꿈 많은 두 아이의 엄마임에도 새로운 자유의 공간을 위한 그녀의 진격모드는 가속화된다. 자비드, 그가 그녀의 에너지의 원천임을 이 책을 읽은 우리들은 알고 있다.

성원과 쇼우코에게는 놀라운 일이 벌어졌다. 바로 유희의 탄생이다. '한구긴도 일보닌도 아닌 지구인' 아가 유희의 탄생. 경험해본 사람들은 알겠지만, 한 아이가 태어난다는 것, 더구나 나의 아기가 태어난다는 것은 정말 경이롭고 신비한 일이다. 단순히 식구 하나가 느는 것이 아니다. 모든 것이 달라진다. 아가는 새로운 세계와 함께 온다. "보라, 이전 것은 지나갔으니 새것이 되었도다." 이 말씀이 임하는 순간이 바로 한 생명이 우리 곁에 오는 순간이다. 이제 다섯 달이 갓 넘은 유희, 지금 이 부부는 한 번도 경험해본 적이 없는 새로운 고단함 속에서 새로운 감동과 환희를 함께 맛보는 중이다.

나는 많이 즐거웠다. 아파하고, 슬퍼하며, 이 일 저 일에 치이는 사람들에게 원고를 독촉하고, 그들의 이야기를 모아 책을 만드는 일이 어떻게 즐거울 수 있느냐고? 그래도 나는 즐거웠다. 내 친구들의 이야기를 통해 사랑의 방식과 삶의 가짓수가 우리가 아는 것보다, 그리고 알려진 것보다 훨씬 다양할 수 있다는 사실을 분명히 확인할 수 있었기 때문이다. 그런 면에서 내 친구들의 경험이 한국의 다문화 가족들의 경험과는 다르다고 말하는 것은 전혀 무의미하다. 굳이 말한다면, 모든 삶과 사랑의 경험이 다르다고 말해야 할 것이다.

모든 사람은 다르게 동시에 비슷하게 살아간다. 어떻게 보면 당연한 말이다. 공통점이라고는 거의 찾아보기 어려운 낯선 두 남녀가 만나, 사랑에 빠지고, 부부가 되고, 한 가족이 되는 과정은 대부분의 사람에게 비슷한 환희와 좌절로 경험될 것이다. 그러나 동시에 모든 사람의 삶이 결코 동일할 수 없다는 사실은 자명하다. 더구나 사랑이라면 이를 말이 없을 것이다. 동일한 문화를 가진(가졌다고 믿는) 사람들도 예외일 수 없다. 자신의 삶과 사랑에, 어떤 빛깔을 입히고, 어떤 의미를 부여하며, 어떤 노래를 헌정하느냐 하는 것은 순전히 개개인의 취향과 선택의 문제일 테니까.

다문화가 특별한 삶과 사랑을 뜻하는 한, 다문화는 결코 특별한 사람들만의 기이한 이야기일 수 없다. 언젠가는 당신의 사랑 이야기를 듣고 싶다. 당신만의 특별한 삶과 사랑 이야기, 당신의 다문화.

_ 오경석

엮은이 _

오경석

권위와 각을 싫어하고, 웃기는 사람을 동경한다. 세상에서 제일 아름다운 사람은 '미느님'이라고 생각한다. 현재는 경기도외국인인권지원센터에서 일하고 있다. 센터가 다문화와 인권을 자신의 이야기로 공유할 수 있는 사람들이 연대할 수 있는 즐거운 공간이 되길 희망하고 있다.

지은이 _

이선옥

한국에서 태어나 30대 초반까지 한국에 살다가, 우연히 '그 사랑'을 만나 홀연히 캐나다 밴쿠버로 넘어갔다. 타향살이가 만만치 않다는 것을 온몸으로 느끼며 대학원에 다니던 중 딸을 낳아, 학업과 육아, 살림을 병행하고 있는 자칭 '워킹맘'이다. 브리티시컬럼비아 대학교 사회학과 박사과정을 수료했다.

이정민

30대 후반의 배불뚝이 남인도 아저씨와 1+1은 절대로 1이 될 수 없음을 인정하며 미친 듯이 사랑하며 살고 있는 다혈질의 깨방정 수다쟁이 한국 여성이다. 현재 인도네시아에 살고 있으며 자칭 '자카르타 아줌마'로 통한다. 샌프란시스코 대학교에서 다문화교육 전공으로 박사학위를 받았다.

정혜실

파키스탄에서 온 남자와 결혼을 하고 두 아이를 낳아 살면서 경험한 한국 사회의 인종 차별과 성 차별을 몸소 해결해보려고 페미니스트로 나선 아줌마이다. 현재 국경을 넘는 아시아 여성들의 모임 TAW(터)네트워크(Transnational Asian Women's network)의 대표이며, 각 나라 자조모임단체 19개가 모여 활동하고 있는 글로벌커뮤니티협회(Global Community Association of Korea)에서 교육이사를 맡고 있다. 여성학을 공부했고, 한양대학교 문화인류학과 박사과정을 수료했다.

진성원

운동과 요리 그리고 여행을 좋아하는 전주 출신 중년 남성이다. 대학 시절 일본 홋카이도에서 만난 지금의 아내와 생후 5개월 된 딸과 함께 도쿄에 살고 있다. 요즘 '품격' 있는 이유식 요리에 맹렬하게 도전 중이다. 플로리다 대학교에서 인류학 박사학위를 받았다. 현재 일본 도호쿠 대학교 교육학과 연구위원이다.

여광균

타이완계 미국인 아내, 스스로를 '한국인, 타이완인, 그리고 미국인'이라고 생각하는 두 자녀와 뉴욕에 산다. 아내는 시민단체에서 소외계층을 위한 프로그램을 운영하고 있다. 미국과 중국에서 수년간 이주민문제, 도시문화, 지구화와 계층문제 등을 연구했고, 미국과 한국의 대학교에서 수년간 강의했다. 현재는 뉴욕에서 대안적 교육을 고민하며 문화 컨설팅 사업을 준비하고 있다. 컬럼비아 대학교 인류학과 박사과정을 수료했다.

지구인 다섯 가족의
좌충우돌 사랑 이야기

일상 속의 다문화

ⓒ 오경석, 2013

엮은이 | 오경석
지은이 | 이선옥, 이정민, 정혜실, 진성원, 여광균
펴낸이 | 김종수
펴낸곳 | 도서출판 한울

편집책임 | 이교혜
편집 | 서성진

디자인 가이드 | 이희영
표지·본문 디자인 | 정선민

초판 1쇄 인쇄 | 2013년 12월 20일
초판 1쇄 발행 | 2013년 12월 31일

주소 | 413-756 경기도 파주시 광인사길 153 한울시소빌딩 3층
전화 | 031-955-0655
팩스 | 031-955-0656
홈페이지 | www.hanulbooks.co.kr
등록번호 | 제406-2003-000051호

Printed in Korea
ISBN 978-89-460-4804-1 03330(양장)
      978-89-460-4805-8 03330(반양장)

＊책값은 겉표지에 표시되어 있습니다.

이 책은 문화체육관광부와 한국문화예술교육진흥원의 지원으로 출판되었습니다.